ETHIK 5

HANDELN UND VERANTWORTEN

Mittelschule

Realschule

Gymnasium

KONKORDIA VERLAG

Ethik 5

HANDELN UND VERANTWORTEN

Mittelschule · Realschule · Gymnasium

Autoren:
Martina Hasert
Harald Herrmann
Heidrun Krauß
Maritta Unbehaun
Helmut Wamsler

Dieses Werk folgt der reformierten Rechtschreibung und Zeichensetzung. Ausnahmen bilden Texte, bei denen künstlerische, philologische oder lizenzrechtliche Gründe einer Änderung entgegenstehen.

Bestell-Nr. 4155

Konkordia Verlag
Gartenstraße 12, 77815 Bühl
Telefon (0 72 23) 98 89 64
Telefax (0 72 23) 98 89 90
E-Mail: verlag@konkordia.de
Konkordia ist ein Verlag der Wolf Verlag GmbH & Co KG

chlorfrei gebleichtes Papier
unser Beitrag zum Umweltschutz

Die letzte Zahl bezeichnet das Jahr dieses Druckes: 04 03 02 01

Alle Drucke dieser Auflage können im Unterricht nebeneinander verwendet werden.

ISBN 3-7826-4155-8

Inhaltsverzeichnis

Liebe Schülerinnen und Schüler,

mit dem fünften Schuljahr beginnt für euch ein neuer schulischer Abschnitt. Ihr müsst euch in einer neuen Klasse zurechtfinden, habt neue Fächer, neue Lehrerinnen und Lehrer und neue Mitschülerinnen und Mitschüler.

Sich im Leben zurechtfinden ist auch ein wichtiges Anliegen des Ethikunterrichts. Das Ethikbuch möchte euch dabei helfen und euch durch das Schuljahr begleiten.

Im ersten Abschnitt entdeckt ihr, wie verschieden Menschen sich verhalten können und wie wichtig Verhaltensregeln für das Zusammenleben der Menschen sind.

Dann lernt ihr mit dem Christentum eine Weltreligion kennen, die seit 2000 Jahren in vielen Teilen der Welt, vor allem auch in Europa, großen Einfluss auf das Leben der Menschen hat. Neben Kirchen, Gottesdiensten, Festen und Feiern als äußere Zeichen und wichtigen Stationen aus dem Leben Jesu geht es im Ethikunterricht um Verhaltensweisen, die das Christentum von den Menschen fordert.

Unser Leben wird vom Kalender bestimmt. Welchen Sinn haben die Feiertage und Feste im Jahresablauf und welche Bedeutung haben Festtage für unser persönliches Leben? Darüber könnt ihr im dritten Abschnitt „Der Jahresablauf und seine Höhepunkte" diskutieren.

Im letzten Lernbereich des Buches „Das Verhältnis von Natur und Mensch" beschäftigt ihr euch mit der Natur als Lebensgrundlage der Menschen. Wer die Natur zerstört, zerstört auch den Menschen. Wir können auf der Erde nur überleben, wenn wir das Leben achten und mit der Natur verantwortungsbewusst umgehen.

Damit der Unterricht abwechslungsreich wird, haben wir vielfältige Materialien zusammengestellt: Fotos, Bilder, Karikaturen, Collagen, Interviews, Erlebnisberichte, Sachtexte, Erzählungen, Gedichte und Zusammenfassungen. Dabei habt ihr immer die Möglichkeit, eure eigenen Erfahrungen und Erlebnisse in den Unterricht einzubringen. Die Aufgabenstellungen helfen euch dabei. Ihr müsst nicht alles durcharbeiten, um in den einzelnen Lernbereichen Bescheid zu wissen. Zusammen mit euren Ethiklehrern könnt ihr auswählen, was euch besonders interessiert.

Wir würden uns sehr freuen, wenn ihr neugierig werdet und Lust bekommt, auch ab und zu selbstständig im Buch zu lesen - ohne Lehrerin oder Lehrer. Wenn ihr dabei manche Begriffe nicht gleich versteht, könnt ihr hinten im Glossar nachschlagen - oder nachfragen.

Wir wünschen euch beim Unterricht und beim Lesen viel Freude. Für Anregungen von euch und euren Lehrerinnen und Lehrern sind wir immer dankbar.

Die Autorinnen und Autoren

Der Mensch und sein soziales Verhalten

Wahrnehmung eigenen und fremden Verhaltens in Alltagssituationen

Gemeinsam spielen und Anerkennung finden

▶ *Versucht Personen und Dinge nur durch Tasten wahrzunehmen!*

Verhaltensweisen im persönlichen Bereich

Ute, 11 Jahre alt, kommt frohgelaunt nach Hause, denn sie hat seit langem wieder einmal eine gute Note in der Mathearbeit erhalten. Da ihre Mutter noch nicht von der Arbeit heimgekehrt ist, kann sie nur ihrem älteren Bruder Thomas die tolle Nachricht mitteilen. Sein einziger Kommentar lautet: „Ein blindes Huhn findet auch mal ein Korn." „Blöder Heini", kann Ute gerade noch antworten und läuft enttäuscht in ihr Zimmer. Beim Abendessen, als alle beieinander sitzen, teilt sie nochmals mit, was sie in Mathe geleistet hat. „Wir schauen uns nachher die Arbeit an", antwortet ihr Vater und erzählt weiter, was ihm heute bei seiner Arbeit passiert ist. „Ich hab' keinen Hunger", sagt Ute und möchte aufstehen. „Du bleibst am Tisch bis wir alle fertig sind", bekommt sie zu hören. Heulend rennt sie in ihr Zimmer. „Was sie nur wieder hat ...", meint die Mutter.

Vorschlag für ein Rollenspiel: Spielt die jeweilige Situation nach – versucht dabei „besser" zu reagieren.

▶ *Erklärt Utes Enttäuschung!*
▶ *Stellt zusammen, was in den Gesprächen alles schief gelaufen ist.*
▶ *Wie haben die anderen Ute wahrgenommen? Diskutiert die Reaktionen!*
a) des Bruders
b) des Vaters
c) der Mutter
▶ *Welche Erwartungen hatte Ute gehabt?*

„Wer ist eigentlich komisch?" oder Unterschiedliche Wahrnehmung von Ordnung

Thomas schleppt täglich eine schwere Schulmappe mit sich herum. Eines Tages sucht er in der Schule ein Heft, findet es aber nicht. Er packt alles aus, doch seine Bank reicht dafür nicht aus – und einige Mitschüler fangen furchtbar darüber an zu lachen, was er so täglich mit sich herumschleppt: neben den Schulbüchern und Heften fast sämtlicher Fächer hatte er einen Schraubenzieher, einen kleinen Hammer, eine Schleuder, ein Hüpfseil, ein altes Brötchen, Bonbons und viele kleine Figürchen dabei.

„Warum lacht ihr eigentlich?", fragte er seine Mitschülerinnen und Mitschüler, „was findet ihr so komisch?"

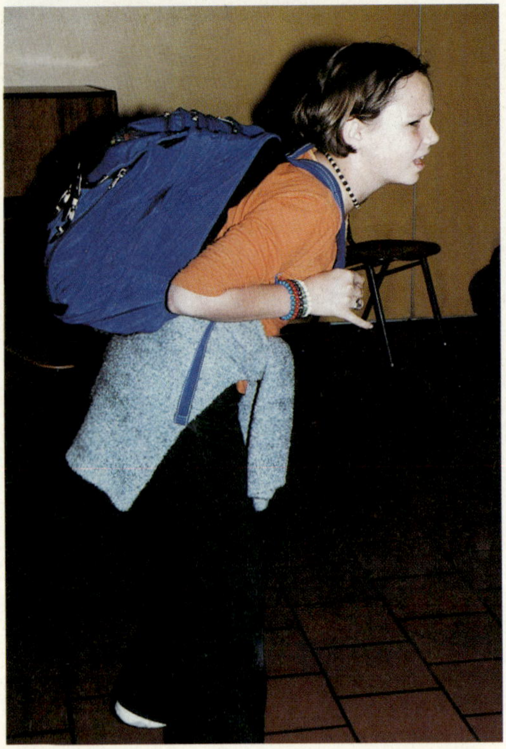

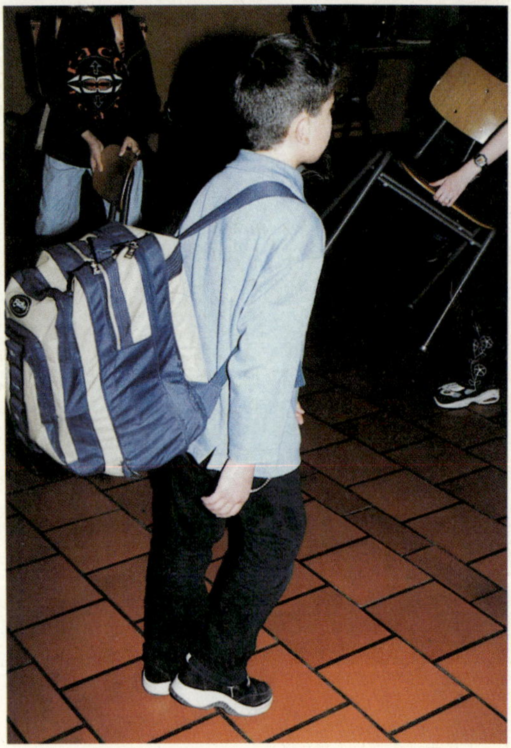

- *Spielt diese Situationen nach! Achtet bei der Verteilung der Rollen besonders darauf, dass es unterschiedliche Auffassungen von Ordnung gibt.*
- *Erfindet danach eine Spielszene zum Thema: „Ordnung im Kinderzimmer" oder „Ordnung in der Wohnung halten".*
- *Diskutiert im Anschluss daran die Frage: Wie nehmen Eltern bzw. Erwachsene Ordnung wahr und wie nehmen Kinder Ordnung wahr?*

„Ihr hört ja schon nichts mehr" oder: Warum stören sich die Erwachsenen eigentlich am Lärm?

Frank sitzt am Tisch und macht seine Hausaufgaben – nebenher läuft schreiend laut der Fernseher.

Sabine und Tina unterhalten sich, während gleichzeitig irre Musik läuft. Da kommt Sabines Mutter ins Zimmer und schreit: „Sag' mal, hörst du mich denn gar nicht – ich habe schon mehrfach geläutet, denn ich habe furchtbar schwere Taschen, die du mir hineintragen solltest. Jetzt musste ich alles selbst tragen und auch noch aufschließen. Wie ihr euch bei diesem Lärm überhaupt unterhalten könnt!?"

▶ *Versucht eine Antwort darauf zu finden, weshalb Erwachsene Lärm anders wahrnehmen als Jugendliche.*

Die Position des anderen sehen

Sonst machen wir doch alles zusammen.

Katrin und Laura hatten ausgemacht, am Spätnachmittag gemeinsam ins Kino zu gehen. Um 15.30 Uhr wolten sie sich an der Bushaltestelle treffen, um gemeinsam in die Stadt zu fahren. Laura wartete und wartete – wer nicht kam, war Katrin. Nach 20 Minuten hatte Laura vom Warten genug, musste nun aber feststellen, dass sie nicht mehr rechtzeitig ins Kino kommen konnte.

Am nächsten Tag ging Laura Katrin aus dem Weg. „Was hast du denn?", fragte Katrin. „Ach, du, das tut mir ehrlich Leid, dass ich gestern nicht gekommen bin. Ich hab' das echt verschlafen, weil ich zu lange vor dem Fernseher saß."

▶ *Diskutiert das Verhalten dieser beiden Mädchen. An welchen Stellen wurde hier der Andere nicht richtig beachtet? Was hättet ihr anders gemacht?*

Gefahren wahrnehmen

neue-medien · pi-frankfurt · help · anbieter ·· start .:: suche

HeLP

Jugendschutz im Internet

MEDIEN

MEDIEN IN SCHULISCHER UND AUSSERSCHULISCHER BILDUNG

Tabakmulti: Rauchen macht abhängig

Genf (dpa). Der US-Tabak-Konzern Philipp-Morris hat bei den Anhörungen zur geplanten Tabak-Konvention der Weltgesundheitsorganisation (WHO) eingeräumt, dass Rauchen gefährlich ist.
„Wir stimmen zu, dass Rauchen abhängig macht und Krankheiten auslöst", sagte der Vizepräsident von Philipp Morris Europe. Dennoch müssten Erwachsene die freie Wahl haben und die Konzerne das Recht, ein Produkt zu vermarkten.

- ▶ *Stellt zusammen, worin der Reiz der auf den Bildern und in Texten dargestellten Aktivitäten besteht.*
- ▶ *Ergänzt hierzu, worin z.B. eure Eltern Gefahren für euch sehen.*
- ▶ *Versucht gemeinsam herauszufinden, wodurch sich Altersbegrenzungen begründen lassen.*

Meine Eltern und ich

Dann gehe ich

Tilmans Eltern hatten sich wieder einmal gestritten. In der letzten Zeit geschah das fast regelmäßig. Trotzdem kann Tilman sich nicht daran gewöhnen. Anlass sind meistens Kleinigkeiten: verlegte Gegenstände, eine zu heiße Suppe, kleine Verspätungen, eine unbezahlte Rechnung oder ein falsch verstandenes Wort.

Am schlimmsten ist es, wenn Tilmans Vater Überstunden machen muss. Dann kommt er noch nervöser nach Hause als sonst. Wie am Dienstag vor zwei Wochen.

Es war viertel nach sieben, als das bekannte Motorengeräusch zu hören war. Tilmans Mutter hob die Gardine ein wenig hoch und schaute hinaus, um sich zu vergewissern.

„Er ist es", sagte sie. „Endlich."

Wenig später kam Ludwig Röber herein, sagte kurz „'nen Abend", nahm die Zeitung und setzte sich an seinen Platz. „Stell den Kasten mal ein bisschen leiser!"

Tilman erhob sich und drehte die Lautstärke zurück. Die Sendung interessierte ihn ohnehin nicht.

Seine Mutter brachte dem Vater das Abendbrot. Aber der las weiter Zeitung.

„Jetzt iss doch endlich etwas; du hast doch bestimmt Hunger; die Zeitung läuft ..."

„Ich werd' wohl noch in Ruhe Zeitung lesen dürfen", fiel er ihr ins Wort. „Wenn ich den ganzen Tag arbeiten muss, will ich wenigstens abends Ruhe haben. Oder ist das zu viel verlangt?!"

„Reg dich doch nicht gleich so auf!"

„Ich reg' mich ja nicht auf, du regst mich auf mit deiner ständigen Nörgelei!"

„Ich hab's doch nicht so gemeint."

„Du hast es nie so gemeint! Trampelst mir ständig auf den Nerven herum, meinst es aber nicht so!"

Tilman hielt sich die Ohren zu. Die Worte taten ihm weh. Er sah im Fernsehen, wie Weinflaschen automatisch abgefüllt, verkorkt und etikettiert wurden. Den Ton dazu lieferten seine Eltern, besonders sein Vater.

„Wenn das nicht bald anders wird, dann gehe ich!", schrie er auf einmal.

Tilman zuckte richtig zusammen. Das saß, fraß sich fest, ging tief hinein.

Seine Eltern stritten weiter, aber Tilman verstand sie nicht mehr. Er hörte nur noch die drei Worte: dann gehe ich, dann gehe ich, dann gehe ich ...

Irgendwann hörten sie auf zu streiten. Tilman ging auf sein Zimmer. Er setzte sich an den neuen Schreibtisch, nahm den Zeichenblock aus der Schultasche und begann zu zeichnen.

Die ersten beiden Blätter zerriss er. Auf dem dritten Blatt war nach über einer Stunde ein gedeckter Tisch zu sehen, an dem eine Frau und ein Junge saßen. Der Platz an der Stirnseite des Tisches war leer. Die Uhr an der Wand zeigte zehn Minuten vor sechs.

Das Bild war noch nicht fertig, da hörte Tilman, wie die Tür ganz vorsichtig geöffnet wurde. Er drehte sich nicht um, spürte aber, dass seine Mutter hinter ihm stand.

„Geh jetzt schlafen", sagte sie nur. Sonst nichts.

Sie beugte sich von hinten über Tilman und drückte ihm einen Kuss auf die Stirn. Dann ging sie wieder hinaus.

Tilman schaute das Bild an. Nach einer Weile nahm er einen Radiergummi und radierte die Frau langsam und sorgfältig aus.

Erst gegen 22 Uhr legte er sich ins Bett.

Am nächsten Tag war fast alles wie üblich. Nur machte Tilman in der Schule viel Quatsch und sorgte so dafür, dass die Stunden nicht allzu langweilig verliefen.

Nach den Hausaufgaben hockte er mit seinen Freunden zusammen.

Zwischen 17 und 17.30 Uhr wurde Tilman unruhig. Er schaute öfter auf seine Uhr. Die anderen fragten ihn, was er denn habe.

„Nichts", sagte Tilman, „ich muss nur um halb sechs zu Hause sein."

Sie versuchten ihn umzustimmen, aber ohne

Erfolg. Tilman schnappte sein Fahrrad und fuhr los.

Seine Mutter freute sich, dass er so pünktlich war. Sonst mussten sie oft mit dem Abendbrot auf Tilman warten, wenn der Vater kurz nach 17.30 Uhr von der Arbeit kam.

Es war noch nicht halb. Tilman drehte die Musik ab und stellte sich ans Fenster. Sein Blick ging abwechselnd zu der Uhr und hinaus auf die Straße. Die dazwischenliegenden Abstände wurden immer kürzer.

„Was ist denn los", fragte seine Mutter, „was hast du denn?"

„Es ist doch schon halb vorbei; warum kommt er denn nicht?", sagte Tilman mehr zu sich selbst als zu seiner Mutter.

„Er wird schon kommen. – Tilman, was habt ihr heute in der Schule gemacht?"

„Nichts Wichtiges", antwortete er beinahe mechanisch.

„Das glaub' ich nicht; komm, erzähl mal!" Sie wollte ihn auf einen Stuhl drängen, doch Tilman wich aus.

„Er müsste längst hier sein", murmelte er wieder vor sich hin. „Es ist doch schon zehn nach halb."

„Sei nicht kindisch", herrschte sie ihn an. „Du weißt genau, dass er manchmal etwas später kommt. Und hör auf, ständig auf die Uhr zu sehn, das macht mich ganz nervös!"

Tilman reagierte nicht mehr auf ihre Worte. Er fing an, leicht zu zittern, redete ununterbrochen mit sich selbst und biss an seinen Fingernägeln herum.

Plötzlich hörte er den Wagen seines Vaters, und im selben Moment löste sich die Spannung.

„Er kommt", sagte Tilman und setzte sich. Seine Mutter schüttelte nur den Kopf.

So geht das jetzt seit zwei Wochen, obwohl sein Vater ihm versichert hat, dass er das mit dem Fortgehen nicht so gemeint habe. Das nützt alles nichts. Wenn es 17 Uhr vorbei ist, fängt es langsam an. Vor drei Tagen hat Tilman sogar einen Weinkrampf bekommen, weil sein Vater eine Autopanne hatte und deshalb eine halbe Stunde später als sonst nach Hause kam.

Wenn es Tilmans Mutter zu viel wird, schlägt sie einfach zu. Sie weiß, dass das nicht richtig ist, aber sie weiß sich manchmal nicht mehr anders zu helfen.

Manfred Mai

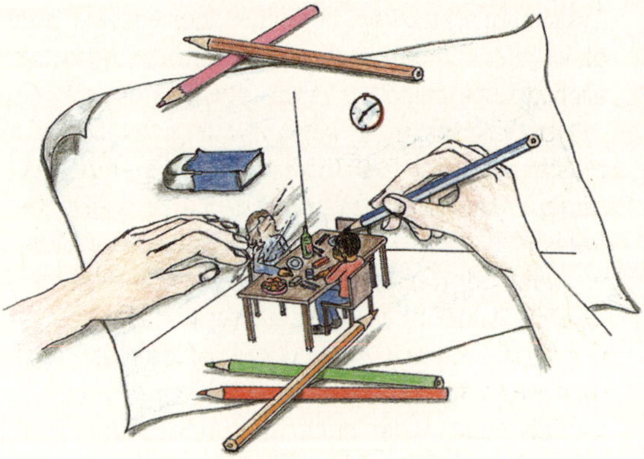

- ▶ *Sucht aus dem Gespräch zwischen Vater und Mutter die Äußerungen heraus, die schließlich zu der Aussage führen, die für Tilman so schrecklich ist.*
- ▶ *Notiert eure Empfindungen zu der Aussage des Vaters: „...dann gehe ich!"*
- ▶ *Diskutiert Möglichkeiten, wie man sich in einer solchen Situation verhalten könnte.*
- ▶ *Ihr könnt diese Situation auch in einem Rollenspiel erleben. Versucht verschiedene Lösungen zu finden; achtet auch darauf, weshalb der Vater manchmal besonders „schwierig" reagiert.*

Neu in einer Klasse

Anna

Anna war zu Beginn des vierten Schuljahrs neu in die Klasse gekommen. Herr Seibmann, der Klassenlehrer, hatte sie an einem Morgen vor sich durch die Tür geschoben und gesagt: Das ist eure neue Mitschülerin. Sie heißt Anna Mitschek. Seid nett zu ihr. Sie ist erst seit einem halben Jahr in Deutschland. Vorher lebte sie mit ihren Eltern in Polen.

Alles war komisch an Anna.

Sie hatte keine Jeans an, sondern ein zu langes altmodisches Kleid. Sie hatte nur einen Zopf, und auch der war zu lang. Sie war blass und dünn und schniefte.

Ben fand Anna scheußlich.

Ein paar fingen an zu kichern.

Benehmt euch, sagte Herr Seibmann. Er setzte Anna neben Katja an den Tisch, und Katja rückte gleich ein bisschen weg von Anna. Anna tat so, als merke sie das alles nicht.

Ben fand, Anna passe nicht in die Klasse. Er musterte sie noch einmal. Da hob sie den Kopf und guckte ihn an. Er fuhr richtig zusammen. Sie hatte riesige braune Augen, die waren ungeheuer traurig. Solche Augen hatte er noch nie gesehen. Er wusste auch nicht, wie er darauf kam, sie traurig zu finden. Er dachte: Solche Augen darf man nicht haben. Sie machen einem Angst. Er sah nicht mehr hin.

In den nächsten Tagen kümmerte sich niemand um Anna. Herr Seibmann mahnte die Klasse, nicht gemein zu sein. Wenn Anna wenigstens mal heulen würde, dachte Ben. Das tat sie nicht. Katja fand Anna ekelhaft. Die stinkt, meinte sie, und richtig schreiben kann sie auch nicht. Mit zehn kann die nicht einmal richtig schreiben.

Bernhard sagte: Die kann vielleicht polnisch schreiben.

Die ist überhaupt eine Polin und keine Deutsche, sagte Katja.

Wahrscheinlich hat die in Polen nicht bleiben dürfen, meinte Bernhard.

Wegen Dauerstinken, sagte Katja.

Das war Ben zu viel. Er packte Katja am Arm. Hör bloß auf. Du stinkst doch selber.

Katja riss sich los und schrie so laut, dass es alle in der Klasse hören konnten: Der verteidigt Anna. Ben liebt Anna!

Ben ging auf Katja los und presste ihr die Hand auf den Mund. Sie wurde im Gesicht rot und zappelte. Lass doch, rief Regine. Pass auf, die kriegt keine Luft mehr!

Sie hatten nicht bemerkt, dass Herr Seibmann in der Tür stand und ihnen schon eine Weile zuhörte.

Lass Katja los, Ben! Herr Seibmann hatte eine Mordswut. Die war ihm anzusehen. Er forderte sie auf, an die Plätze zu gehen.

Plötzlich war es ganz still in der Klasse. Weil es so mucksmäuschenstill war, hörten sie Anna schluchzen. Sie wollte es verbeißen. Es gelang ihr nicht. Die Tränen liefen ihr über die Backen. Sie wischte sie immer wieder weg und schniefte dazu.

Herr Seibmann ging zu Annas Tisch und sagte Katja, sie solle ihren Platz mit Regine tauschen. Zu Regine sagte er: Vielleicht kannst du Anna helfen. Dann hielt er seine Rede. Er sprach zwischen den Zähnen. Er hätte wohl lieber gebrüllt.

Es kann jedem von euch passieren, dass er in eine andere Stadt und in eine andere Schule kommt. Und jeder von euch wäre erst mal fremd. Bei Anna ist das noch viel schlimmer. Sie ist in einem anderen Land, in Polen, aufgewachsen und zur Schule gegangen. Dort, in der Schule, hat sie nur polnisch gesprochen. Zu Hause deutsch und polnisch. Ihre Eltern haben in Polen gelebt, aber sie sind Deutsche. Sie haben den Antrag gestellt, in die Bundesrepublik umzuziehen. Nun sind sie da. Sie wollen endlich zu Hause sein. Anna auch. Ihr macht es ihr schwer.

Ben linste zu Anna hinüber. Sie hatte den Kopf gesenkt. Es war gar nicht sicher, ob sie auf Herrn Seibmanns Rede hörte.

Was kann man machen, sagte Bernhard nach der Schule. Nix, sagte Katja. Sie ließen Anna in den nächsten Tagen wieder allein. Selbst Regine gab es auf, ihr helfen zu wollen. Die ist blöd, sagte sie, die redet nicht mit mir. Die ist saudumm, kann ich euch sagen.

Begonnen hat es dann mit einem alten Tennisball. Den hatte irgendeiner auf dem Schulhof gefunden. Sie hatten ihn sich im Rennen zugeworfen. Ben, Bernhard und Jens. Anna stand unter dem Kastanienbaum an der Schulhofmauer. Wieder alleine für sich. Sie stand da wie ein Ausrufezeichen. Richtig vorwurfsvoll. Ben fand das doof.

Blöde Kuh, dachte er. Wir wollen ja. Die will nicht! Er holte aus und warf. Der Ball traf Anna mitten auf die Stirn. Es klatschte. Anna schrie kurz auf. Gleich wird sie heulen, dachte Ben und wartete darauf.

Alle andern waren stehen geblieben, hatten ihre Spiele unterbrochen und schauten auf Anna. Sie blieb still, rieb sich die Stirn, drehte sich sehr, sehr langsam zur Mauer. Das war gemein, sagte Regine.

Ben hatte plötzlich einen Riesenzorn auf sich selber. So was Doofes, sagte er, und meinte sich. Es hörte sich aber so an, als meinte er Anna.

Es ist wahr, er hat Anna treffen wollen. Er hat ihr sogar weh tun wollen.

Das geschieht ihr recht. Bernhard klatschte Beifall wie im Theater oder Zirkus. Ben sagte: Hättest du doch geschmissen, du ...

Jetzt bist du auf einmal feige, was? Bernhard rannte mit den andern fort. Die Pause war zu Ende.

Ben schlenderte hinterher, ging aber nicht ins Klassenzimmer. Er wollte doch auf Anna warten. Sie kam nicht. Er lief zurück auf den Hof. Sie stand noch immer unterm Kastanienbaum. Er wollte rufen: Anna! Aber das wäre zu viel gewesen. Sie könnte denken, er wollte sich an sie ranmachen.

Es tat ihm leid, dass er geworfen hatte. Sonst nichts.

Anna, sagte er dann doch so laut, dass sie es hören musste.

Sie blieb mit dem Rücken zu ihm stehen, rührte sich nicht. Wenn die nicht will, dachte er sich. Selber schuld.

Da guckte sie zu ihm hin. Auf ihren Backen waren Streifen von Dreck. Sie hatte sich mit den Händen die Tränen weggewischt. Ihre Augen wirkten noch trauriger als sonst. Mannomann, solche Augen! Sie ging die paar Schritte auf ihn zu. Die Hände hielt sie vor dem Bauch gefaltet, als wollte sie gleich losbeten.

Ben sagte: Tschuldigung.

Anna sagte: So schlimm war's nicht.

Aber du hast geheult.

Weil ihr alle mich nicht mögt.

Ich mag dich aber, sagte er. Das hatte er gar nicht sagen wollen! Ui!, schrie er.

Was ist denn los?, fragte sie.

Nichts.

Sie sagte: Du hast gesagt –.

Doch Ben hielt sich die Ohren zu und heulte wie eine Sirene. Er sah, dass Anna redete. Er konnte sie nicht hören. Darüber war er froh. Er war völlig durcheinander und rannte vor ihr her.

Sie kamen zu spät aus der Pause. Herr Seibmann machte keinen Zirkus wie sonst, sondern sah Ben und Anna nur prüfend an.

Also, nun können wir ja mit dem Übungsdiktat anfangen. Bernhard stöhnte.

Will einer was dazu sagen?, fragte Herr Seibmann.

Die ganze Klasse schüttelte wie ein Mann die Köpfe.

Das Diktat verhau' ich, dachte Ben. Ganz bestimmt.

Die Stimme von Herrn Seibmann war plötzlich ganz nah: Benjamin Körbel, schläfst du oder wachst du?

Ben versuchte aufzupassen.

Peter Härtling

- *Beschreibt, wie sich Anna nach ihrem ersten Schultag fühlte!*
- *Wie ist das Verhalten von Annas Mitschülerinnen und Mitschülern zu erklären?*
- *Liebt Ben Anna wirklich? Weshalb heult er?*
- *Welche Probleme hat eine neue Mitschülerin oder ein neuer Mitschüler, wenn er/sie in eure Klasse kommt?*

Situationstypische Verhaltensweisen

Fair play

Fairness: engl., Anständigkeit, Gerechtigkeit, eingedeutscht Fairness, anständige Haltung; dann, auf den Bereich des Sports eingeengt, die Haltung des Fair play, zu verstehen als Ritterlichkeit, Anständigkeit, im weiteren Sinn das entsprechende Verhalten in bürgerlichen und geschäftlichen Beziehungen, besonders bei der Einhaltung von Abmachungen und Verträgen. (dtv-Lexikon, B. 5)

Bei einem Fußballspiel kämpfen zwei gegnerische Spieler im Strafraum um den Ball. Plötzlich pfeift der Schiedsrichter, und möchte Elfmeter geben, da er gesehen haben will, dass der verteidigende Spieler ein Foul begangen hat. Das Spiel steht zu diesem Zeitpunkt unentschieden. Da geht der Stürmer der angreifenden Mannschaft zum Schiedsrichter und erklärt ihm, dass er ausgerutscht sei auf dem nassen Boden, dass sein Gegenspieler ihn nicht gefoult habe.

- *Für wie realistisch schätzt ihr dieses Verhalten ein?*
- *Inwiefern verdient es die Bezeichnung „fair"?*
- *Mit welchen Folgen hat dieser „faire Spieler" zu rechnen?*

Bei einem anderen Fussballspiel - Spielstand 1:1 - ein Spieler der Gastmannschaft im Strafraum plötzlich den Ball in die Hand und gibt ihn seinem Torwart - ohne dass ein gegnerischer Spieler in der Nähe ist. Er glaubte, den Pfiff des Schiedsrichters gehört zu haben. Dieser pfeift natürlich Elfmeter - und das Spiel ist entschieden.

- *Jeder wusste, dass hier ein Zuschauer mit einer Pfeife diese Situation herbeigeführt hat.*
- *Hätte die gegnerische Mannschaft auf den Elfmeter verzichten oder der Spieler, der den Elfer verwandelt hat, vorbeischießen sollen?*
- *Diskutiert, was in solch einem Fall „fair" gewesen wäre.*

Was die Sportjugend unter „fair" versteht

Jessica Löffler (10)

„Wir sollten zur Familie, zu Freunden, in der Schule, im Verkehr, im Alltag und im Sport fair sein. Leider ist es nicht immer leicht, fair zu handeln. Im Sport ist es auch nicht immer leicht, fair zu sein. Wenn man nämlich unbedingt im Spiel und im Wettkampf den Gegner besiegen will, greift man im Eifer allzuleicht zu unsportlichen Mitteln. Bin ich fair? Ich nehme es mir zwar stets vor, fair zu sein, doch im Wettkampf gelingt es mir nicht immer. Die guten Vorsätze sind im Eifer des Spiels dann wie weggeblasen."

Stefanie Wilhelm (14)

„Mehr Fairness könnte zum Beispiel von einigen Fußballspielern verlangt werden. Manche Fußballspieler foulen einen anderen Spieler und leugnen es danach ab. Sie sollten aber so fair sein und es zugeben. Aber am besten wäre es, erst gar nicht zu foulen. Beim Sport in der Schule ist es manchmal nicht viel anders. Bei Spielen, wie zum Beispiel Völkerball und Volleyball will jede Mannschaft gewinnen. Dabei werden die Spieler manchmal unfair. Sie nehmen dann bei Spielen wie Völkerball den Ball aus dem Feld der anderen. Nicht fair ist es auch, wenn bei Spielen wie Handball oder Basketball nur die guten Spieler den Ball bekommen und die schlechteren nie. Fair wäre es, wenn die guten Spieler den schlechteren Spielern den Ball abgeben würden. So würden sie in dem Spiel auch ein bisschen besser werden, anders können sie es gar nicht lernen. Jeder sollte versuchen, fair zu sein. Man sollte bei einem Spiel fair sein, egal ob man am Verlieren oder am Gewinnen ist."

Sabine Hauser (18)

„Schüler werden viel zu wenig über das Verhalten, eben über Fairness, aufgeklärt, d.h. ganz im Gegenteil, man hetzt die Schüler gegenseitig auf. Gerade bei Mannschaftsspielen, wo sich die Gruppen näher kommen sollten, treten auch die meisten Verfeindungen auf, die auch nach dem Spiel weiter ausgetragen werden. Und gerade dies kommt allzuoft von der Lehrkraft, die meint, dass man das Interesse am Unterricht daran erkennen kann, wie sich die Schüler beispielsweise beim Ballspiel für den Ball einsetzen, ‚koste es, was es wolle' – auch die Freundschaft. Aber nicht nur seitens der Schüler, sondern auch seitens der Lehrkräfte verlange ich mehr Fairness. Meine älteste Schwester war als Schülerin nie besonders sportlich veranlagt, und anstatt dass die Lehrkraft sie ab und zu lobte, wenn sie etwas konnte, ließ man meine Schwester links liegen und machte sie obendrein psychisch total fertig, indem man sie vor allen Mitschülern eine ‚Pflaume' hieß und sie obendrein noch auslachte, als sie zu weinen begann."

- ▶ *Stellt zusammen, was die Schülerinnen unter fair bzw. unfair verstehen! Seid ihr mit allen Äußerungen einverstanden? Begründet eure Meinung!*
- ▶ *Erzählt von euren eigenen Erfahrungen mit Fairness!*
- ▶ *Von zwei Schülerinnen werden Vorwürfe gegen Lehrkräfte erhoben. Überlegt euch gemeinsam, wie ihr dieses Verhalten der Lehrkräfte ändern könnt!*
- ▶ *Wie könnte ein fairer Dialog geführt werden?*

Eine Umfrage:

Meine Freunde und ich

Wie sollten sich deine Freunde beim Spielen verhalten?

Peter: Sie sollten freundlicher sein, nicht prügeln, mich mitspielen lassen und sich daran halten, was wir mit Mehrheit abgestimmt haben.

Michael: Sie sollen fair sein, verlieren können, nicht mogeln und nicht mitten im Spiel aufhören.

Was ärgert dich manchmal an deinen Freunden?

Peter: Wenn sie angeben und ständig streiten. Wenn sie immer mogeln!

Michael: Manchmal lachen sie mich aus, wenn ich neben das Tor schieße. Mich ärgert auch, wenn sie ungerecht sind oder foulen.

- ▶ *Stellt die Eigenschaften zusammen, die gewünscht werden, z. B. „Freundlichkeit"!*
- ▶ *Klärt diese Begriffe und überlegt euch, weshalb sie für uns wichtig sein können!*
- ▶ *Gibt es hierbei einen Unterschied zwischen Mädchen und Jungen?*
- ▶ *Schreibt in euer Heft, wie ihr euch eine ideale Freundschaft vorstellt!*

Statustypische Verhaltensweisen
Was man von uns erwartet – Was ich von anderen erwarte

Was erwartest du von deinen Lehrern?

Schüler der Klasse 5c

Sebastian: Sie müssen immer gut gelaunt sein – nett zu den Schülern sein – nicht immer so aufbrausend – nicht zu viele Strafarbeiten

Ute: dass sie so erklären, dass man es versteht – nicht zu streng sein – nicht meckern – alle drannehmen

Sylvia: keine Lieblingsschüler – keine Hausaufgaben bei schönem Wetter – nicht immer beim Wandertag an dieselbe Stelle gehen – Spaß verstehen

Hansi: Ich erwarte, dass sie nicht so viel Striche verteilen – dass sie nicht so viel schreien – dass sie nicht so viele Hausis aufgeben

Thomas: dass sie uns ein gutes Vorbild sind – keine Ausdrücke sagen – das Strichsystem gerecht machen – immer nett zu uns sein – dass wir unsere Meinung sagen dürfen

Schüler der Klasse 12 – Gk Deutsch

Sabine: Gerechtigkeit
Verständnis
Toleranz
dass man mit ihnen reden kann, dass sie Kritik vertragen
Ehrlichkeit
Kompetenz

Wolfgang: Bei einigen weniger autoritäres Auftreten, keine ständige Einschüchterung durch schlechte Noten; bei einigen weniger Geschwafel, sondern Förderung der Diskussion der Schüler untereinander; mehr auf die Schüler eingehen, ihnen zuhören, nachfragen ...

Silke: Fairness, Hilfe, gute Vorbereitung aufs Abi; dass man mit ihnen reden kann und nicht einfach abgestempelt wird

- *Fasst die Erwartungen in Begriffe zusammen! Erklärt, was sie im Einzelnen bedeuten!*
- *Worin unterscheiden sich eure Erwartungen von denen der älteren Schüler? Woher könnte der Unterschied kommen?*
- *Was könnt ihr machen, wenn eure Lehrerinnen und Lehrer nicht ganz euren Erwartungen entsprechen?*

Was erwartest du von deinen Mitschülern/innen?

Schüler der Klassen 5 und 12 antworten:

Klasse 5c:

Ute: ehrlich sein – gerecht – einem helfen – nicht die Freundin wegschnappen

Sylvia: einem helfen – nett sein – nicht meckern – einem nicht die Freundin wegnehmen – ehrlich und gerecht sein

Sebastian: kein Angeber sein – keine Prügeleien – nicht so ordinär

Hansi: keine Schlägertypen – andere akzeptieren – nicht lügen

Thomas: dass sie nicht eingebildet, rechthaberisch und geizig sind – dass sie sich Zeit zum Spielen nehmen

Klasse 12:

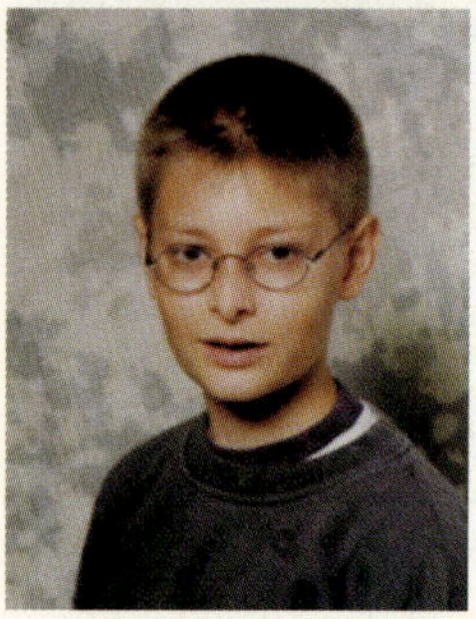

Sabine: Freundlichkeit
Kameradschaft
Hilfsbereitschaft
Zusammenarbeit, Unterstützung gegen Autoritäten
Interesse

Wolfgang: eigenständige Persönlichkeiten
Hilfsbereitschaft mit eigener Meinung
soziales Engagement
Ehrlichkeit, Aufrichtigkeit

Silke: Kameradschaft, d.h. dass sie genauso fair, ehrlich gegenüber mir sind, wie ich zu ihnen

▶ *Setzt euch mit den vorliegenden Erwartungshaltungen auseinander!*
▶ *Welche Erwartungen sind für dich besonders schwer zu erfüllen? Erkläre, weshalb dies gerade für dich so schwierig ist!*

Typisch für Lehrer ist

dass sie immer alles und alle verbessern müssen
dass sie immer Werturteile fällen
dass sie Schüler nie aussprechen lassen
...

Typisch für Schüler ist

dass sie gern ungefragt reden und andere Schüler nicht zu Wort kommen lassen
dass sie Antworten der Mitschüler wenig beachten
dass sie gern vom Unterrichtsstoff ablenken wollen
...

▶ *Prüft diese Äußerungen mit euren bisherigen Erfahrungen!*
▶ *Ergänzt oder korrigiert!*

Erwartungen – Hoffnungen – Wünsche beim Übergang in weiterführende Schulen

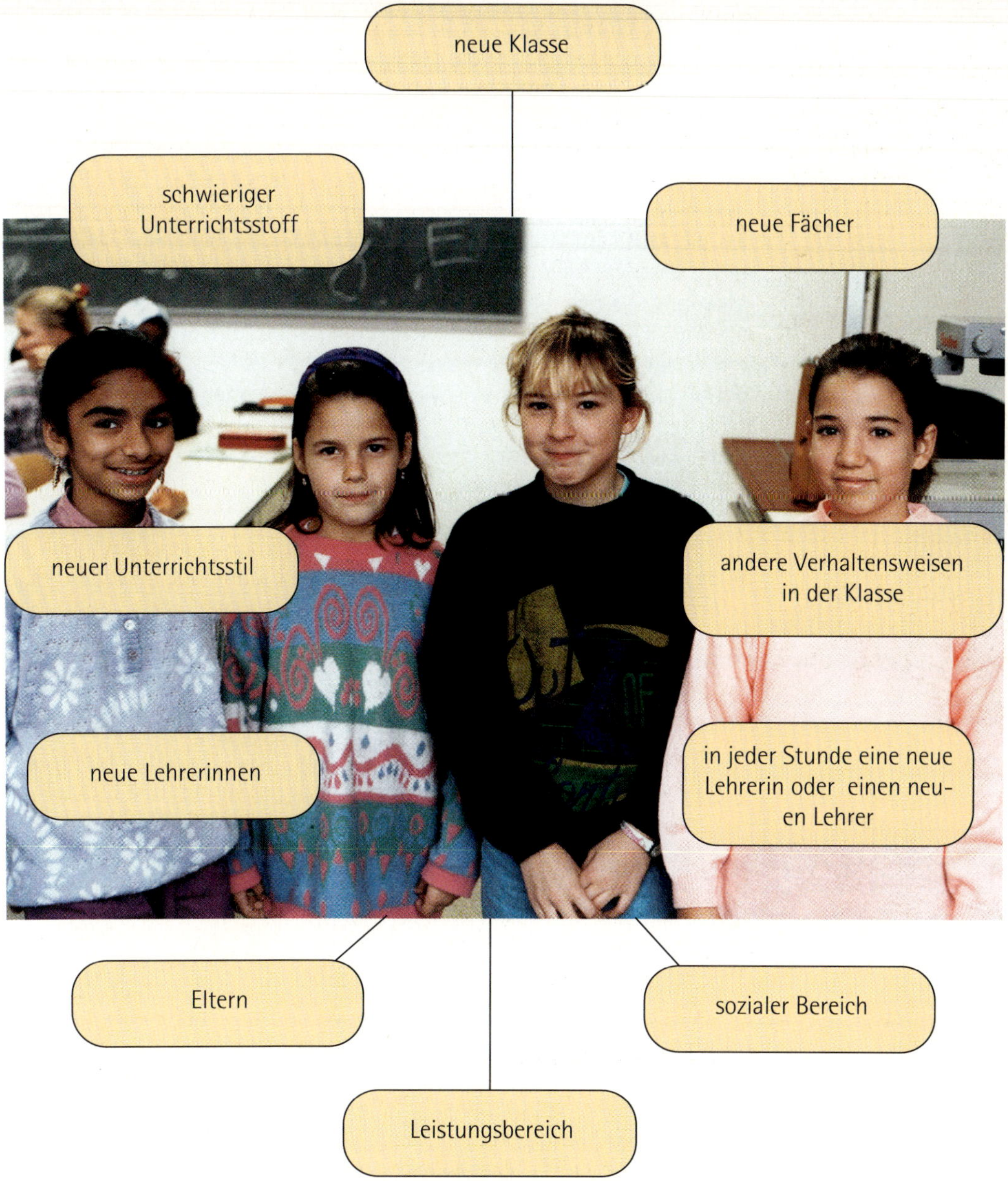

▶ *Prüft nach, ob diese Zusammenstellung des „Neuen" auch für euch in dieser Weise zutrifft! Was hat euch an dem „Neuen" am meisten erfreut? Was bereitete euch eher Schwierigkeiten?*

Was soll ich tun?

Max berichtet über seine Schwierigkeiten:

Die ersten Wochen fand ich in meiner neuen Schule alles toll. Vor allem Englisch begeisterte mich! Das Lernen der Wörter fiel mir leicht. Unser Lehrer war am Anfang auch sehr lustig. Er malte immer komische Figuren und Gegenstände an die Tafel und schrieb das englische Wort dazu. Das machte richtig Spaß. In den ersten Arbeiten, die wir in Englisch schrieben, bekam ich ganz tolle Noten. Aber plötzlich, in der vierten Arbeit, da schrieb ich eine 4–5! Ich konnte das meinen Eltern nicht sagen! Deshalb verbesserte ich die Arbeit in der Nacht, beim Licht meiner Taschenlampe. Ich merkte nicht, dass ich dabei furchtbar hässlich schrieb und neue Fehler machte. Mein Lehrer strich mit seinem roten Kuli furchtbar viel an! Dann wollte er auch noch, dass ich die neue Verbesserung unterschreiben lasse. Furchtbar war es, als ich meinen Eltern alles erzählen musste. Sie sagten mir, sie seien enttäuscht, dass ich eine so schlechte Arbeit geschrieben hätte. Noch enttäuschter seien sie aber, dass ich kein Vertrauen zu ihnen hätte. Die verstehen ja überhaupt nichts!

▶ *Max wundert sich darüber, dass er nicht die gleichen Noten hat wie in der Grundschule. Sammelt Erklärungen für diesen Notenabfall.*
▶ *Beschreibt das Verhältnis, das Max zu seinen Eltern hat. Diskutiert Möglichkeiten, das Verhältnis zu verbessern.*
▶ *Jeder von euch gibt jetzt Max einen Ratschlag.*

VORSCHLÄGE EINES BERATUNGSLEHRERS

Kinder brauchen genügend Schlaf (aber nicht in der Schule!).

Der Tagesablauf sollte einigermaßen geregelt sein.

Wichtiger als äußere Maßnahmen sind die Beziehungen zwischen den Eltern und ihren Kindern. In der Übergangszeit sollten Eltern für ihre Kinder immer Zeit haben.

- Kinder brauchen die Eltern als Partner, um das „tolle Neue" loszuwerden.
- Sie haben in dieser Zeit ein verstärktes Bedürfnis nach Geborgenheit. Eltern sollten gute Zuhörer sein. Probleme müssen sofort besprochen werden, nichts sollte aufgeschoben werden.
- Eltern müssen verstehen, dass ihr Kind (wenn es ‚schlechtere' Noten bringt) nicht schlechter geworden ist, sondern eben in eine leistungsstarke Umgebung versetzt worden ist. Nicht die Leistung des Kindes hat sich verändert, sondern der Maßstab.

Bruno Körner

VORSCHLÄGE FÜR ROLLENSPIELE

Diese Stunde wird von euch gestaltet. Eure Lehrer halten sich zurück – auch wenn es schwerfällt.

Sprechstunde in der Schule

Für dieses Rollenspiel brauchen wir eine Schülerin und einen Schüler, die als „Eltern" in die Schule kommen, um sich nach ihrem Kind zu erkundigen. Also brauchen wir jetzt noch eine Schülerin oder einen Schüler für die Lehrerrolle. Der Rest der Klasse beobachtet ganz genau, wie dieses Gespräch verläuft. Danach besprecht ihr den Verlauf des Gesprächs und die Probleme, die dabei aufgetaucht sind. Als Diskussionsleiter solltet ihr einen von euch wählen oder euern Lehrer für diese Aufgabe einsetzen.

Gespräch zu Hause

Die „Eltern" im vorigen Gespräch kommen jetzt nach Hause und besprechen am Abend alles das, was sie in der Schule gehört haben. Die Klasse beobachtet wieder das Gespräch, notiert sich, wie die einzelnen Personen miteinander reden. Am Schluss solltet ihr darüber reden, wie sich die einzelnen in bestimmten Phasen des Gesprächs gefühlt haben. Ist man in den Gesprächen zu einer Lösung gekommen, mit der alle einverstanden sein können? Wenn euch das Rollenspiel gefallen hat, könnt ihr ja die Rollen neu besetzen und ausprobieren, zu welchem Ergebnis diese neue Gruppe dann kommt.

Das wünsche ich mir von meinen Eltern:

1 Nehmt euch Zeit für mich, weil ich euch brauche. Nehmt euch Zeit für euch, weil ich nicht immerzu etwas von euch will. Aber wenn ich euch brauche, wünsche ich mir eure ungeteilte Aufmerksamkeit. Und ich will mir kein schlechtes Gewissen machen, wenn ich euch „ganz" will.

2 Seid – wie ihr seid – ganz, wenn ihr euch mir zuwendet, wenn wir zusammen sind, wenn ich etwas von euch will. Seid aufrichtig. Seid ihr selbst. Ich verkrafte eine Ablehnung meiner Wünsche, wenn ich weiß, dass ihr mich gern habt. Ich will verstehen und Rücksicht nehmen lernen, denn ich weiß, dass ich nicht allein auf der Welt bin. Warum sollte ich nicht mit euch anfangen, Rücksicht nehmen einzuüben!

3 Nehmt mich ganz ernst, auch wenn ich noch klein bin. Mutet euch mir zu, ob ihr Freude oder Ärger fühlt, kraftvoll oder kraftlos seid. Es wird mir nicht leicht fallen, wenn ihr nicht auf mich eingehen könnt, aber ich kann damit besser leben als mit dem Gefühl, dass ihr mir etwas vormacht.

4 Setzt feste Regeln für unser Zusammenleben. Das gibt mir die Sicherheit, meinen Bereich auszuloten, in ihm auszuprobieren und zu wachsen. Es lässt mir alle Möglichkeiten, euren und andere Bereiche kennen und respektieren zu lernen. Lasst mich neue Regeln mitfinden. Lasst uns über Ausnahmen sprechen.

5 Helft mir, mich eigenständig auch im Wollen zu entwickeln und mich zu behaupten, wenn mir etwas wichtig ist. Stellt euer Wollen dem meinen gegenüber, damit ich an eurem Widerstand mich entscheiden lerne und stark werden kann.

6 Erzieht mich, indem ihr mit mir lebt. Ich werde euch vieles abgucken. Habt Vertrauen in meine Entwicklungsfähigkeiten, und lasst mir Entscheidungsfreiraum. Habt Geduld, wenn ich Fehler mache. Ermutigt mich, groß zu werden und vieles selbst auszuprobieren und meinen Standort und meinen Weg zu finden.

7 Lehrt mich, diese Welt zu achten und zu lieben. Lasst mich erleben, wie wir sie miteinander schützen und auch die kleinen Dinge pflegen und uns freuen. Lehrt mich die Menschen zu lieben, wie sie sind, und all das, was ich für mich wichtig finde, auch für andere zu wollen und mich dafür einzusetzen.

Annedore Schultze

Alle sind zufrieden mit mir

Die Mama ist zufrieden mit mir, wenn ich im Haushalt helfe. Der Papa ist zufrieden mit mir, wenn ich gute Noten habe. Der große Bruder ist zufrieden mit mir, wenn ich ihm von meinem Taschengeld etwas abgebe. Die kleine Schwester ist zufrieden mit mir, wenn ich ihre Rechenhausübung mache. Die Oma ist zufrieden mit mir, wenn ich nicht fernschaue und nicht Radio höre.

Wahrscheinlich ist es sehr ungerecht von mir, wenn *ich* mit ihnen allen *nicht* zufrieden bin!

Christine Nöstlinger

- *Wie kommt es zu dieser Unzufriedenheit? Was wünscht sich der Junge von seiner Familie?*
- *Versucht, die sieben Wünsche an die Eltern zu verstehen und Beispiele zu jedem Wunsch zu finden!*
- *Wie wäre euer „Wunschzettel" ausgefallen?*

SELBER LEBEN

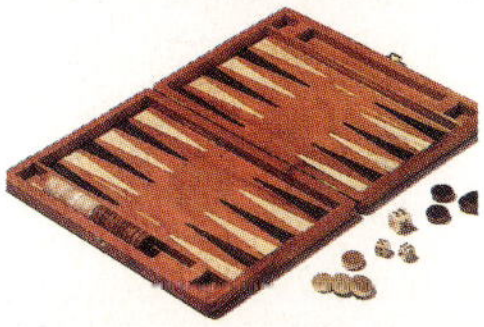

Spielzeug, das auf Knopfdruck geht,
das allein läuft und sich dreht,
Fernsehsendungen, ganz viele,
Videos und Fernsehspiele
und, wenn wir dann noch hätten,
Walkman mit Musikkassetten.
So kann man die Zeit verbringen
heutzutag mit vielen Dingen,
braucht sich in den Stuhl nur setzen,
muss nicht selber laufen, hetzen;
denn die ganzen schönen Sachen
laufen, ohne dass wir etwas machen.
Sagt mal, ist das nicht bequem
und für Kinder angenehm?

Komisch, nur der kleine Klaus
denkt sich selber Spiele aus.
Er erfindet, bastelt, malt,
liest und geht mal in den Wald,
in den Garten ganz daneben
und erlebt noch echtes Leben.
Lebt nicht einfach nur vom Band,
lebt nicht nur aus zweiter Hand,
sondern freut sich stets daran,
dass er selber leben kann.

Helmut Zöpfl

- *Was versteht ihr unter „Spielen"? Schreibt das in euer Heft!*
- *Besprecht Spiele, die euch besonders begeistern! Welche Rolle spielen hierbei eure Eltern und eure Freunde? Welche Spiele könnt ihr nur mit euren Eltern, welche nur mit euren Freunden spielen? Begründet eure Meinung!*
- *Was versteht Helmut Zöpfl in diesem Gedicht unter „Leben vom Band" und „Selber leben"?*

Regeln des Zusammenlebens

Rechte und Pflichten in der Familie – Und sonntags ist „Familienrat"

Teilnehmer:
Irmgard Moser-Kentemich, 40, Hanne Kentemich, 18, Benjamin Moser, 10, Christian Moser, 12, Paul Kentemich, 12, Willi Moser-Kentemich, 46 (Protokollant und Alterspräsident).

Besprechungspunkte:

1. Taschengeld

Das Taschengeld wird für Paul und Christian auf DM 16,– und für Benjamin auf DM 12,– im Monat festgelegt, zahlbar in zwei Raten, und zwar jeweils die Hälfte zum 1. und 15. eines jeden Monats.

Vom Taschengeld zu zahlen sind alle Vergnügungen wie Kino, Comics, Bücher, Spielzeug und Videos. Nicht zu bezahlen sind alle Unkosten, die im Zusammenhang mit der Schule entstehen (Hefte, Fahrkarten etc.) und „große" Süßigkeiten.

2. Gestaltung von Geburtstagsfeiern

Hierbei sind die Kinder frei, auch in der Frage, ob sie Geschwister und/oder Eltern für beratende Zwecke einschalten wollen; lediglich der Kostenrahmen muss mit den Eltern abgestimmt werden.

3. Benutzung der Spielsachen anderer

Alle Jungens sagen den jeweils anderen den großzügigen Umgang mit ihren Spielsachen zu. Allerdings muss immer um Erlaubnis gefragt werden. Bei Nichtanwesenheit des jeweiligen Spielzeugbesitzers können auch die Eltern eine Ausnahmegenehmigung erteilen. Dieser Regelung stimmen Benjamin und Paul zu, Christian behält sich die Freigabe selbst vor.

4. Küchendienst

Zum Küchendienst für die drei Jungen zählen die Aufgaben:

Decken und Abdecken des Tisches (mit Ausnahme des Frühstücks) sowie der Getränkeservice. Der Küchendienst wird im wöchentlichen Rhythmus geleistet, beginnend mit dem Montag und endend mit dem Sonntag. Der jeweilige Küchendienstler hat das Vorrecht, im Zusammenhang mit Irmgard das jeweilige feierliche Sonntagsessen festzulegen.

5. Regeln für das Essen

Von drei angebotenen Essenssachen sind mindestens zwei zu verzehren. Es gilt das Probierprinzip: Das bedeutet, Neues muss unbedingt wenigstens gekostet werden, im Prinzip Abgelehntes muss immer wieder probiert werden.

6. Sonderaufgaben für Hanne

Hanne ist vom normalen Küchendienst befreit, sie bietet dafür das Essen am Dienstagabend und übernimmt die Verantwortung für das Sonntagsfrühstück. Ansonsten assistiert sie Irmgard bei Küchenaufgaben nach Anforderung und Angebot. Sie ist für das Putzen ihres Zimmers und des unteren Badezimmers zuständig.

7. Fernsehen, Video, Fernsehspiele

Jedes Kind erhält pro Woche zehn Bons: Tagessendungen bis zu 45 Minuten kosten 1 Bon, Spielfilme kosten 2 Bons, 45 Minuten Atari 1 Bon, bei gemeinsamen Spielen mit Atari muss jedes Kind für 30 Min. 1 Bon ausgeben. Maximal sind 3 Bons pro Tag zulässig.

„Sendeschluss" ist um 21.00 Uhr an Tagen vor Schulpflicht, um 22.30 Uhr an Samstagen und anderen Tagen, denen kein Schultag folgt.

- ▶ *Vergleicht die Rechte und Pflichten der vier Kinder! Seid ihr mit den Unterschieden einverstanden?*
- ▶ *Könnt ihr euch diesen „Familienrat" auch für eure Familie vorstellen?*

Schulordnungen verändern sich

Die folgende Schulordnung stammt aus dem Jahr 1913 und war als Beilage in den Zeugnisheften enthalten.

In der ursprünglichen Schrift sieht der erste Paragraph so aus:

Schulordnung für die Schulkinder.

I. Pflichten der Schulkinder.
(Schvbl. 1913, XXXVI, S. 389–390.)

§ 1.

Die Schüler haben pünktlich zur beſtimmten Zeit – niemals früher als eine Viertelſtunde vor dem Schulanfange – in geordnetem Zuſtande, und mit den erforderlichen Schulſachen verſehen, in dem Schulzimmer (Klaſſenzimmer) zu erſcheinen, ſich ſofort an ihre Plätze zu ſetzen und alles zum Unterricht Nötige in Bereitſchaft zu legen.

Der Eintritt ins Schulhaus und Schullokal geſchieht lautlos und ohne Geräuſch. Vor dem Eintritt haben die Schüler ihre Schuhe zu reinigen. Hüte, Mützen uſw. ſind an dem dazu beſtimmten Platze abzulegen. Es iſt ſtrenge unterſagt, daſſ die Schüler lärmen, im Schul- oder Klaſſenzimmer umherlaufen, ſich um den Ofen ſtellen oder überhaupt nur von ihren Plätzen wegrücken.

⋮

Weitere Abschnitte dieser Schulordnung:

„Wo steht man in unserer Gesellschaft vor einer einzelnen Person auf? Beim Eintritt des Hohen Gerichts und in der Kirche, glaube ich. Und wohl beim Militär."

„Wieso ist Lachen verboten?"

§ 3.

Beim Eintritt des Lehrers in das Schulzimmer haben die Schüler denselben durch Aufstehen zu begrüßen. Ebenso werden die Geistlichen und die Schulvorgesetzten bei ihrem Eintritt begrüßt.

§ 4.

Wer während des Gebets oder Gesangs kommt, hat bis zur Beendigung desselben stille an der Tür zu warten, und dann sich beim Lehrer zu entschuldigen.

§ 5.

Während des Unterrichts sollen die Schüler still, ruhig, in gerader und anständiger Haltung auf ihren Plätzen sitzen. Alles, was den Unterricht hemmt oder stört, wie: Essen, Spielen, Scharren oder Stampfen mit den Füßen, Schwatzen, Lachen, eigenmächtiges Verlassen des Platzes ist untersagt.

„Klar, wenn 33 in einer Klasse sind..."

Hat ein Schüler während des Unterrichts dem Lehrer etwas zu sagen oder ihn um etwas zu bitten, so gibt er, bevor er spricht, ein Zeichen mit dem Finger.

§6.

In und außerhalb der Schule müssen die Schüler sich eines anständigen und geordneten Betragens befleißigen und die Anordnungen der Schulbehörden und Lehrer gewissenhaft beachten oder beim mittelbaren Unterricht ihren schriftlichen Arbeiten zuwenden.

Beim Aufsagen, Lesen und Singen müssen sie stehen; die Antworten müssen sie in gerader Haltung des Kopfes laut, lautrein, wohlbetont und möglichst in ganzen Sätzen geben.

Beim Schreiben und Zeichnen müssen sie aufrecht sitzen, die Brust nicht an den Tisch andrücken, noch den Körper stark vorwärtsbiegen.

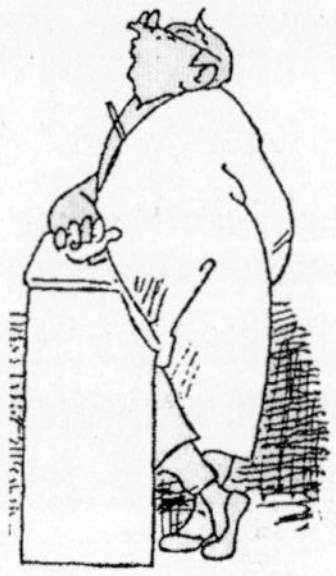

§17.

Untereinander sollen die Schüler verträglich, friedfertig und freundlich sein. Das Beschmutzen der Schulsachen eines Mitschülers, das Reden, Schimpfen, Schreien, Schlagen der Schüler untereinander ist strenge untersagt.

§18.

Gegen den Lehrer haben sich die Schüler stets folgsam, wahrheitsliebend, bescheiden und höflich zu benehmen; dasselbe anständige Benehmen sollen sie auch gegen andere Erwachsene, besonders gegen gebrechliche Personen beobachten und auf Befragen bereitwillig Auskunft erteilen.

§19.

Fremdes Eigentum dürfen die Schüler niemals nehmen, beschädigen oder verderben.

Das Quälen der Tiere, das Ausnehmen von Vogelnestern, das Einfangen von Vögeln oder sonstigen nützlichen Tieren, das Beschädigen der Bäume und anderer Gewächse, das zwecklose Abreißen von Blumen und Zweigen ist verboten; ebenso das Tabakrauchen, das Anschaffen von Pulver, Feuerwerkskörpern und anderen leicht entzündlichen und gefährlichen Gegenständen.

§20.

„Läuten an Hausglocken kann aber irre lustig sein..."

Alles Lügen, Fluchen, Schimpfen, Schlagen, Werfen, Schleifen auf Gehwegen, unbefugtes Läuten der Hausglocken, Beschmutzen der Häuser und Gehwege, Nachspringen nach Fuhrwerken, Anhängen oder unbefugtes Aufsitzen auf solche, das Baden an unerlaubten Orten ist strengstens untersagt.

Nach Einbruch der Nacht oder nach dem Abendgebetläuten sollen sich die Schulkinder nicht mehr zwecklos auf den Straßen und öffentlichen Plätzen umhertreiben.

Die Ortsschulbehörde.

Sicher kommt euch vieles an dieser über 80 Jahre alten Schulordnung seltsam vor.

Wie groß die Unterschiede zu heute sind, könnt ihr herausfinden, wenn ihr stichwortartig gegenüberstellt, was von den Schülern damals erwartet wurde und was ihnen ausdrücklich verboten war.

Erwartungen	**Verbote**
... pünktlich, ordentlich	... zu früh kommen
... sofort unterrichtsbereit an den Platz setzen	... lärmen, umherlaufen
•	•
•	•
•	•

Vergleicht damit die Hausordnung eurer Schule!

In jeder Gemeinschaft haben die einzelnen Mitglieder Rechte und Pflichten. Das gilt innerhalb der Schulgemeinschaft für den Schulleiter, die Lehrer, die Schulsekretärin, den Hausmeister und die Schüler.

Versucht einmal, mit euren Worten zu beschreiben, welche Rechte und Pflichten ihr als Schüler habt. Die folgende Tabelle kann euch dabei helfen:

möglichst gerecht benotet zu werden	sorgfältig die Hausaufgaben machen

Klassenordnung

Aufgestellt von einer Schulklasse, mitgeteilt von Konrad Wünsche

1. Für Jungen und Mädchen gilt das Gleiche, was sie tun sollen und was nicht.

2. Jeder hilft seinem Nachbarn, wenn er etwas braucht oder etwas nicht kann.

3. Wenn wir diskutieren, soll jeder warten, bis er dran ist, und den anderen ausreden lassen.

4. Wenn die Klasse mit Mehrheit etwas beschlossen hat, muss es befolgt werden; aber wer anderer Meinung ist, muss vorher angehört werden.

5. Jeder soll sich so ruhig benehmen und so langsam gehen, dass es keinen Unfall (gemeint ist in der engen Klasse) gibt.

6. Schlagen und Beleidigen ist verboten.

7. Jeder soll an seinem Platz Ordnung halten und mithelfen, die Klasse gut aufzuräumen.

8. Alle sollen ihre Schreibarbeiten ruhig bis zu Ende machen dürfen.

9. Es sollen öfter Mal- oder Spielstunden stattfinden.

10. Wir dürfen uns unseren Sitzplatz selbst aussuchen.

11. Die Klasse muss beschließen, was geschehen soll, wenn einer gegen die Klassenordnung verstößt (täglich 10 Minuten).

▶ *Welche Punkte dieser Klassenordnung sind bei euch schon erfüllt?*
▶ *Woran liegt es, dass Teile dieser Klassenordnung nur schwer erfüllbar sind?*
▶ *Versuche eine eigene Klassenordnung dieser Art aufzustellen!*

Wie schön – auch Lehrer können spielen!

Auch Fußgänger und Radfahrer sind Verkehrsteilnehmer

Wenn sich jeder nach diesen Grundregeln richten würde, bräuchte man nur noch ganz wenige weitere Vorschriften, und unsere Unfallbilanz sähe blendend aus. Ja, wenn ...

Aus der Straßenverkehrsordnung

§ 1 Grundregeln

(1) Die Teilnahme am Straßenverkehr erfordert ständige Vorsicht und gegenseitige Rücksicht.

(2) Jeder Verkehrsteilnehmer hat sich so zu verhalten, dass kein anderer geschädigt, gefährdet oder mehr, als nach den Umständen unvermeidbar, behindert oder belästigt wird.

Die Regeln sprechen eigentlich eine Selbstverständlichkeit aus, denn nur durch gegenseitige Rücksicht und durch Vorsicht kann unser heutiger Massenverkehr noch funktionieren. Es ist die Pflicht der dafür Verantwortlichen, immer wieder auf diese Grundlage aller Verkehrsregeln hinzuweisen!

§ 20 Öffentliche Verkehrsmittel und Schulbusse

(1) An öffentlichen Verkehrsmitteln, die an Haltestellen halten, darf nur vorsichtig vorbeigefahren werden. Wenn Fahrgäste ein- oder aussteigen, darf am öffentlichen Verkehrsmittel rechts nur mit mäßiger Geschwindigkeit und nur in einem solchen Abstand vorbeigefahren werden, dass eine Gefährdung von Fahrgästen ausgeschlossen ist. Sie dürfen auch nicht behindert werden. Wenn nötig, muss der Fahrzeugführer warten.

(1a) An gekennzeichneten Schulbussen, die halten und Warnblinklicht (§ 16 Abs. 2) eingeschaltet haben, darf nur mit mäßiger Geschwindigkeit und in einem solchen Abstand vorbeigefahren werden, dass eine Gefährdung der Schulkinder ausgeschlossen ist. Sie dürfen auch nicht behindert werden. Wenn nötig, muss der Fahrzeugführer warten.

(2) Omnibussen des Linienverkehrs und Schulbussen ist das Abfahren von gekennzeichneten Haltestellen zu ermöglichen. Wenn nötig, müssen andere Fahrzeuge warten.

Diese Vorschriften gelten dem besonderen Schutz der Benutzer von öffentlichen Verkehrsmitteln und von Schulbussen. Rechnen Sie immer damit, dass hinter einem haltenden Linien- oder Schulbus unachtsame Fußgänger die Fahrbahn betreten. Ganz besondere Vorsicht ist bei Schulbussen geboten.

▶ *Warum braucht man neben den Grundregeln noch viele weitere Paragraphen, Vorschriften usw.? Erzählt dazu aus euren eigenen Erfahrungen und Beobachtungen!*

Rad fahren auf Nummer Sicher!

Rad fahren macht Spaß – aber nur solange kein Unfall passiert. Es gibt Faltblätter und Broschüren speziell für Radfahrer. Sie wollen euch helfen, dass ihr unverletzt ans Ziel kommt.

Aus einem Vorbereitungsprogramm für die Radfahrprüfung:

Gefahren vor dir

Gefahren von der Seite

Sturzgefahr!

- auf nassem Pflaster
- auf Schienen

Vielleicht sieht man dich nicht!

- bei allen Autos oder Lastwagen, die rückwärts fahren
- bei Autos, die aus einer Parklücke oder Einfahrt kommen.

Achtung aufgepasst!

- Kleine Kinder oder Tiere laufen plötzlich vor dein Rad.
- Plötzlich schießt ein Auto aus einer Einfahrt auf den Radweg.
- Unaufmerksame Fußgänger betreten gerade den Radweg.

Auch Radfahrer haben Verantwortung für andere

Wer ein Spiel richtig beherrschen will, muss erst einmal die Regeln kennen. Beim Radfahren ist es so ähnlich, nur dass hier die Verletzung der „Spielregeln" viel schlimmere Folgen haben kann. Vielleicht haltet ihr manche dieser Regeln für kleinlich oder unnötig. Euch wird schon nichts passieren!

Verantwortlich handeln verlangt mehr als die Beachtung der Regeln.

Radler und Fußgänger

Schrittgeschwindigkeit

Zu zweit auf einem Rad?

Was kümmert das andere?

Wann darf man was?

Das Gesetz legt Rechte und Pflichten eines Menschen nach Altersgruppen fest.

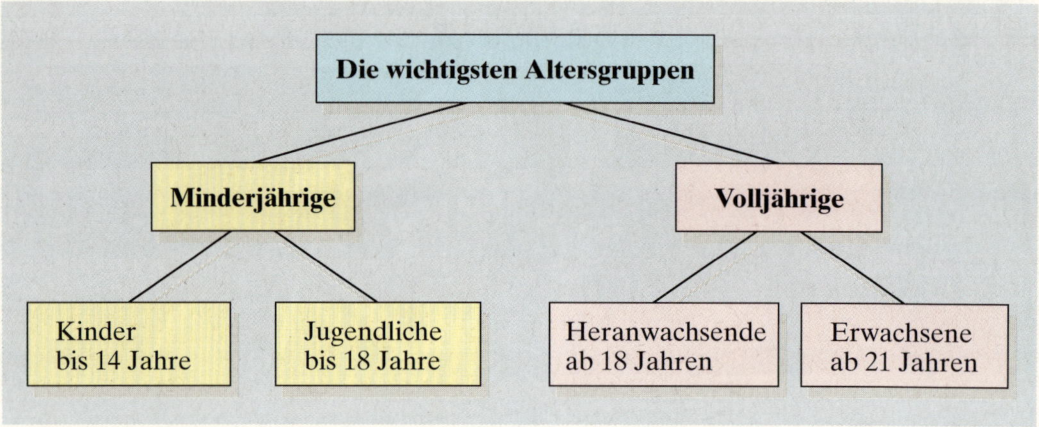

Mit zunehmendem Alter gibt es mehr Rechte, aber auch mehr Pflichten.

Was weißt du über Rechte und Pflichten eines Kindes?

1. Kurz nach Petras Geburt überschreibt ihr die Großmutter ein wertvolles Schmuckstück. Petras Eltern kommen in Geldnot. Dürfen sie dieses Schmuckstück verkaufen?
2. Darf sich der 10-jährige Peter ganz allein vom gesparten Taschengeld einen Radio-Recorder für 120 DM kaufen?
3. Der 12-jährige Robert wird bei einem Ladeneinbruch erwischt. Kann er von einem Gericht zu einer Strafe verurteilt werden?
4. Inges Eltern treten in eine andere Glaubensgemeinschaft über. Muss die 13-jährige Inge ebenfalls der neuen Glaubensgemeinschaft angehören?

Die folgende Übersicht hilft bei der Beantwortung dieser Fragen:

von Geburt an	Recht auf Eigentum
ab 6 Jahren	Schulpflicht
ab 7 Jahren	Beschränkte Geschäftsfähigkeit. Mit Geld, das ein Kind zur freien Verfügung von den Eltern oder von anderen mit Zustimmung der Eltern erhält, kann es etwas kaufen. „Taschengeldparagraph".
ab 12 Jahren	Keine Änderung des Glaubensbekenntnisses gegen den Willen des Kindes. Noch keine Strafmündigkeit (beginnt erst mit 14 Jahren).

▶ *Ab 18 Jahren wird man volljährig.*
Was wisst ihr über Rechte und Pflichten eines Volljährigen?

§

So steht es in den Gesetzbüchern

Während bereits ein Säugling unmittelbar nach seiner Geburt Rechtsfähigkeit besitzt, er beispielsweise erben oder beschenkt werden kann, ist er zunächst frei von jedweder Pflicht.

Ein Kind von 6 Jahren unterliegt der *Schulpflicht*, wenn es nicht aus bestimmten Gründen zurückgestellt wurde.

Im Alter von 7 Jahren erhält ein Kind die *beschränkte Geschäftsfähigkeit*. Dies bedeutet, dass es nun zwar sein Taschengeld und darüber hinaus die finanziellen Mittel, die ihm zur freien Verfügung gegeben wurden, nach eigener Entscheidung ausgeben darf. Will es aber das Geld, das ihm überlassen wurde, für weitergehende Vertragsabschlüsse oder für größere Anschaffungen ausgeben, dann müssen die gesetzlichen Vertreter, also z. B. Eltern, Erziehungsberechtigte oder Vormund, eindeutig zustimmen, teilweise sogar durch ihre Unterschrift. Ein Vertrag, den das Kind ohne Einwilligung abschließt, ist aber erst dann hinfällig, wenn dem Kind dadurch ein Nachteil entsteht.

Des weiteren wird ein Kind mit 7 Jahren bedingt *deliktfähig*. Es kann also künftig bei entsprechender Einsichtsfähigkeit, die alters- und reifeabhängig ist, zur Verantwortung für unerlaubte Handlungen gezogen werden. Erzieherische Maßnahmen, die zur weiteren Einsicht über das Fehlverhalten führen sollen, sind möglich.

Mit 12 Jahren kann ein Kind nicht mehr zur Änderung seiner Religionszugehörigkeit gezwungen werden.

Religionsmündigkeit und *bedingte Strafmündigkeit* ist mit 14 Jahren erreicht. Letzteres bedeutet, dass ein – jetzt so zu nennender – Jugendlicher strafrechtlich zur Verantwortung gezogen werden kann, vorausgesetzt, er besitzt die sittliche und geistige Reife.

Ist der Jugendliche bereits 16 Jahre, so ist er *ehefähig* (der Partner muss volljährig sein und das Vormundschaftsgericht muss zustimmen), *eidesfähig* (entsprechend können Falschaussagen zur Anklage wegen Meineides führen) und *ausweispflichtig*. Außerdem dürfen Jugendliche bis 24 Uhr ausgehen, den Mopedführerschein machen und in der Öffentlichkeit rauchen und Alkohol trinken.

Die genauen Texte dazu stehen in den §§ 104, 106–113, 828 BGB; §§ 5, 22 Gesetz über die religiöse Kindererziehung; § 19 Strafgesetzbuch; §§ 1, 3, 105 Jugendgerichtsgesetz; § 1 Ehegesetz; §§ 60, 61 Strafprozessordnung; § 1 Gesetz über Personalausweise.

Mit 18 Jahren ist dann die Volljährigkeit erreicht. Man gilt als Erwachsener mit entsprechenden Rechten und Pflichten, z.B. der *Geschäftsfähigkeit*, aber auch der *Strafmündigkeit*. Allerdings ist es, abhängig von der geistigen und moralischen Reife, bis zur Vollendung des 20. Lebensjahres möglich, als Heranwachsender nach dem Jugendstrafrecht bestraft zu werden.

Zum Nachdenken

Günther Weber:

Was wir zählen und messen können:

Wie viele Kinder in unserer Klasse sind.
Wie viele Fenster unser Haus hat.
Wie schnell ein Flugzeug fliegt.
Wie tief das Meer ist.
Wie schwer ein Stein ist.
Wie lang eine Straße ist.
Wie hoch die Wolken sind.

Was wir nicht zählen und messen können:

Wie viel Liebe in einem Kuss ist,
den die Mutter dem Kinde gibt.
Wie viel Angst einer hat,
wenn er allein ist.
Was ein gutes Wort wiegt.
Wie teuer ein guter Freund ist.
Wie schwer es ist, wenn uns keiner mag.
Wie tief eine Lüge uns verletzen kann.

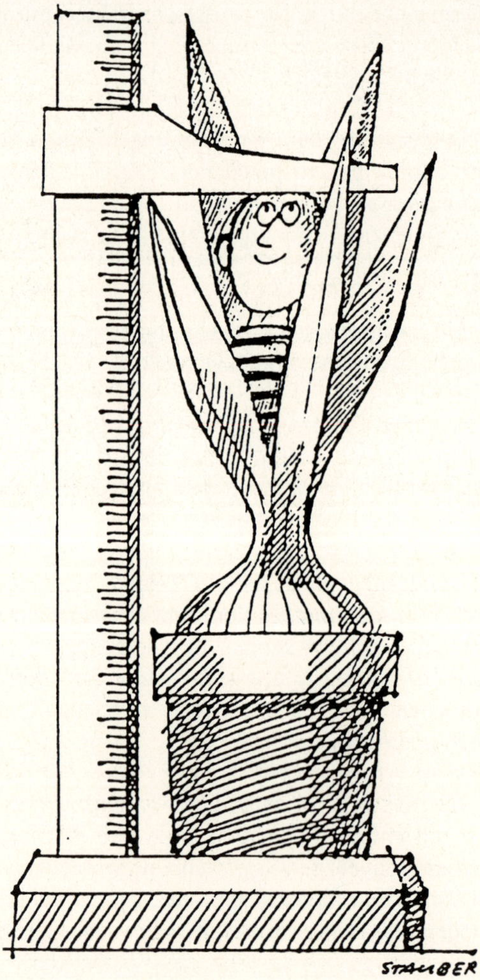

Sitte und Gesetz

Was ist Sitte?

Dieses Bild zeigt den früheren Bundespräsidenten Walter Scheel bei einem Staatsbesuch in Neuseeland 1978. Auf dem Programm stand auch der Besuch in einem Maori-Dorf. Die Maoris sind ein polynesisches Volk und leben seit rund 600 Jahren in Neuseeland. Im Dorf begrüßt Walter Scheel eine Maori-Frau mit dem Maori-Kuss, bei dem die Nasen aneinander gedrückt werden.

Jedes Land, jedes Volk, jede menschliche Gemeinschaft hat eigene Sitten und Gebräuche. Das Zusammenleben der Menschen kann nicht allein durch aufgeschriebene gesetzliche Bestimmungen geregelt werden. Es gibt ergänzend dazu viele Verhaltensvorschriften, die bei den verschiedensten Anlässen für alle Lebensbereiche gelten.

- *Beschreibt Sitten und Bräuche, die für euren Lebensraum gelten!*
- *Erzählt von fremden Sitten und Bräuchen!*

Muss ich die Hand geben?

Bei vielen Sitten wissen wir heute nicht mehr, woher sie ursprünglich kommen. Der Handschlag war ursprünglich ein Zeichen der Friedenswilligkeit. Man reichte dem Gegner die rechte Hand und bewies ihm damit, dass man keine Waffen trug und wehrlos war. Heute noch wechselt man den Handschlag im Sinne einer Verpflichtung. Zum Beispiel bei einem ausgehandelten Geschäft, beim Wetten oder auch als Zeichen der Versöhnung nach einem Streit.

Das Händeschütteln beim Begrüßen ist für viele Menschen ein Zeichen der Achtung und der Wertschätzung. Für viele, vor allem bei Kindern, Jugendlichen, jungen Erwachsenen oder innerhalb von Kollegen, Freunden, Bekannten usw., ist es selbstverständlich, sich nur mit einem Kopfnicken, einer lässigen Handbewegung oder einem „Guten Morgen" oder „Hallo" zu begrüßen.

Kinder oder Jugendliche erleben es oft als unangenehm, wenn sie jemandem die Hand geben müssen.

- *Welche Erfahrungen habt ihr schon mit Händeschütteln oder dem Handschlag gemacht?*
- *Wie kann es sich auswirken, wenn jemand eine ausgestreckte Hand ablehnt?*

Der Gruß ist in der Geschichte der Menschen immer auch mit Aberglauben verbunden. Bestimmte Grußformen sollen Unheil abwehren oder Glück bringen. Sie galten als Zaubermittel, um höhere Kräfte, zum Beispiel Geister, Dämonen usw., zu beeinflussen.

Manches davon ist heute noch erhalten.

Die Begrüßung von zwei Paaren über Kreuz, wie es das nebenstehende Bild zeigt, sollte auf jeden Fall vermieden werden. Es kann Unglück bringen.

„Hallo, Pit!"

„Hey, Caro!"

„Grüß Dich, Karin!"

„Ciao Thomas!"

„Ade Fritzi!"

„Bis Morgen, Micha!"

„Mach's gut, Lenchen!"

Sitten verändern sich

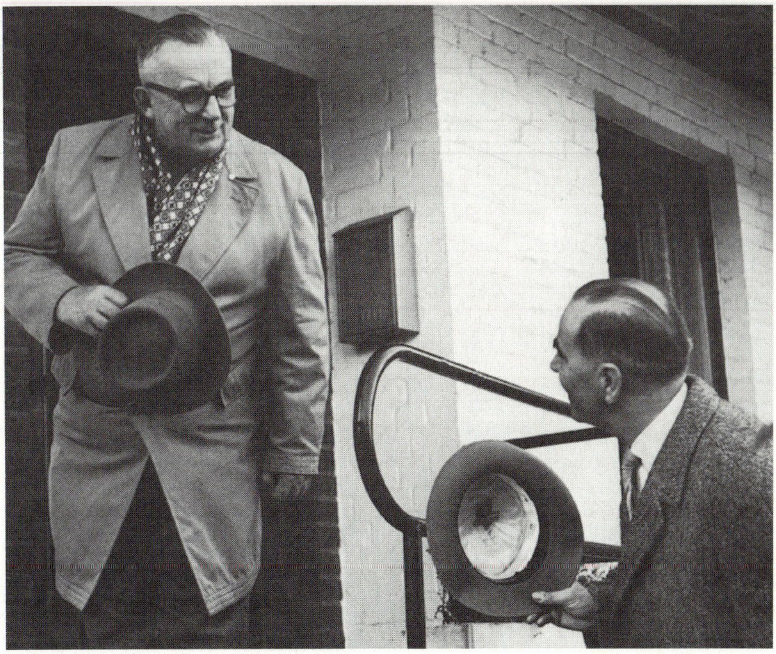

„Mit dem Hut in der Hand, kommt man durch das ganze Land", so sagte man früher und meinte damit etwas, was heute noch gilt. Höflichkeit erleichtert das Zusammenleben der Menschen und hilft, im Leben Erfolg zu haben.

Übertriebene Höflichkeit kann aber auch zu komischen Situationen führen: zwei höfliche Menschen kommen an eine Tür, jeder möchte dem anderen den Vortritt lassen, so bleiben beide draußen.

Auf dem Bild begrüßen sich zwei ältere Herren höflich. Sie haben gelernt, beim Begrüßen den Hut abzunehmen.

Wie sich diese Höflichkeitsgeste in der heutigen Zeit verändert hat, ist in einem „Buch der Etikette" so beschrieben:

„Zum Schluss sollen noch ein paar Uraltzöpfe abgeschnitten werden, welche von unserer aufgeschlossenen Jugend längst ad acta gelegt worden sind: Da ist zuerst einmal die Sache mit dem Hut, den der Herr stets beim Grüßen abzunehmen hat. Gut, im Sommer mag das durchaus angehen, im Winter kann getrost darauf verzichtet werden, vor allem dann, wenn es stürmt oder schneit und der Herr noch beide Hände voll hat. Keine Dame, meine Herren, wird es ihnen übelnehmen, wenn Sie in Zukunft in diesem Falle ihren Hut dort belassen, wo er hingehört: nämlich auf den Kopf."

- ▶ *Wie wird das Abschneiden dieses „Uraltzopfes" hier begründet?*
- ▶ *Kennt ihr weitere Beispiele für das Verändern von Sitten und Gewohnheiten?*

Adolf Freiherr von Knigge (1752-1796) schrieb das Buch „Über den Umgang mit Menschen". Darin gibt er Ratschläge für die Gestaltung des Lebens, vor allem mit Hinweis darauf, wie man mit anderen Menschen umgehen soll, z.B. mit Menschen verschiedenen Temperaments, verschiedenen Alters, mit Freunden, Verliebten, mit Eheleuten, Lehrern und Schülern, aber auch mit sich selbst. Schon bald wurde sein Werk missverstanden im Sinne eines Benimmbuches, das sich auf Äußerlichkeiten konzentriert. Darauf kam es dem Aufklärer Knigge allerdings weniger an. Zum Maßstab für die durchaus hierarchische soziale Ordnung, wie sie sich Knigge vorstellt, werden Gefühlsechtheit und Gefühlsgröße hervorgehoben.

Umgangsformen

Umgangsformen sind Regeln, die es leichter machen, miteinander umzugehen. Wir brauchen solche Regeln, weil es nicht selbstverständlich ist, dass die Menschen zueinander rücksichtsvoll und hilfsbereit sind. Solche Regeln gibt es vor allem für Besuche, Gespräche, Begrüßungen, Essen und Trinken, Verhalten gegenüber älteren Menschen usw.

Wenn immer mehr Menschen eine solche Regel nicht mehr beachten, kann es auch daran liegen, dass diese Umgangsform mit der Zeit ihren Sinn verloren hat. Sie ist unwichtig geworden.

Deshalb dürfen wir bei allen Umgangsformen auch die Frage stellen:

WARUM?

Stellt einige Umgangsformen zusammen und überlegt, warum sie wichtig sind! Die Weiterführung der folgenden Tabelle kann euch dabei helfen.

Umgangsform	Warum?
Vor dem Essen Hände waschen nicht vergessen!	Essen mit schmutzigen Händen ist unhygienisch. Es stört andere am Tisch, ihnen kann der Appetit vergehen.
Es gehört sich nicht, in der Nase zu bohren!	
Man wischt sich den Mund nicht mit der Hand ab!	
Schmatzen, Schlürfen und Rülpsen ist unanständig!	
...	

Kinder haben oft ganz andere Bedürfnisse als Erwachsene. Sie wollen sich austoben, spielen, Spaß haben usw. Weil ihnen noch Lebenserfahrung fehlt, können sie den Sinn vieler Umgangsformen noch gar nicht verstehen. Sie übertreten gerne Umgangsformen und handeln sich damit Ärger ein. Es gibt Streit, es folgen Strafen usw. In der Wunschwelt der Kinder gäbe es ganz andere Ordnungen und Regeln – das zeigt die Geschichte auf der nächsten Seite.

Bei den Hottentotten

Es war einmal ein kleiner Peter, der hatte eine schrecklich vornehme Mama. Die war ganz versessen auf gute Manieren und feines Benehmen. Wenn der kleine Peter ein bisschen zu laut lachte oder ein wenig herumbrüllte, rief sie: „Wir sind ja nicht bei den Hottentotten!"

Und wenn der Peter in der Nase bohrte, rief sie auch: „Wir sind ja nicht bei den Hottentotten!"

Eines Morgens, als die vornehme Mama den kleinen Peter aufwecken wollte, war sein Bett leer, und auf dem Nachttisch lag ein Zettel, darauf stand: Bin zu den Hottentotten gegangen!

Viele Jahre ist das nun schon her. Vom Peter hat die vornehme Mama nie mehr etwas gesehen. Aber angeblich ist er bei den Hottentotten Staatspräsident – und sehr glücklich.

Höflichkeit

Danke schön,
danke sehr,
danke gut.

Danke wozu,
danke warum, danke wieso?

Wozu schon,
warum sehr,
wieso gut?

Sehr schön,
sehr gut!

Schon gut,
schon gut!

Verbote

- *Sucht weitere Verbotsschilder in eurer Umgebung!*
- *Überlegt an einzelnen Beispielen, wer am meisten Interesse an solchen Verboten hat!*
- *Nennt die Bedürfnisse und Interessen von Kindern und Jugendlichen, die dadurch beeinträchtigt werden.*
- *Welche dieser Verbote sind eurer Meinung nach berechtigt, welche nicht? Versucht auch zu begründen.*
- *Inline-Skates stellen für andere Menschen oft eine Gefahr dar – was sollte man tun?*

Ein neues Gesetz

Es war einmal ein herzensguter König, der beschenkte jedes Jahr zu seinem Geburtstag seine Untertanen mit großen Reichtümern. Ein Jahr kamen alle Männer dran, ein Jahr alle Frauen, ein Jahr alle Kinder. Als wieder einmal die Kinder an der Reihe waren, wollte er für jedes Kind ein BMX-Rad kaufen. Doch sein Finanzminister sagte: „Chef, heuer geht's nicht! Die Kasse ist komplett leer!" Da fing der König zu weinen an. Aber sein Sohn sagte zu ihm: „Hör zu heulen auf, Papa. Schenk den Kindern eben etwas, was kein Geld kostet!"

„So was gibt's doch nicht!", schluchzte der König.

„Doch!", sagte der Sohn. „Schenk ihnen ein Gesetz! Eines, in dem steht, dass die Erwachsenen Kinder nicht mehr schlagen dürfen und nicht mehr mit ihnen schimpfen dürfen. Und auslachen und allein lassen und herumschubsen und nicht ernst nehmen verbietet das Gesetz auch. Alles, was böse ist, darf Kindern nicht mehr angetan werden!"

„O.K.!", rief der König, trocknete seine Tränen und erließ ein wunderbares Gesetz, welches alle Gemeinheiten gegen Kinder unter strengste Strafe stellte. Doch als er ein paar Wochen später bei den Kindern nachfragte, ob sie wohl Freude an seinem Geschenk hätten, wurde er bitter enttäuscht. „Dein Gesetz ist Mist", sagten ihm die Kinder. „Hält sich ja keiner dran!" Der König lief heim und beschwerte sich bei seinem Sohn. „Tut mir leid, das habe ich nicht bedacht", sagte der Sohn. „Wenn das so ist, musst du eben eine Kinderpolizei gründen, die drauf schaut, dass die Gesetze eingehalten werden."

„O.K.!", rief der König und gründete die Kinderschutzpolizei. Eine Geheimpolizei war das. Denn die größten Gemeinheiten gegen Kinder werden ja im geheimen begangen. Als Klofrauen und Schaffner, Hausmeister und Gaskassierer, Tischler, Schulwarte und Verkäuferinnen haben sich die Geheimpolizisten verkleidet. Überall waren sie! Und niemand hat gewusst, ob der kleine blaue Mann, der die elektrischen Leitungen kontrolliert, tatsächlich ein Elektriker ist oder nicht doch ein Kinderpolizist. Nicht einmal von der dicken Frau, die im Bus auf Kinder losgeschimpft hat, hat man wissen können, ob sie es ehrlich so meint. Hätte ja auch eine listige Tarnung einer Kinderpolizistin sein können! Und darum haben sich alle Erwachsenen brav an das Gesetz gehalten. Weil ja auf jeden Verstoß hohe Geldstrafen gestanden sind! Und mit den Jahren haben sich die Erwachsenen so ans Freundlichsein zu Kindern gewöhnt, dass sie es freiwillig getan haben, ganz ohne Zwang. Und alle geheimen Kinderschutzpolizisten konnten den Beruf wechseln. Und so lebten von da an alle Menschen in diesem Land glücklich zusammen.

Die 10 Gebote

Die biblischen Geschichten erzählen, wie Gott den Menschen Regeln gegeben hat

Stefan und Katrin sahen nicht gerade vergnügt aus, als sie vom Spielen hereinkamen. „Na, ihr beiden, was habt ihr denn draußen gespielt?", fragte die Mutter.

„Ach, Sven ist richtig blöd", sagte Stefan. „Was war denn los?" Katrin erzählte: „Ach, wir wollten Verstecken spielen. Und wenn wir uns versteckten, hat Sven gar nicht die Augen zugemacht. Er hat immer geguckt, wo wir hinliefen. Und dann hat er uns immer gleich gefunden." „Das ist gegen die Spielregeln", meinte die Mutter. „Ja, Sven hat sich überhaupt nicht an die Spielregeln gehalten, und darum hat mir heute das Spielen gar keinen Spaß gemacht", protestierte Stefan. „So ist das meistens, wenn die Spielregeln nicht beachtet werden." Und dann fügte die Mutter hinzu: „Heute abend will ich euch erzählen, wie Gott uns Menschen Regeln gegeben hat. Wenn wir sie beachten, wird alles gut bei uns Menschen. Aber wenn wir sie nicht beachten, dann gibt es meist traurige Gesichter. Und auch Gott ist dann über uns traurig."

Als Katrin und Stefan am Abend im Bett lagen, warteten sie schon ganz gespannt auf die Mutter. Und dann erzählte sie von dem Volk in der Wüste.

Die Geschichte dieses Volkes beginnt damit, dass Gott den Menschen sagen wollte, wie sehr er sie liebt und wie sie auf der Erde glücklich leben sollen. Er wählt sich einen Menschen aus, Abraham, dem er befiehlt, mit seiner Familie in ein anderes Land zu ziehen und dem er verspricht, dass aus seiner Familie ein großes neues Volk entstehen wird. Abraham gehorchte, und viele Jahre später erhielt sein Enkel Jakob von Gott den Namen Israel.

Seine Nachkommen, die Israeliten, lebten lange Zeit in Ägypten. Als sie dort als Sklaven unterdrückt wurden, führte Moses sie aus der ägyptischen Knechtschaft heraus. Als Neugeborener wird Moses ausgesetzt, um dem Todesbefehl des Pharao zu entgehen. Die Tochter des Pharao findet Moses am Nilufer und rettet ihn. Moses wächst am Hof des Pharao auf. Als er einen Ägypter tötet, der einen seiner Stammesbrüder geschlagen hat, muss Moses fliehen. Später kehrt Moses auf Befehl Gottes, der ihm in einem brennenden Dornbusch erschienen war, wieder nach Ägypten zurück, um das Volk Israel zu befreien. Nach dem Auszug aus Ägypten lagern die Israeliten in der Wüste Sinai gegenüber einem Berg. Er erkannte ihn sofort wieder. Dort hatte er den Busch gesehen, der zu brennen schien und doch nicht verbrannte. Und dort hatte er zum ersten Mal Gottes Stimme gehört. Er dachte daran, wie viel Schwierigkeiten zu überwinden waren, bis er zu diesem Berg mit dem ganzen Volk zurückgekehrt war.

Mose stieg ganz allein auf den Berg, um zu beten. Mose dankte Gott für alle Hilfe. Da

„BIBEL"

ist ein Wort aus der griechischen Sprache und bedeutet „Buch". Eigentlich ist es eine Bibliothek aus vielen Büchern und von vielen Verfassern geschrieben, über die wir nur wenig wissen. Fast alle wichtigen Schauplätze und Orte der biblischen Geschichten liegen in Palästina, einer Landschaft in Vorderasien an der östlichen Mittelmeerküste. Ein Teil dieser Bücher – das Alte Testament – erzählt vor allem von Gott und der Geschichte des Volkes Israel vor Christi Geburt. Das Neue Testament erzählt von der Geburt, vom Leben, von der Lehre, vom Tod und von der Auferstehung Jesu und damit vom Beginn des Christentums als eine der großen Weltreligionen.

Bibel = 39 Bücher 5 B. Mose
21 B „Propheten"
13 B. Schriften

spürte er plötzlich, dass Gott wieder mit ihm reden wollte. Gottes Stimme sagte zu ihm: „Mose, du sollst deinem Volk Regeln verkünden, die euch helfen werden, in Frieden miteinander zu leben. Ich, euer Gott, möchte, dass dieses Volk meinen Willen kennen lernt und befolgt. Ich habe euch aus Ägypten herausgeführt, weil ich euch lieb habe. Ich will auch in Zukunft für euch da sein. Sag deinem Volk folgende Gebote und sag ihm, dass es gut ist, diese zehn Gebote zu beachten.

Dies sollen die Regeln für euer Leben sein:

Eva Bruchmann

Keiner von euch soll zu einem anderen Gott beten als zu mir, denn ich bin der Gott, der euch behütet und beschützt.

Keiner soll sich ein Bild machen und nachher behaupten: So sieht Gott aus. Wer von mir redet, soll es auch ernst meinen und mich nicht mit seinen Worten lächerlich machen.

Alle sollen am siebenten Tag der Woche ruhen, damit sie Zeit haben, an Gott zu denken.

Sag allen Leuten im Volk: Du sollst deinen Vater und deine Mutter immer lieb behalten.

Du sollst niemand töten.

Wer verheiratet ist, soll seinen Mann oder seine Frau nicht im Stich lassen.

Du sollst nicht stehlen.

Du sollst nicht lügen.

Du sollst nicht neidisch sein, wenn einer etwas hat, was du auch gern hättest."

Mose war sehr froh, als er diese Sätze hörte. Er dachte an all den Streit zwischen den Menschen, den er auf dem langen Weg miterlebt hatte. Er hoffte, dass diese Gebote den Menschen helfen, in Frieden zusammenzuleben. Er dachte daran, dass diese Gebote in zwei Steintafeln eingeritzt werden müssten, so dass die Menschen sie niemals vergessen. Er fand geeignete Steine und machte sich gleich an die Arbeit.

Dann stieg er mit den zwei Steintafeln den Berg hinab. Als Mose gerade über einen großen Felsen geklettert war, sah er das Lager vor sich liegen. Er hörte ein lautes Stimmengewirr und Musik. Es klang so, als ob ein Fest gefeiert würde.

Und was war denn da in der Mitte des Lagerplatzes zu sehen? Die Menschen tanzten um ein goldenes Tier herum. Ein Kalb schien es zu sein. Solche Tiere hatten sich auch die Ägypter gemacht. Sie hatten dann gesagt: „Das sind unsere Götter, die helfen uns!"

Mose wurde sehr zornig. Er dachte: „Wie undankbar ist dies Volk." Er warf die Tafeln auf den Boden. Ihm war es recht, dass sie zerbrachen.

„Da hast du etwas getan, was Gott gar nicht gefällt", rief Mose. Er nahm einen großen Stein und schleuderte ihn gegen das Kalb. Da zersprang es in viele Stücke.

„Da seht ihr, dass euch solch ein Kalb nicht helfen kann", rief Mose aus. „Gott allein kann euch helfen. Ich werde ihn jetzt darum bitten, dass er verzeiht, was ihr gemacht habt. Und später werde ich euch dann sagen, was Gottes Regeln für euer Leben sind. Gott hat sie mir gerade auf dem Berg anvertraut. Die Tafeln auf denen sie geschrieben waren, sind zerbrochen. Doch nun werden wir die Gebote in unserem Herzen aufbewahren."

Die Zehn Gebote – in der Sprache des Alten Testamentes

Nach Ex 20,2–17.

Ich bin Jahwe, dein Gott, der dich aus Ägypten herausgeführt hat, aus dem Sklavenhaus.

1. Du sollst neben mir keine anderen Götter haben.
2. Du sollst den Namen Jahwes, deines Gottes, nicht missbrauchen.
3. Denk an den Sabbat; halte ihn heilig.
4. Ehre deinen Vater und deine Mutter, damit du lange lebst in dem Land, das Jahwe, dein Gott, dir gibt.
5. Du sollst nicht töten.
6. Du sollst nicht die Ehe brechen.
7. Du sollst nicht stehlen.
8. Du sollst nicht falsch gegen einen anderen aussagen.
9. Du sollst nicht nach der Frau eines anderen verlangen.
10. Du sollst nicht nach dem Haus eines anderen verlangen, nach seinem Sklaven oder seiner Sklavin, seinem Rind oder seinem Esel oder nach irgend etwas, was dem anderen gehört.

Aus dem Buch der Sprichwörter – entstanden 500 bis 200 vor Christus:

Bei vielen Reden bleibt die Sünde nicht aus, wer seine Lippen zügelt ist klug. (Spr. 10,19)

Besser ist ein Langmütiger als ein Kriegsheld, besser wer sich selbst beherrscht, als wer Städt erobert. (Spr. 16,32)

Wer Gutes strebt, sucht das Gefallen Gottes; wer nach dem Bösen trachtet, den trifft es. (Spr. 11,27)

Zehn Gedanken zu den Zehn Geboten – für das Leben der Menschen heute

Die ersten drei Gebote verlangen Achtung vor Gott, die übrigen Gebote schützen das Leben der Mitmenschen.

1. Niemand, der an Gott glaubt, braucht Angst zu haben vor irgendwelchen geheimnisvollen Kräften. Er braucht nicht abergläubisch zu sein.
2. Man kann Gott nicht durch Beschwörungen, Zauberformeln usw. zu irgendwelchen Hilfsleistungen zwingen.
3. Wer ohne Besinnung 7 Tage in der Woche pausenlos arbeitet oder Vergnügungen hinterherhetzt, verliert die echte Lebensfreude.
4. Mit den Eltern über Probleme sprechen können, ist für Kinder und Jugendliche eine der wichtigsten Lebenshilfen, die es gibt.
5. Ohne die Achtung vor dem Leben können die Menschen nicht überleben.
6. Die Geborgenheit in einer Familie ist für Kinder besonders wichtig.
7. Menschen brauchen vieles notwendig zum Leben. Sich gegenseitig wegzunehmen, was einem nicht gehört, macht das Zusammenleben der Menschen unmöglich.
8. Ohne Vertrauen und Zusammenhalt ist kein freies Leben möglich.
9. Man braucht nicht neidisch zu sein auf andere: auf ihren Besitz, auf ihre Macht usw. Neid auf andere nimmt die Freude am Eigenen.
10. Andern etwas abgeben macht auf Dauer viel glücklicher, als sich auf Kosten anderer zu bereichern.

Die „Sippe" ist eine Lebensgemeinschaft von Blutsverwandten. Sie umfasst alle von einem Stammvater in männlicher Linie abstammenden Personen. Die Sippe erfüllt zahlreiche Aufgaben, die später von Staat oder Gemeinde übernommen wurden. Sie war Rechts- und Friedensverband, besonders Trägerin der Blutrache (Fehde), bäuerlicher Verband, Heeresabteilung, Kulturgemeinschaft und übte die Vormundschaft über Unmündige und Frauen aus.

Die Gebote der Papuas (Einwohner der Insel Neuguinea)

1. Du sollst dich fürchten! Am Tag sollst du dich besonders vor den Geisterplätzen, Geisterhöhlen, Geisterwassern, Geisterbäumen, Geisterfelsen und Geistertieren und überhaupt vor allem, was mit Geistern zusammenhängt, fürchten. Noch viel mehr sollst du dich aber in der Nacht fürchten, wo die Geister umgehen.
2. Du sollst niemals und in keiner Weise den Pfad der Ahnen verlassen, sondern alles genauso halten und weiterführen, wie es von ihnen überliefert worden ist.
3. Du sollst dich vor den Zauberern hüten. Lass nie einen Speiserest liegen, spucke nur ins Feuer oder Wasser aus, deinen Nasenschleim schmiere ans Bein, damit niemand deiner Seele habhaft werde. Wenn du in einem Dorfe zu Besuch bist und es wieder verlässt, dann vergiss nicht, deinen Sitzplatz mit dem Knochendolch zu stechen; nur so wird nichts von deiner Seele zurückbleiben, und der Zauberer kann dir nichts anhaben.
4. Du sollst dich vor allem Fremden, insbesondere vor jedem fremden Menschen, hüten, denn jeder Fremde ist ein Feind, der dir gefährlich werden kann. Die Berührung mit ihm schadet immer. Freund ist nur der Sippengenosse.
5. Du sollst die Alten und Großen, die Häuptlinge und Krieger ehren und ihnen nie widersprechen, denn sie haben die Macht, dir zu schaden.
6. Du sollst deinem Sippengenossen in jeder Lage und in jedem Falle helfen und für ihn Partei ergreifen, ob er recht oder unrecht hat; aber deinen Feind und jedem Fremden sollst du jederzeit und in jeder Weise schaden.
7. Alles, was dir gehört, was du erwirbst oder erbeutest, sollst du mit deinem Sippengenossen teilen und nichts für dich allein behalten, sei es auch nur eine Maus oder ein Vogelei.
8. Du sollst stets deiner Sippe Nutzen im Auge haben; denn er kommt auch dir zugute. Als Glied deiner Sippe bist du für sie verantwortlich und haftbar, wie auch deine Sippe für dich verantwortlich und haftbar ist.
9. Du sollst dir dein Weib durch Kauf ehrlich erwerben oder es bei den Feinden rauben, nicht aber deinem Sippengenossen entführen, denn daraus folgt Sippenstreit und Blutvergießen.
10. Du Mann, wenn dir deine Frau nicht folgt oder dir nichts zu essen kocht, dann schlage sie; denn ihr Sinn steht gewiss nach einem anderen Mann.
    Du Frau, folge deinem Mann und koche ihm stets das Essen, sonst schlägt er dich, und es kommt zu Unfrieden und Sippenstreit.

▶ *Nenne Hauptregeln der Papuas!*
▶ *Warum steht die Sippe im Vordergrund?*
▶ *Vergleicht mit den 10 Geboten!*

Die Goldene Regel

Wie soll ich mich den anderen gegenüber verhalten?

Darauf gibt es nach der „Goldenen Regel" zwei Antwortmöglichkeiten:

Was soll ich nicht tun?

Ein altes Sprichwort:

„Was du nicht willst, das man dir tu, das füg auch keinem andern zu."

Peter möchte nicht ausgelacht werden.

▶ *Sucht selbst weitere Beispiele.*

⋮

Inge behauptet: „Die Regel des Sprichworts ist leichter einzuhalten als die Forderung des Neuen Testamentes."

Was soll ich tun?

Im Matthäusevangelium, einem Buch des Neuen Testamentes, sagt Jesus:

„Alles nun, was ihr wollt, das euch die Leute tun, das sollt auch ihr ihnen tun."

Matthäus 7, 12

Peters Banknachbar war krank und hat vier Mathematikstunden versäumt.

▶ *Sucht selbst weitere Beispiele.*

⋮

Fritz behauptet: „Was Jesus hier fordert, ist für das Zusammenleben der Menschen wichtiger als die Regel des Sprichworts".

▶ *Wie denkt ihr über diese beiden Behauptungen?*

▶ *Beurteilt folgende Fallbeispiele nach der „Goldenen Regel":*

1. Für die Mathematikklassenarbeit braucht jeder Schüler das Geodreieck. Peters Nebensitzer hat seines vergessen. Er möchte Peters Geodreieck ausleihen.
2. Inge findet in der Umkleidekabine im Hallenbad einen Zehnmarkschein.
3. Hans stellt sein Fahrrad so unglücklich ab, dass es umfällt und einen Kratzer im Lack eines daneben stehenden Autos verursacht. Niemand scheint es bemerkt zu haben.
4. Helmut ist stolz und lässt sich von niemandem helfen. Braucht er dann auch niemandem zu helfen?
5. Fritz findet es toll, wenn jemand laut Musik macht. Kann er jetzt selbst laut auf seiner Elektrogitarre spielen?

Es gibt auch eine moderne Fassung der folgenden Regel:

So wie du willst, dass man dich beachtet und dich versteht, so beachte auch die anderen und habe Verständnis für sie.

Chaos griechisch chaos = „klaffende Leere des Weltraums"; bei Hesoid und Ovid „die in unermesslicher Finsternis liegende, gestaltlose Urmasse". Heute auch: Auflösung aller Werte; Durcheinander.

Wenn es keine Gesetze gäbe

... dann wäre die Welt ein großes Chaos. Viele Leute würden klauen, und da sie nicht verurteilt werden, klauen sie weiter. Es gäbe viele Drogentote, und niemand würde mehr etwas arbeiten. Kinder und Jugendliche, die etwas lernen wollen, könnten nicht in die Schule, weil kein Lehrer in die Schule kommt. Leute wie Hitler würden an die Macht kommen. Es würde Kriege geben, weil jeder bestimmen möchte. Niemand würde Steuern bezahlen. Jeder würde den Müll irgendwo hinschmeißen.

... dann gäbe es viele Verkehrsunfälle, weil jeder fährt, wie er will. Verbrecherbanden würden alles bestimmen. Der einzelne Bürger hätte keine Rechte. Es gäbe kein Gericht. Jeder würde machen, was er für gut findet. Man könnte sich nur noch durch Waffengewalt behaupten. Die Tierwelt würde kleiner, weil viele Tiere ausgerottet werden.

... dann würde es nur noch Böses geben. Das Bestimmen hätten die Gangster und die Mafia, die übernehmen dann die Welt. Die Menschen hätten Angst, Schrecken, Furcht, und nie wären sie in Sicherheit. Die Schulen würden schließen, das Wissen stürbe mit den Gelehrten, und die Kinder würden kriminell. Die Welt würde untergehen.

... dann wären einige sehr arm und andere wieder sehr reich. Es gäbe überall Krieg, weil die Menschen sich nicht einigen können. Die Umwelt käme in eine große Krise, und die Menschen würden langsam aussterben.

... dann wären alle Diebe und würden klauen. Es gäbe viel mehr Kriminalität. Alle würden sich gegenseitig verprügeln oder ermorden. Die Stärksten würden bestimmen. Es gäbe keine Freude mehr.

... dann würden sich die Leute alles erlauben. Dann gäbe es auf der Welt großes Chaos. Die Leute würden machen was sie wollen. Sie würden gegeneinander kämpfen. Wenn es keine Gesetze gäbe, wäre nichts da, keine Autos, keine Häuser, und es gäbe Hungersnot. Sie würden alle Bäume fällen, dann gäbe es keine Pflanzen und Bäume mehr.

So stellen sich 12-jährige Jungen und Mädchen eine Welt ohne Gesetze vor.

Überlegt dazu folgende Fragen:

- *Was wären die schlimmsten Auswirkungen?*
- *Wer hätte Vorteile?*
- *Wer hätte die größten Nachteile?*
- *Warum schreiben fast alle der befragten Schülerinnen und Schüler, dass die Menschen dann aussterben würden?*

Wozu Gesetze?

Stellt euch folgende Situation vor:

Ihr erleidet mit einer Gruppe von 100 Menschen, die einander nicht näher bekannt sind, Schiffbruch. Die Gruppe muss sich auf einen längeren Aufenthalt auf einer einsamen Insel einrichten. Es entsteht ein heftiger Streit, ob sich die Gruppe von vorneherein Gesetze (mit Strafandrohung bei Übertretung) geben soll oder ohne Gesetze und Strafandrohung leben soll.

- *Legt eure begründete Meinung dar!*
- *Schreibt Gesetze auf, die ihr für besonders wichtig haltet.*

Wie sähe unser Leben ohne Gesetze aus?

Der Starke oder Listige oder besonders Flinke würde sich alles nehmen, was ihm gefällt. Für den Schwachen, Rücksichtsvollen, etwas Langsameren bliebe nichts übrig. Der Schwache müsste alles tun, was der Stärkere von ihm verlangt.

Eine menschliche Gemeinschaft, in der die Menschen nur auf dieser Grundlage miteinander umgehen würden, hätte nur ein Gesetz: das Gesetz des Stärkeren. Nur ein Recht hätte Gültigkeit: das „Faustrecht".

Würde eine Gesellschaft von diesem Gesetz, von diesem Recht beherrscht, dann hätte die Mehrzahl der Menschen weniger Freiheiten und weniger Rechte als in einer Gemeinschaft mit vielerlei Gesetzen und Regeln.

Gesetze und Regeln haben also nicht vorrangig die Aufgabe, die Freiheiten und Rechte des einzelnen einzuschränken. Wichtiger ist die Aufgabe, die Freiheiten und Rechte aller – auch der Schwächeren – zu schützen.

Ohne Normen kein Zusammenleben

Zwischenfall in der Pause

Jürgen aus der 6. Klasse kommt wütend zu Frau K., die in der Pausenhalle Aufsicht führt.

Jürgen: Der Paul hat mir schon wieder die Chips geklaut.

Frau K.: Wieso?

Jürgen: Ich habe eine Mark in den Automaten geworfen, dann hat Paul mich zur Seite gestoßen und hat die Chips aus dem Fach geholt. Das hat er jetzt schon dreimal gemacht.

Frau K.: geht mit Jürgen zu Paul, der über das ganze Gesicht grinst, als er den wütenden Jungen sieht.

Frau K.: Paul, stimmt es, dass du dem Jürgen die Chips abgenommen hast?

Paul: Was heißt hier abgenommen, er hat sie mir *überlassen.* Er hätte sich ja wehren können.

„Normen" sind geschriebene oder ungeschriebene Vorschriften, die das Zusammenleben der Menschen regeln.

- *Warum glaubt Paul, dass er sich so aufspielen kann?*
- *Was würde passieren wenn alle so denken würden wie Paul?*
- *Wie soll sich die Lehrerin verhalten?*

Deutsch zuerst bei Hans Sachs „Schlaur-affen-, später Schla-raffenland, das „Land der Schlemmer und Faulenzer". Aus spätmhd. slur-affe von slur = Herum-treiben einer trägen und leichtsinnigen Person.

Die Schule im Schlaraffenland

Ist euch von der denn nichts bekannt?
Da geht es erst um elf Uhr an
mit gar bequemem Schlendrian.
Wer recht viel falsch geschrieben hat,
kriegt eine Tafel Schokolad,
und wer kein Wörtlein lesen kann,
erhält ein groß Stück Marzipan.
Wer wie ein Wilder rauft und tobt,
wird immerwährend nur gelobt
und als ein Muster hingestellt,
weil solch ein Bursche dort gefällt.
Und will der Lehrer etwas fragen,
so braucht man Antwort nur zu sagen,
wenn man bei guter Laune ist.
Als Bester gilt, wer viel vergisst
und in dem ganzen Unterricht
stets schläft und nie was Kluges spricht.

Das Rechnen wurde abgeschafft;
es fordert zu viel Geisteskraft,
und gar das dumme Aufsatzschreiben
lässt jeder schon von selber bleiben.
Ein Sprüchlein lernen, – ach, wie schwer!
Schlaraffenkinder tun's nicht mehr ...

Um zwölf Uhr ist die Schule aus,
und nachmittags bleibt man zu Haus
und hütet sich, etwas zu tun,
um von der Arbeit auszuruhn.

Im Leben draußen wird man dann
als ein gar viel gerühmter Mann
und wackrer Bürger gern genannt.
(Jedoch nur im Schlaraffenland!)

Franz Bauer

Missverständnisse

▶ *Schreibt zu diesen Bildern eine Geschichte!*

▶ *Erklärt die Missverständnisse!*

▶ *Macht einen Lösungsvorschlag!*

Wenn Gesetze übertreten werden

Mittelalterliche Strafen

Das Berühren der Ware …

Wenn einer unserer Bürger auf dem Markt steht und frisches Fleisch und frische Fische kaufen will, soll er zum Verkäufer sagen: Wende mir jenen Fisch oder wende mir jene Fleischstücke um. Unter keinen Umständen aber darf er sie mit eigener Hand berühren. Berührt er sie und wird er mit zwei Augenzeugen dessen überführt, so muss er ohne jede Widerrede 4 Schilling Strafe bezahlen.

Dortmund, 13. Jh.

- *Wie beurteilt ihr diese Gesetzestafeln aus dem Mittelalter?*
- *Was verraten diese Gesetze über die Probleme der Bürger aus dieser Zeit?*
- *Der Pranger ist ein steinerner oder hölzerner „Schandpfahl", an dem Verbrecher zur Schau gestellt und der öffentlichen Beschämung preisgegeben wurden. Auch heute noch sagt man „Jemanden an den Pranger stellen". Wie ist das gemeint?*

Verbrechen und Vergehen (§ 12 StGB): Verbrechen sind rechtswidrige Taten, die im Mindestmaß mit Freiheitsstrafe von einem Jahr oder darüber Bedroht sind. Vergehen sind rechtswidrige Taten, die im Mindestmaß mit einer geringeren Freiheitsstrafe oder mit Geldstrafe bedroht sind.

Strafbestimmungen heute

Je mehr Menschen in einer Gemeinschaft zusammenleben, um so komplizierter werden die Spielregeln, denen sie sich unterwerfen müssen. Durch die ständigen technischen und medizinischen Fortschritte sind immer wieder Neuregelungen bereits bestehender Gesetze notwendig. Als nur wenige Postkutschen über die Straßen und Wege rollten, brauchte man noch keine umfangreiche Straßenverkehrsordnung. Heute könnten wir uns den Straßenverkehr ohne ständige Strafandrohung für „Verkehrssünder" gar nicht mehr vorstellen.

Da es auch immer schwieriger wurde, im Einzelfall zu sagen, wie ein Gesetz jetzt genau angewendet werden muss, folgten jedem Gesetz viele Ausführungsbestimmungen. Auch die Art der Strafen wurde immer unterschiedlicher. Ein schwerer Gesetzesverstoß kann eine Gefängnisstrafe zur Folge haben, während eine Ordnungswidrigkeit mit einer Geldbuße bestraft wird.

Gesetz über die Beseitigung von Abfällen

§4 Ordnung der Beseitigung

(1) Abfälle dürfen nur in den dafür zugelassenen Anlagen oder Einrichtungen (Abfallbeseitigungsanlagen) behandelt, gelagert und abgelagert werden.

(2) Die zuständige Behörde kann im Einzelfall widerruflich Ausnahmen zulassen, wenn dadurch das Wohl der Allgemeinheit nicht beeinträchtigt wird.

(3) Abfälle im Sinne des §2 Abs. 2 dürfen zum Einsammeln oder Befördern nur den nach §12 hierzu Befugten und diesen nur dann überlassen werden, wenn eine Bescheinigung des Betreibers einer Abfallbeseitigungsanlage vorliegt, aus der dessen Bereitschaft zur Annahme derartiger Abfälle hervorgeht; die Bescheinigung muss auch dann vorliegen, wenn der Besitzer diese Abfälle selbst befördert und dem Betreiber einer Abfallbeseitigungsanlage zum Beseitigen überlässt.

§18 Ordnungswidrigkeiten

(1) Ordnungswidrig handelt, wer vorsätzlich oder fahrlässig

1. entgegen §4 Abs. 1 Abfälle außerhalb einer dafür zugelassenen Abfallbeseitigungsanlage behandelt, lagert oder ablagert oder einer Rechtsverordnung nach §4 Abs. 4 zuwiderhandelt, soweit sie für einen bestimmten Tatbestand auf diese Bußgeldvorschrift verweist,
2. entgegen §4 Abs. 3 Abfälle im Sinne des §2 Abs. 2 zum Einsammeln, Befördern oder Beseitigen überlässt,
3. entgegen §7 Abs. 1 oder 2 ohne die erforderliche Planfeststellung oder Genehmigung eine Abfallbeseitigungsanlage errichtet oder die Anlage oder ihren Betrieb wesentlich ändert,

(2) Die Ordnungswidrigkeit kann mit einer Geldbuße bis hunderttausend Deutsche Mark geahndet werden.

„Was kostet was" im Straßenverkehr?

Beispiele aus dem Bußgeldkatalog

Sicherheitsgurte müssen während der Fahrt im Kraftfahrzeug angelegt sein, und zwar sowohl auf den Vorder- wie auf den Rücksitzen. Wer als Fahrer oder als Beifahrer das Anlegen des Gurts unterlässt, riskiert ein Verwarnungsgeld von 40,– DM. Der Führer eines Kraftrads (und der Beifahrer) muss während der Fahrt einen Schutzhelm tragen, unterlässt er dies, riskiert er 30,– DM Verwarnungsgeld – dies gilt auch für Mofafahrer.

Verhalten gegenüber Fußgängern und Gefährdung von Kindern und Senioren. Verschärfte Strafen sieht der neue Bußgeldkatalog vor, wenn Fußgängern, Fahrern von Krankenfahrstühlen oder Rollstühlen an Fußgänger-

Landratsamt Chemnitzer Land
Ordnungsamt-Bußgeldstelle

Dienststelle: Gerhart-Hauptmann-Weg 2
08371 Glauchau

Öffnungszeiten: Di 9-12 Uhr 13-18 Uhr
Do 9-12 Uhr 13-15 Uhr

48104819/00/05 3.32.300
LRA Chemnitzer Land · PF 100 · 08362 Glauchau

Fa.
[redacted]
Fahrer
[redacted]

EINGEGANGEN
21. Feb. 2000
Erl............

unser Zeichen: 3.32.300
Sachbearbeiter: Frau Tittel
Zimmer: 263
Telefon: 03763-45(0)114
Fax: 03763-4597405

Glauchau, den 18.02.2000

Verwarnung mit Verwarnungsgeld § 56 OWiG
Anhörung § 55 OWiG

AZ: 48104819/00/05
*** Bitte stets angeben ***

Sehr geehrte Damen und Herren,

Dem Fahrzeugführer wird zur Last gelegt, folgende Ordnungswidrigkeit begangen zu haben:

Tattag: 26.01.2000 Tatzeit: 10:29 Uhr
Tatort: 09358 Wüstenbrand,
Straße: Hohensteiner Str. / in Höhe HG 7
in Richtung: Grüna
als: Führer des PKW OPEL, mit amtl. KZ: [redacted]-CT 929

Sie überschritten innerorts die zulässige Höchstgeschwindigkeit von 30 km/h.
Die gemessene Geschwindigkeit betrug abzüglich der Toleranz 41 km/h.
Dies ergibt eine Geschwindigkeitsüberschreitung von 11 km/h.

§24 StVG, §41 (2), §49 StVO

Beweis: Frontfoto/Traffipax-Traffiphot TPH-S
Zeuge(n): Herr Kunzmann
Ordnungswidrigkeit: fahrlässig

Wegen der oben bezeichneten Ordnungswidrigkeit werden Sie unter Erhebung eines Verwarngeldes auf der Grundlage des § 56 OWiG mit

50.00 DM Verwarngeld verwarnt.

Die Wirksamkeit der Verwarnung setzt Ihr Einverständnis voraus, das Sie durch Überweisung des Verwarngeldes auf unser Konto innerhalb von zwei Wochen nach Zugang dieses Schreibens erklären können. Die fristgemäße und vollständige Zahlung des Verwarngeldes schließt die Durchführung eines Bußgeldverfahrens zu o.g. Ordnungswidrigkeit aus. Verspätet eingehendes Verwarnungsgeld lässt die Verwarnung nicht wirksam werden. Das gleiche gilt, wenn das Verwarnungsgeld nicht vollständig eingezahlt wird. Bei Durchführung eines Bußgeldverfahrens wird das Verwarngeld auf die Geldbuße angerechnet.

i.A. Tittel

Liegt Ihr Einverständnis für die Verwarnung nicht vor, tritt die umseitige Anhörung in Kraft.

Dieses Schreiben wurde maschinell erstellt und trägt deshalb keine Unterschrift.

FB_VERW1.FOR/07.01.2000 Bankverbindung: Sparkasse Chemnitz BLZ: 87050000 Konto-Nr.: 3627000047 überwegen das Überqueren der Fahrbahn nicht ermöglicht oder nicht mit mäßiger Geschwindigkeit an den Übergang herangefahren wird. Hierfür wird eine Geldbuße von 100,– DM fällig. Die Gefährdung eines Kindes, eines Hilfsbedürftigen oder älteren Menschen beim Vorbeifahren oder Überholen wird mit 120,– DM geahndet.

Fahren unter Alkoholeinfluss ist kein Kavaliersdelikt. Wer, ohne fahruntüchtig zu sein, mit einer Blutalkoholkonzentration von 0,8 Promille oder mehr (bis 1,09 Promille) ein Kraftfahrzeug führt, dem droht eine Geldbuße von 500,– DM und ein Fahrverbot von 1 Monat, ferner werden 4 Punkte festgesetzt. Im Wiederholungsfalle erhöht sich die Geldbuße auf 1 000,– DM, beim dritten Verstoß auf 1 500,– DM, ferner beträgt das Fahrverbot 3 Monate.

Das *Haltzeichen eines Polizeibeamten* sollten Sie beachten; Sie riskieren sonst eine Geldbuße von 100,– DM (3 Punkte).

Das *Nichtbeachten des Rotlichts* an der Ampel kann 250,– DM und 1 Monat Fahrverbot kosten.

Fahren mit *abgefahrenen Reifen* ist nicht nur gefährlich, es kann auch teuer werden. Die Geldbuße beläuft sich auf 100,– DM (3 Punkte). Als Halter eines Kraftfahrzeugs kostet Sie dies sogar 150,– DM (3 Punkte). Die Mindestprofiltiefe für Fahrzeugreifen beträgt 1,6 mm.

▶ *Warum kann man es nicht jedem selbst überlassen, ob er Sicherheitsgurte anlegt oder einen Helm aufsetzt?*

▶ *Erkläre deinen Mitschülern, was du unter „Rücksichtnahme erst bei Strafandrohung" verstehst.*

„Kavaliersdelikt": Eine Gesetzesübertretung, die von manchen Menschen als nicht besonders schlimm angesehen wird, weil viele Menschen in ihrer Umgebung auch so handeln.

„Blutalkoholkonzentration von 0,8 Promille": In 1 Liter Blut ist etwas weniger als 1 cm3 Alkohol enthalten. Das ist die Alkoholmenge, die etwa in einen Fingerhut passt.

„Punkte in Flensburg": Wer bei einer Ordnungswidrigkeit eine Geldbuße von 80,– DM oder höher bezahlen muss, wird in das Verkehrszentralregister beim Kraftfahrt-Bundesamt in Flensburg eingetragen. Je nach Schwere der Ordnungswidrigkeit erhält er eine bestimmte Anzahl von Punkten. Überschreitet er sein Punktekonto, kann der Führerschein eingezogen werden, oder man muss erneut Verkehrsunterricht nehmen und eine Prüfung ablegen. Wer 2 Jahre lang keine Punkte gesammelt hat, erhält die bisherigen Punkte wieder gestrichen.

Die „Rote Karte"

Die Geste des Schiedsrichters ist eindeutig. Die „Rote Karte" bedeutet Platzverweis für den am Boden hockenden Dresdner Abwehrspieler, der gegen einen Spieler von Bayern München die sogenannte Notbremse gezogen hatte.

AUS DEN STRAFBESTIMMUNGEN IM FUSSBALL:

Ein Spieler soll vom Spielfeld gewiesen werden, wenn er nach Auffassung des Schiedsrichters:

- sich eines grob unsportlichen Betragens schuldig macht oder roh spielt,
- beleidigende oder schmähende Äußerungen gebraucht,
- sich weiterhin unsportlich benimmt, nachdem er bereits verwarnt worden ist.

- *Ein Platzverweis trifft einen Spieler besonders hart, weil er als weitere Folgen Geldbußen in Kauf nehmen muss und je nach Entscheidung des Sportgerichtes für weitere Spiele gesperrt wird. Versucht zu begründen, warum die oben genannten 3 Punkte so schwer bestraft werden!*
- *Was bedeuten „Gelbe Karte", „Ampelkarte", „Strafstoß"?*
- *Erzählt von euren Erfahrungen bei Regelverstößen im Sport!*

Keine Strafe unter 14?

Diskutiert, ob die Jungen hierfür schon Verantwortung tragen können.

Willi und Udo, beide 12 Jahre alt, legen als Mutprobe in einem Nachbarschuppen ein Feuer. Dabei greifen die Flammen so schnell um sich, dass sie das Feuer nicht mehr kontrollieren können. Als sie aus dem Schuppen rennen, steht das Gebäude bereits in Flammen.

Beide Jungen sind noch nicht strafmündig. Da aber bereits 12-jährige begreifen können, welche gefährlichen Folgen es hat, wenn sie in einem alten Schuppen ein Feuer entzünden, sind sie für ihr Vergehen auch verantwortlich. Das heißt, sie müssen den entstandenen Schaden bezahlen, wenn sie eigenes Geld haben.

Zu Straftaten bei Kindern

Zu den Kindern zählen alle Jungen und Mädchen bis zur Vollendung des 14. Lebensjahres.

Wenn die *Polizei* bei ihren Ermittlungen feststellt, dass ein Kind etwas getan hat, was zu den strafbaren Handlungen zählt, dann meldet sie den Fall zwar der *Staatsanwaltschaft*, aber ein Gerichtsverfahren findet nicht statt. Eine richtige Strafe nach dem Strafgesetzbuch kann nicht verhängt werden. Die Polizei oder der Staatsanwalt können aber, wenn es nötig ist, das *Jugendamt* verständigen. Das Jugendamt kümmert sich um den Fall und macht einen *Aktenvermerk*. Oft bleibt es am Ende nur bei dem Aktenvermerk über das auffällige Kind. Genauere Nachforschungen erfolgen, wenn ein Kind mehrfach wegen Straftaten gemeldet wird. Das Jugendamt informiert sich dann über die Familie, die Schulsituation und den Freundeskreis und prüft, ob die Eltern evtl. mit der Erziehung überfordert sind. Auf verschiedene Weise kann der Familie geholfen werden. Dem Kind und den Eltern kann ein *Erziehungsbeistand* zugesprochen werden. Das ist eine Person, die das Kind und die Eltern unterstützt. Das Kind kann aber auch in einer *Pflegefamilie* oder in einem *Kinder-* oder *Erziehungsheim* untergebracht werden.

Eine solche Unterbringung außerhalb der eigenen Familie kann auf Antrag der Eltern vorgenommen werden (Freiwillige Erziehungshilfe). Sie kann auch gegen ihren Willen angeordnet werden, wenn das *Vormundschaftsgericht* eingeschaltet worden ist (Fürsorgeerziehung).

Mögliche Maßnahmen bei einem Straftäter unter 14 Jahren:

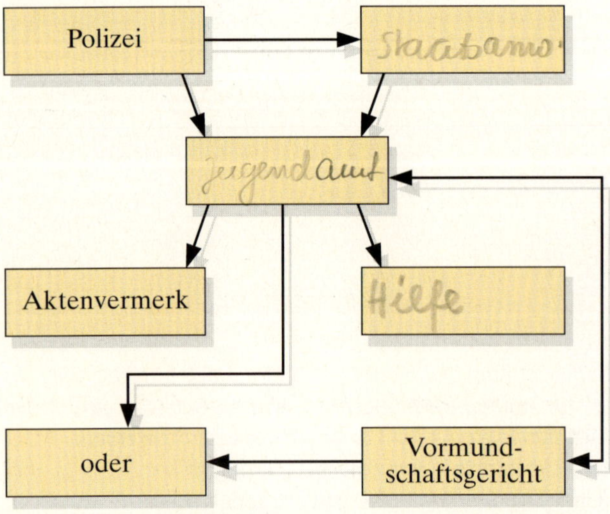

Wer gegen Verhaltensregeln verstößt

„Für mich geb' ich mein letztes Hemd"

Stellt euch vor, ihr habt einen Mitschüler in eurer Klasse, der

nie anderen hilft,
nie zuhört, sondern gleich die anderen überschreit,
bei Verabredungen immer zu spät kommt,
andere nie grüßt,
Spaß daran hat, anderer Leute Sachen auf den Boden zu werfen,
immer die neuesten Schimpfwörter auf Lager hat,
nie „Bitte!" sagt, wenn er einmal etwas möchte,
nie „Danke!" sagt,
mit dem Finger in der Nase bohrt,
hämisch lacht, wenn ein anderer einmal einen Fehler macht.

▶ *Möchtet ihr ihn als Nebensitzer haben? Begründet eure Antwort!*
▶ *Welche Punkte haltet ihr für besonders schwerwiegend?*

Im Zusammenleben der Menschen gelten viele Regeln, die nicht „gesetzmäßig" aufgeschrieben sind. Wenn man sie nicht beachtet, gibt es weder Gefängnis- noch Geldstrafen. Wer aber gegen solche ungeschriebenen Regeln verstößt, muss ebenfalls mit Folgen rechnen.

Ungeschriebene Regeln	**Mögliche Folgen bei Nichtbeachtung**
Höflichkeit	findet kaum Anschluss oder Freunde
Pünktlichkeit	wird Außenseiter
Freundlichkeit	bekommt einen schlechten Ruf
gute Manieren	hat später Schwierigkeiten bei der Berufsfindung oder bei der Wohnungssuche
passende Kleidung	
Tischsitten	
______________	______________
______________	______________
______________	______________
______________	______________

▶ *Oft nehmen Erwachsene solche Regeln wichtiger als Kinder. Wie erklärt ihr diesen Unterschied?*
▶ *Manchmal sind solche Regeln überholt und nicht mehr zeitgemäß. Kennt ihr solche Beispiele?*

Liebe Mutter,

wenn ich dem Franzi meine schöne Hausübung nicht zum Abschreiben borgen will, sagst Du, ich solle mich schämen!
Wenn ich aber dem Franzi seine schöne Hausübung abschreiben will, dann sagst Du auch, ich solle mich schämen.
Da stimmt doch etwas nicht!
Deine Moral scheint zwiespältig zu sein, und dieses tut leid

Deinem
verwirrten Sohn

Menschenbild und ethische Forderungen des Christentums

Kirchen, Zeichen christlichen Glaubens

Das Bild „Bergpredigt“ des äthiopischen Künstlers Alemayehu Bizuneh zeigt Jesus als Lehrer und Prediger, der allen Menschen seine Botschaft verkündet.

Besondere Orte der Gottesverehrung

- *Beschreibt Gemeinsamkeiten und auffallende Unterschiede der einzelnen Bauwerke und gebt jedem Bild eine Überschrift.*
- *Ordnet jedes Bauwerk einer Religion zu.*
- *Erzählt, was ihr schon zu den einzelnen Religionen gesehen habt und was ihr darüber wisst.*
- *Bildet Arbeitsgruppen und denkt euch zu jedem Bauwerk mindestens vier weitere passende Bilder aus. Ihr könnt die Bilder auch malen und Plakate anfertigen.*

Kirchtürme zeigen zum Himmel

Wie zum Himmel gestreckte Zeigefinger bestimmen die Kirchturmspitzen das Bild fast aller Städte. Das Bild zeigt einen Blick auf die beiden Türme des Doms St. Marien in Wurzen. Das Bauwerk ist der kleinste Dom in Sachsen. Im Laufe der Jahrhunderte wurde mehrfach angebaut. Ein Brand im Jahre 1570 zerstörte große Teile des Doms. Seit 1982 laufen Außenarbeiten zur Sanierung des Doms; die Innenarbeiten wurden 1992 in Angriff genommen.

Viele Kirchtürme sind Glockentürme. In der katholischen Kirche sollen Kirchen und öffentliche Kapellen Glocken haben, um zum Gottesdienst oder zum Gebet einzuladen. Ihr Gebrauch wird ausschließlich von den kirchlichen Stellen geregelt. Zum nichtkirchlichen Gebrauch dürfen sie nur im Notfall, z. B. beim Feuerläuten, oder mit Sondergenehmigung, z. B. bei staatlichen Feierlichkeiten, benutzt werden. Für die evangelischen Kirchen sind Glocken nicht vorgeschrieben, aber sie sind allgemein üblich.

- *Lasst euch in einer Kirche die Kirchenglocken zeigen und erklären.*
- *Informiere dich mit Hilfe eines Lexikons über folgende Begriffe: Basilika, Dom, Münster, Kathedrale.*

Der Altar und das Kruzifix

Der Altar war ursprünglich eine erhöhte Opferstätte in Form eines einfachen Steinblocks. Im Christentum wurde der Altar als „Tisch des Herrn" zum wichtigsten Platz in der Kirche. In der Messfeier wird der Altar zu einer besonderen Begegnungsstätte zwischen Gott und Mensch, zum Ort des Gebets und des Heiligen Mahls. In den großen christlichen Kirchen ist der Altar der künstlerische Mittelpunkt des Gotteshauses. Diese Hauptaltäre oder Hochaltäre sind aber meist sehr weit von den ersten Bankreihen entfernt. Deshalb steht ein zusätzlicher Altar weiter vorne, um den Gottesdienst möglichst nahe am Altar, als Gemeinschaft, feiern zu können.

Das Kruzifix ist die figürliche oder gemalte Darstellung des gekreuzigten Christus. Jesus wurde zum Tode verurteilt und von den Römern gekreuzigt. Durch den Kreuzestod Christi wurde das Kreuz zum wichtigsten Zeichen des Christentums. Es stellt nicht nur das Leiden und Sterben von Jesus Christus dar, sondern Christus selbst.

Wer sich bekreuzigt, das heißt, bei sich selbst das Kreuzeszeichen macht, bekennt damit seinen Glauben und seine Zugehörigkeit zum Christentum.

Auf Kruzifixen findet man häufig noch die Abkürzungsbuchstaben einer lateinischen Inschrift: I.N.R.I. (Jesus Nazarenus Rex Iudäorum = Jesus von Nazareth, König der Juden)

Christus am Kreuz ist der wichtigste Gegenstand der christlichen Kunst. Die Kreuzigung Christi kann dabei sehr verschieden dargestellt sein, je nach Herkunft und Absicht der einzelnen Künstler.

Die Orgel und die Kanzel

Die Orgel ist das größte und älteste Tasteninstrument. Sie besteht aus einer großen Zahl Metall- oder Holzpfeifen, die durch einen Luftstrom zum Erklingen gebracht werden. Je kürzer die Pfeifen, desto höher klingt der Ton. In der Kirche ist die Orgel meist auf einer besonderen Empore gegenüber dem Altar aufgestellt, gelegentlich auch über Altar und Kanzel oder in einem „Schwalbennest" an einer Seite des Kirchenraums. Ein Organist ist ein Kirchenmusiker, der als Hauptaufgabe im Gottesdienst die Orgel spielt.

Durch Einstellen der Register lassen sich die verschiedenen Klangfarben erzielen. Alle Pfeifen einer bestimmten Bauart bezeichnet man als Register. Jede Orgel hat mehrere Register, die sich durch Registerzüge an und ausschalten lassen.

Thomaskirche Leipzig

Die Kanzel ist der erhöhte Standort für die Predigt. Sie ist über eine Treppe ersteigbar, von einer Brüstung umgeben und meist von einem Schalldeckel überdacht.

Meist sind Kanzeln heute nur noch als Kunstwerke interessant. Wer heute predigt, der möchte nicht von einer prunkvollen Kanzel aus über die Leute hinwegsprechen. Er will vielmehr die Kirchenbesucher direkt ansprechen. Dazu steht er etwas erhöht vor den Zuhörern hinter einem einfachen Lesepult.

Das nebenstehende Bild zeigt die Kanzel und die Orgel der St. Annenkirche in Annaberg-Buchholz. Die Orgel hat 4 600 Pfeifen und 65 Register.

Taufbecken

Durch die Taufe werden Menschen in die Kirche, in die Gemeinschaft aller Christen mit Gott aufgenommen. Die Taufe ist das Zeichen der Zugehörigkeit zur christlichen Kirche.

Das Taufbecken ist ein Gefäß aus Stein oder Metall für das Taufwasser.

Das ewige Licht

In katholischen Kirchen gibt es eine ununterbrochen brennende Lampe, die aus Öl oder Wachs gespeist wird, nur im Notfall wird elektrischer Strom verwendet. Diese Lampe steht vor dem Allerheiligsten. Das Allerheiligste sind die geweihten Hostien für die Kommunionsausteilung. Sie werden im Tabernakel, einem oft kunstvoll ausgearbeiteten Schränkchen aufbewahrt. Das ewige Licht ist ein Zeichen für die ständige Gegenwart Christi.

Der kunstvoll gearbeitete kelchförmige Taufstein in der St. Annenkirche in Annaberg-Buchholz

Wie verhalten sich Menschen in einer Kirche?

Einige Mädchen und Jungen – alle etwa elf Jahre alt – erzählen von ihren Beobachtungen:

Sehr ruhig, denn es ist ein Ort der Ruhe. Nur manchmal hustet jemand oder lässt etwas fallen, manchmal weint auch ein Kind. Viele sind schön angezogen, benehmen sich, kauen zum Beispiel keinen Kaugummi. Sie singen Lieder und beten zu Gott.

Ich gehe jeden Sonntag in die Kirche, aber es macht mir keinen Spaß, weil ich lieber allein bete.

Viele Menschen gehen nicht zum Beten, sondern zum Anschauen in die Kirche. Dort betrachten sie vor allem die Decke, die Bilder, die Orgel oder den Altar. Manche Kirchen haben teure Einrichtungen, zum Beispiel einen Riemenschneideraltar. Auf dem Altar steht meistens ein Kreuz mit Jesus. Am Ausgang ist fast immer ein Kästchen, wo man Spenden reinwirft. Manchmal läuten auch die Glocken.

Wenn Menschen in die Kirche gehen, wollen sie vielleicht ihre Sünden loswerden. Dort stört sie niemand, und sie können in Ruhe beten. Man sieht aber viel mehr alte Leute als junge in der Kirche.

Menschen in der Kirche sind sehr ruhig. Manche beten, einige hören nur dem Pfarrer zu, andere glauben auch an Gott. Man singt auch viel. Für mich ist es sehr langweilig, weil man selbst nichts sagen darf. Manchmal spendet man auch Geld – meistens nur Münzen.

Manche sehen auch traurig aus. Vielleicht sind es Menschen, die schlimme Zeiten und Verluste erlebt haben und jetzt im kirchlichen Gottesdienst Haltung und Schutz gegen die Erinnerung suchen.

- *Erzählt von euren Beobachtungen.*
- *Für viele Kinder ist eine Kirche langweilig. Woran liegt es?*
- *Was sollte sich eurer Meinung nach verändern?*

Ein Besuch in einer katholischen Kirche

Thorsten und Martin sind Freunde.
Eigentlich haben sie, solange sie sich kennen, immer alles zusammen gemacht. Aber als Thorsten sich zum Konfirmandenunterricht anmeldet, kommt Martin nicht mit, denn er ist katholisch. „Habt ihr denn in eurer Kirche auch so etwas wie eine Konfirmation?", fragt Thorsten seinen Freund auf dem Heimweg von der Schule.

„Ja, nächstes Jahr kommt der Bischof in unsere Kirche. Dann haben wir einen Gottesdienst, in dem unsere Firmung stattfindet. Da werden wir auch gesegnet wie ihr bei der Konfirmation in eurer Kirche. Aber mit der Familie feiern wir diesen Tag nicht besonders. Doch als ich zehn Jahre alt war, ging ich zum ersten Mal zur Kommunion. Und das haben wir sehr schön gefeiert." – „Kommunion, was ist das?" – „Ich glaube, ihr nennt das Abendmahl", antwortet Martin.

Thorsten sagt dann: „Ich würde mir eigentlich gern mal eure Kirche ansehen. Dürfen Evangelische da überhaupt reingehen?" – „Natürlich! Wir können doch gleich jetzt einen kleinen Umweg machen, dann zeig ich dir unsere Kirche."

Wenig später öffnen Martin und Thorsten eine kleine Seitentür der katholischen Kirche, die tagsüber für alle Besucher der Kirche geöffnet ist. Buntes, gedämpftes Licht fällt durch die Fenster. Thorsten bemerkt, dass Martin seine Finger in ein kleines Becken taucht, das in der Nähe der Tür an der Wand befestigt ist. Er macht dann eine Bewegung von der Stirn zur Brust, und von der einen Schulter zur anderen. Martin merkt, dass sein Freund erstaunt guckt und erklärt es ihm: „Wir machen, wenn wir die Kirche betreten, ein Kreuzeszeichen. Das soll uns erinnern, dass wir zu Jesus Christus gehören." – „Und was soll das Wasser bedeuten?", fragt Thorsten. „Unser Pfarrer hat gesagt, dass wir uns dabei daran erinnern sollen, dass wir getauft sind. Das ist Weihwasser. In der Osternacht werden besondere Gebete gesprochen, und dann wird Wasser geweiht für die Taufen und für das Weihwasserbecken."

Jetzt merkt Thorsten, dass in der Kirche auch einige ältere Frauen sind. Zwei sind ganz still und beten. Sie knien auf Kniebänken, die sich vor jeder Bank befinden. Eine Frau steht vor einem Altar an der Seitenwand. Thorsten erkennt sofort, was auf dem Bild dargestellt ist: Maria mit dem Jesuskind.

Martin sagt: „Maria wird in unserer Kirche besonders verehrt. Sie ist ja als Mutter von Jesus mit ihm enger verbunden als andere Menschen." Sie gehen durch den Mittelgang zum Altar. Martin macht dort eine Verbeugung und beugt auch die Knie dabei. Er erklärt seinem Freund wieder gleich, was er macht. „Wir verehren Jesus, wenn wir vor einem Altar die Knie beugen. Du siehst dort bei dem Altar einen Schrank, und dort brennt eine kleine rote Öllampe. Wir nennen sie Ewiges Licht. Solche Lampe brennt vor dem Altarschrank, um anzuzeigen, dass hier Abendmahlsbrot aufbewahrt wird. Wir katholischen Christen glauben, dass Jesus immer auch dort anwesend ist, wo das beim Abendmahl gesegnete Brot aufbewahrt wird."

Als sie wieder zum Ausgang gehen, fällt Thorsten auf, dass da an der Wand eine Tür ist. Daneben sind zwei Nischen mit einem Vorhang davor. Martin erklärt, dass dies der Beichtstuhl ist. Thorsten sieht, dass bei der Kirchentür ein Taufbecken steht, das ganz ähnlich aussieht wie in einer evangelischen Kirche.

Dann gehen sie wieder auf die Straße.

Ein Besuch in einer evangelischen Kirche

Von der evangelischen Kirche und von der evangelischen Gemeinde hatte ich keine Ahnung, bis mich mein Freund Markus einmal eingeladen hat. Markus ist zwei Jahre älter als ich und sollte konfirmiert werden. Bei der Konfirmation empfangen die Jungen und Mädchen zum ersten Mal Brot und Wein als Zeichen der Gemeinschaft mit Jesus. Sie nennen dieses Mahl nicht Kommunion, sondern Abendmahl.

Als wir am Sonntag der Konfirmation in die evangelische Kirche gingen, ist mir aufgefallen, dass am Eingang der Kirche kein Weihwasserbecken war.

Ihr Pfarrer war beim Gottesdienst anders angezogen als der Pfarrer in der katholischen Kirche. Er trug einen schwarzen Talar und einen weißen Kragen. Außer dem Pfarrer war auch noch eine Pfarrerin da, ebenfalls in schwarzem Talar und mit weißem Kragen.

Die Predigt war lang. Mein Freund Markus sagt: Die Predigt ist in unserem Gottesdienst eine wichtige Sache.

Pfarrer und Pfarrerin sprachen danach die Abendmahlsworte Jesu über Brot und Wein, und die Konfirmanden empfingen das Abendmahl. Sie bekamen ein Stück von dem Brot und tranken aus dem Kelch. Zum Abschluss segneten Pfarrer und Pfarrerin mit ausgestreckten Händen die ganze Gemeinde.

Nach dem Gottesdienst habe ich Markus gefragt, warum in der evangelischen Kirche manches anders ist als in der katholischen Kirche. Markus hat gesagt: Das hängt mit der Reformation zusammen.

Mir ist aufgefallen, dass es in der evangelischen Kirche keinen Tabernakel und kein ewiges Licht gibt. Markus sagte: Wir evangelischen Christen bewahren das Abendmahl nicht auf. Bei uns liegt die Bibel dauernd aufgeschlagen auf dem Altar.

Dann ist mir aufgefallen, dass in der evangelischen Kirche keine Marienfigur war. Auch Heiligenfiguren oder Heiligenbilder habe ich nicht gesehen. Markus sagte: ich habe gelernt, wir evangelischen Christen wollen uns ganz auf Jesus Christus konzentrieren.

Auch Beichtstühle habe ich nicht gesehen. Markus hat gesagt: Die Beichte haben wir nicht so wie bei euch. Wenn jemand ein persönliches Gespräch mit dem Pfarrer oder der Pfarrerin führen will, dann geht er ins Pfarrhaus.

Ich habe Markus gefragt, ob der Pfarrer mit der Pfarrerin verheiratet ist. Da hat Markus gelacht. Der Pfarrer ist verheiratet und hat Frau und Kinder. Die Pfarrerin ist noch nicht verheiratet. Außerdem gibt es noch eine Gemeindediakonin, die für die Jugendarbeit zuständig ist.

Ich habe Markus in die katholische Pfarrkirche eingeladen, wenn ich demnächst vom Bischof gefirmt werde.

- ▶ *Sucht euch die Wörter heraus, die die evangelischen Christen gebrauchen, danach die Wörter, die von den katholischen Christen verwendet werden.*
- ▶ *Was unterscheidet evangelische Christen von katholischen Christen?*
- ▶ *Unterscheidet den Kirchenraum einer evangelischen Kirche von dem in einer katholischen Kirche.*
- ▶ *Organisiert zusammen mit euren Ethiklehrern einen Kirchenbesuch und vergleicht eure Beobachtungen und Erfahrungen mit den Berichten der beiden Freunde.*

Das Gebet im Christentum

Beten – was ist das?

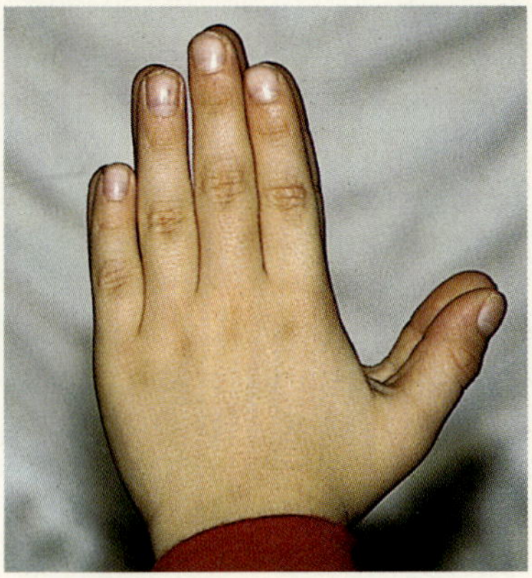

Die einfachste und wichtigste Antwort auf diese Frage ist: Das Gebet ist ein Gespräch mit Gott, der Austausch der Freundschaft mit ihm. Ich kann einem Freund danken, ihm mein Herz ausschütten, ihm Fehler eingestehen, ihn um etwas bitten, ihm alles anvertrauen, meine Freude mit ihm teilen oder einfach sagen, dass ich ihn mag. Ich spüre, ich bin nicht allein und kann mir Mut und Kraft holen für mein Leben.

Im Christentum ist das Beten etwas höchst Persönliches, deshalb gibt es keine Rezepte und Techniken für das Beten. Im Gegenteil, ein rein äußerliches Aufsagen von Gebetsformeln ist wertlos. Ich kann allein oder in Gemeinschaft beten, ich kann vorgegebene Gebete nachsprechen oder ganz frei und spontan mein persönliches Gespräch mit Gott führen.

Wenn ich einmal allein bin,
nehme ich mir richtig Zeit und setze mich still hin.
Ich warte, bis ich ganz entspannt und locker bin.
Kein Radio und kein Fernsehgerät läuft,
kein Plattenspieler und kein Kassettenrekorder.
Auch meine Gedanken werden ruhig.
Ich stelle mir vor, einer ist da, dem ich alles sagen kann.
Jemand, der mich gern hat, dem ich vertraue.
Gott ist wie einer, der mir zuhört. Ihm kann ich alles sagen:
was mich freut und was mich traurig macht,
was ich mir wünsche und wofür ich danke.

Ein Schüler betet:
Morgen schreiben wir eine Mathematikarbeit. Vielleicht hätte ich besser lernen sollen, aber es war so schönes Wetter. Ich bitte Dich darum, dass ich die Aufgaben entweder lösen oder wenigstens irgendwo ein bisschen abschreiben kann. Ich habe Angst, dass ich nicht versetzt werde.

Ein Junge:
Lieber Gott,
ich freue mich so auf unseren Ausflug morgen.
Lass bitte den ganzen Tag die Sonne scheinen.

Ein Landwirt
Herr, unsere Felder sind sehr trocken.
Es steht schlecht um die Ernte.
Lass es morgen regnen.

- *Was bringen diese Gebete zum Ausdruck?*
- *Kennst du Situationen, in denen du ähnliche Gedanken hattest, wie sie hier in den Gebeten stehen?*
- *„Beten ist vergeudete Zeit. Es ist doch alles Zufall.“ – Wie beurteilt ihr diese Aussage?*

Es war einmal ein Gaukler, der tanzend und springend von Ort zu Ort zog, bis er des unsteten Lebens müde war. Da gab er alle seine Habe hin und trat in das Kloster zu Clairveaux ein.

Der betende Gaukler

Aber weil er sein Leben bis dahin mit Springen, Tanzen und Radschlagen zugebracht hatte, war ihm das Leben der Mönche fremd, und er wusste weder ein Gebet zu sprechen noch einen Psalm zu singen. So ging er stumm umher, und wenn er sah, wie jedermann des Gebetes kundig schien, aus frommen Büchern las und mit im Chor die Messe sang, stand er beschämt dabei: Ach, er allein, er konnte nichts. „Was tu ich hier?", sprach er zu sich, „ich weiß nicht zu beten und kann mein Wort nicht machen. Ich bin hier unnütz und der Kutte nicht wert, in die man mich kleidete."

In seinem Gram flüchtete er eines Tages, als die Glocke zum Chorgebet rief, in eine abgelegene Kapelle. „Wenn ich schon nicht mitbeten kann im Konvent der Mönche", sagte er vor sich hin, „so will ich doch tun, was ich kann." Rasch streifte er das Mönchsgewand ab und stand da in seinem bunten Röckchen, in dem er als Gaukler umhergezogen war. Und während vom hohen Chor die Psalmgesänge herüberwehen, beginnt er mit Leib und Seele zu tanzen, vor- und rückwärts, links herum und rechts herum. Mal geht er auf seinen Händen durch die Kapelle, mal überschlägt er sich in der Luft und springt die kühnsten Tänze, um Gott zu loben. Wie lange auch das Chorgebet der Mönche dauert, er tanzt ununterbrochen, bis ihm der Atem verschlägt und die Glieder ihren Dienst versagen.

Ein Mönch war ihm aber gefolgt und hatte durch ein Fenster seine Tanzsprünge mitangesehen und heimlich den Abt geholt. Am anderen Tag ließ dieser den Bruder zu sich rufen. Der Arme erschrak zutiefst und glaubte, er solle des verpassten Gebetes wegen gestraft werden. Also fiel er vor dem Abt nieder und sprach: „Ich weiß, Herr, dass hier meines Bleibens nicht ist. So will ich aus freien Stücken ausziehen und in Geduld die Unrast der Straße wieder ertragen." Doch der Abt neigte sich vor ihm, küsste ihn und bat ihn, für ihn und alle Mönche bei Gott einzustehen: „In deinem Tanze hast du Gott mit Leib und Seele geehrt. Uns aber möge er alle wohlfeilen Worte verzeihen, die über die Lippen kommen, ohne dass unser Herz sie sendet."

Französische Legende

Gottesdienst – viele machen nicht mit

Sonntags in die Kirche?

Sarah (13 J.) und Jörg (17 J.) sitzen mit ihren Eltern am Samstagabend im Wohnzimmer.

Mutter: Jörg, nimm die Füße vom Tisch! Du lässt dich in letzter Zeit ziemlich gehen. Was hast du morgen eigentlich vor?
Jörg: Ich? Na, erst einmal richtig ausschlafen. Dass mich keiner vor 12.00 Uhr weckt!
Sarah: Das möchte ich auch mal. Aber ich bin ja Konfirmandin, ich muss morgen früh zur Kirche.
Vater: Was heißt:'Du musst zur Kirche?' Solange du zum Konfirmandenunterricht gehst, gehört das eben dazu.
Sarah: Und hinterher nicht mehr?
Mutter: Ich glaube, so hat dein Vater das nicht gemeint. Ich fände es schön, wenn du auch später öfter mal zur Kirche gehst.
Sarah: Und warum muss ich immer allein gehen? Ihr könnt doch mal mitgehen, dann macht es mir auch mehr Spaß.
Vater: Na ja, weißt du, bei mir ist das was anderes.
Sarah: Wieso? Das verstehe ich nicht.
Vater: Ich gehe nur dann zur Kirche, wenn mir wirklich danach ist.
Jörg: Das war in den letzten Jahren nicht oft.

Positive und kritische Meinungen zum Gottesdienst

Jugendliche dachten im Konfirmandenunterricht darüber nach:

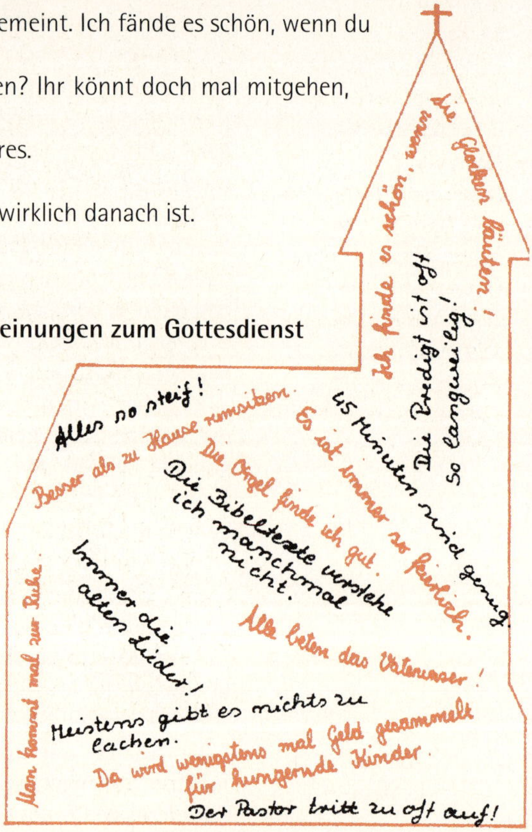

- *Warum gehen viele Christen nicht – oder nur selten – in die Kirche zum Gottesdienst?*
  Die Texte und Bilder dieser Seite verraten euch einige Gründe. Versucht sie herauszufinden.
- *Vielleicht könnt ihr es organisieren, regelmäßige Gottesdienstbesucher zu interviewen. Überlegt euch dazu in Arbeitsgruppen Fragen und tragt die Ergebnisse in eurer Ethikgruppe vor.*

Gottesdienst – viele machen mit

Das Wort „Gottesdienst" enthält zwei Bedeutungen. Die Menschen kommen zusammen, um Gott zu dienen:
Sie verehren, preisen und danken Gott durch Gebete, durch Lieder, durch Zeichen und durch ihr Verhalten. Sie hören in der Predigt und in den Lesungen, was Gott den Menschen zu sagen hat.
Die Menschen glauben und hoffen, dass Gott ihnen dient: Sie bitten Gott um Hilfe und feiern ein gemeinsames Mahl, als Zeichen, dass sie zu Gott gehören und Gott bei ihnen ist.

- *Wenn ihr selbst schon einmal an einem Gottesdienst teilgenommen habt, erzählt euren Mitschülern von euren Beobachtungen und Erfahrungen. Überlegt dabei auch, was euch gut oder weniger gut gefallen hat und was ihr nicht verstanden habt.*
- *Beim Gottesdienst oben haben viele mitgemacht. Was fällt euch alles auf?*
- *Habt ihr selbst schon einmal besondere Gottesdienstformen für Kinder und Jugendliche miterlebt? Erzählt davon!*
- *Warum kann nicht jeder Gottesdienst in dieser Form abgehalten werden?*

Die Grundform des christlichen Gottesdienstes besteht aus vier großen Abschnitten

„Ehre sei Gott in der Höhe und Friede auf Erden bei den Menschen seines Wohlgefallens.
Wir loben dich.
Wir preisen dich.
...
...
...

1. Eröffnung und Anrufung

Zur Eröffnung gehören die Eingangsmusik und das Eingangslied der versammelten Gottesdienstbesucher.

In der anschließenden Begrüßung wünschen sich der Pfarrer und die Gemeinde gegenseitig die Nähe und die Hilfe Gottes. Die Grußworte können heißen: „Der Herr sei mit euch" – „Und mit deinem Geiste".

Nach einem Eingangsgebet folgt der Lobpreis (Gloria – = deutsch: Ruhm, Ehre). In der Weihnachtsgeschichte wird erzählt, dass in der Nacht, als Jesus geboren wurde, die Engel sangen: „Ehre sei Gott in der Höhe". Der gleiche Lobpreis wird auch im Gottesdienst angestimmt.

„Ich glaube an Gott, den Vater, den Allmächtigen, den Schöpfer des Himmels und der Erde.
Und an Jesus Christus, seinen eingeborenen Sohn, unsern Herrn.
...
...
...

2. Bekenntnis und Verkündigung

Nach einem stillen Gebet spricht die Gemeinde das Glaubensbekenntnis (Credo = deutsch: Ich glaube), um allen zu sagen, dass dieser Glaube alle Christen in der ganzen Welt zu einer großen Gemeinschaft macht. Mit den nebenstehenden Worten beginnt das Glaubensbekenntnis aller Christen.

Bei den Schriftenlesungen werden Bibeltexte vorgelesen. Zum Beispiel aus Briefen, die von den Aposteln, den engsten Freunden Jesu, aufgeschrieben worden sind oder Abschnitte aus der Lebensgeschichte Jesu. In der Predigt wird die Bedeutung der biblischen Botschaften für unser heutiges Leben erklärt.

3. Abendmahl und Eucharistie

Die Abendmahlsfeier

Nicht in jedem Gottesdienst findet in der evangelischen Kirche eine Abendmahlsfeier statt. In den meisten Gemeinden wird an bestimmten Sonntagen das Abendmahl gefeiert. Beim Abendmahl erhalten die Teilnehmer mit dem Stück Brot, das sie essen. Und mit dem Schluck Wein, den sie trinken, ein Zeichen, dass sie zu Gott gehören. Bei jeder Abendmahlsfeier wird der Bericht von der Einsetzung des Abendmahls durch Jesus Christus gesprochen:

> Der Herr Jesu in der Nacht, da er verraten ward und mit seinen Jüngern zu Tisch saß, nahm er das Brot, sagte Dank und brach's, gab's seinen Jüngern und sprach: Nehmet und esset; das ist mein Leib, der für euch gegeben wird. Das tut zu meinem Gedächtnis.
>
> Desgleichen nach dem Mahl nahm er den Kelch, sagte Dank, gab ihnen den und sprach: Trinket alle daraus; das ist mein Blut des Neuen Bundes, das für euch und für viele vergossen wird zur Vergebung der Sünden. Das tut zu meinem Gedächtnis.

Brot und Wein benutzte Jesu bei seinem letzten Mahl vor seinem Tod als ein besonderes Zeichen für den neuen Freundschaftsbund, der zwischen Gott und den Menschen geschaffen wurde. Christen, die das Abendmahl empfangen, glauben, dass sie dadurch in besonderer Weise Gott nahe sind.

Ein Stück Brot und ein Schluck Wein – mehr wird beim Abendmahl nicht gereicht. Satt werden kann man davon nicht. Aber Brot und Wein stehen stellvertretend für Grundnahrungsmittel, die zum Leben nötig sind. Auch Jesus versteht sich als jemand, den wir Menschen zum Leben nötig haben. Dafür stehen beim Abendmahl Brot und Wein als Zeichen.

Die Eucharistiefeier

In der katholischen Kirche heißt die Abendmahlsfeier Eucharistiefeier. Das Wort Eucharistie stammt aus der griechischen Sprache und ist eine Danksagung. Das Abendmahl als Gemeinschaftsmahl der Gläubigen mit Christus und der Empfang des Abendmahls wird Kommunion genannt. Bei der Kommunion erhalten die Teilnehmer eine Hostie. Hostien sind dünne, aus Weizenmehl gebackene Scheiben.

4. Fürbitten und Segen

Fürbitten

Im Gottesdienst denken die Teilnehmer auch an die anderen Menschen. Sie glauben, dass Gott auf alle Menschen achtet, und bitten Gott, ihnen in ihren Nöten und Sorgen zu helfen. Besonders bitten sie Gott um Gerechtigkeit und Frieden in der Kirche und in der Welt.

Das Bild zeigt den Segen am Ende eines katholischen Gottesdienstes

Der Segen

Gegen Ende des Gottesdienstes empfangen die Teilnehmer den Segen. Der Wortlaut des Segens ist einem alten biblischen Text entnommen. Durch Worte und bestimmte Zeichen – Handauflegen oder das Kreuzeszeichen – wird den Menschen Gottes Hilfe und Schutz für den weiteren Lebensweg versprochen.

Der Herr segne euch und behüte euch.
Der Herr lasse sein Angesicht leuchten über euch
und sei euch gnädig.
Der Herr erhebe sein Angesicht auf euch
und gebe euch Frieden.

Amen

Auf Gebete und Segen antwortet die Gemeinde mit „Amen". Dieses hebräische Wort ist ein Ausdruck der Zustimmung und hat etwa den Sinn: „Ja, so soll es sein".

Vater unser – das Gebet der Christen

Das Vaterunser stammt von Jesus selbst und wird in jedem christlichen Gottesdienst gebetet.

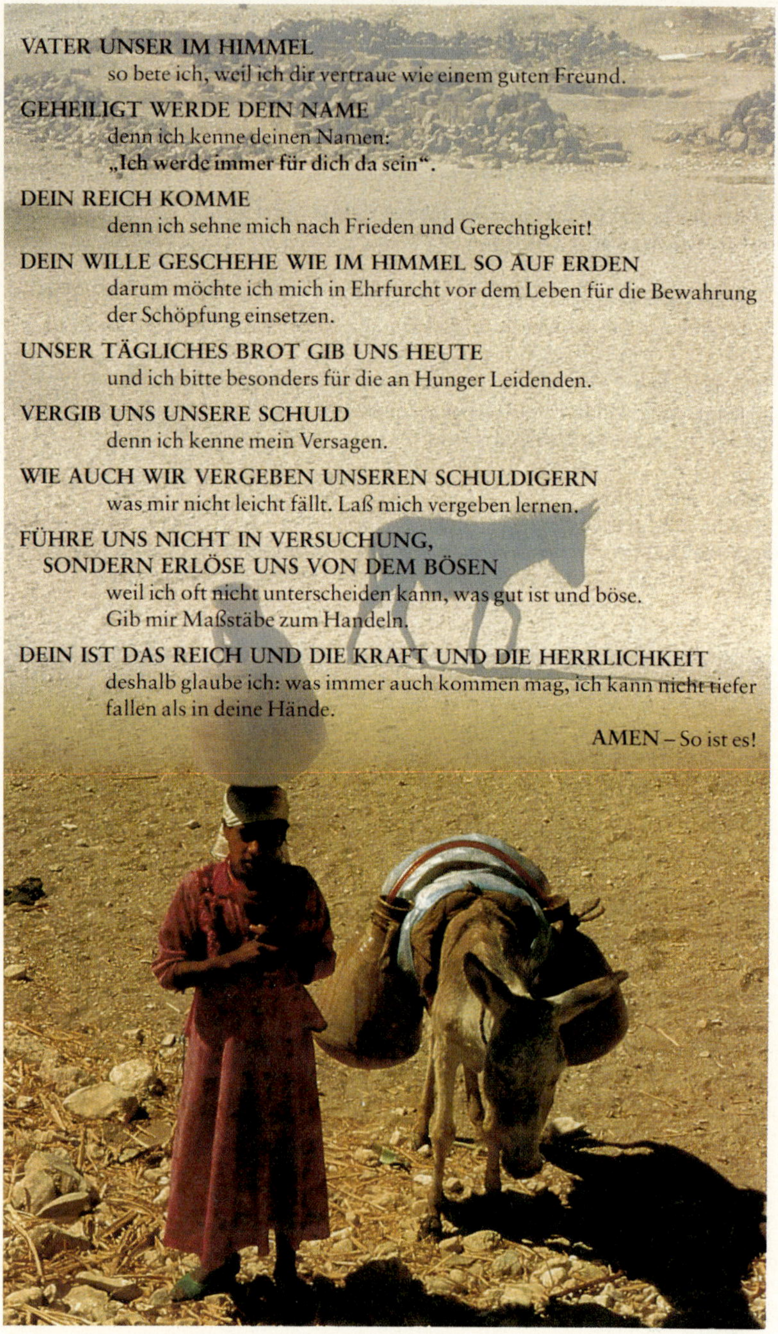

VATER UNSER IM HIMMEL
so bete ich, weil ich dir vertraue wie einem guten Freund.

GEHEILIGT WERDE DEIN NAME
denn ich kenne deinen Namen:
„Ich werde immer für dich da sein".

DEIN REICH KOMME
denn ich sehne mich nach Frieden und Gerechtigkeit!

DEIN WILLE GESCHEHE WIE IM HIMMEL SO AUF ERDEN
darum möchte ich mich in Ehrfurcht vor dem Leben für die Bewahrung der Schöpfung einsetzen.

UNSER TÄGLICHES BROT GIB UNS HEUTE
und ich bitte besonders für die an Hunger Leidenden.

VERGIB UNS UNSERE SCHULD
denn ich kenne mein Versagen.

WIE AUCH WIR VERGEBEN UNSEREN SCHULDIGERN
was mir nicht leicht fällt. Laß mich vergeben lernen.

FÜHRE UNS NICHT IN VERSUCHUNG,
SONDERN ERLÖSE UNS VON DEM BÖSEN
weil ich oft nicht unterscheiden kann, was gut ist und böse.
Gib mir Maßstäbe zum Handeln.

DEIN IST DAS REICH UND DIE KRAFT UND DIE HERRLICHKEIT
deshalb glaube ich: was immer auch kommen mag, ich kann nicht tiefer fallen als in deine Hände.

AMEN – So ist es!

Die Taufe

Die Taufe ist ein gemeinsames Zeichen aller christlichen Kirchen.

Durch die Taufe wird der Täufling in die Gemeinde aufgenommen. In den ersten Jahren des Christentums wurden nur Erwachsene getauft. Heute ist allgemein die Kindertaufe üblich.

Zur Taufe gehört das benetzen des Täuflings mit Taufwasser. Die Taufworte lauten: „Ich taufe dich im Namen des Vaters und des Sohnes und des Heiligen Geistes". Die Taufpaten übernehmen als Zeugen der Taufe die Verpflichtung, sich um die religiöse Erziehung des Patenkindes zu kümmern.

Die Taufe kann in verschiedenen Formen stattfinden. Das Wasser bleibt immer das wichtigste Zeichen.

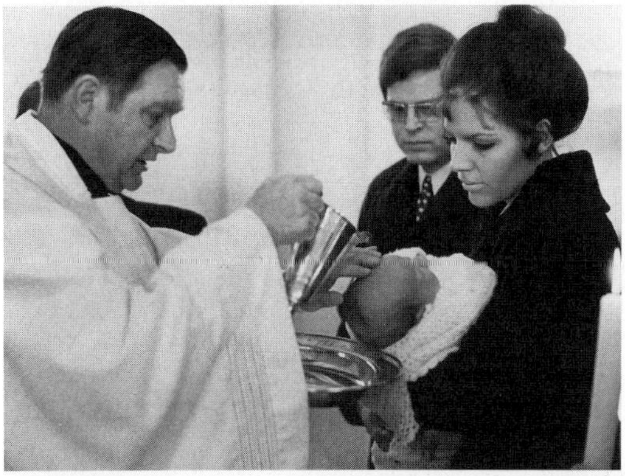

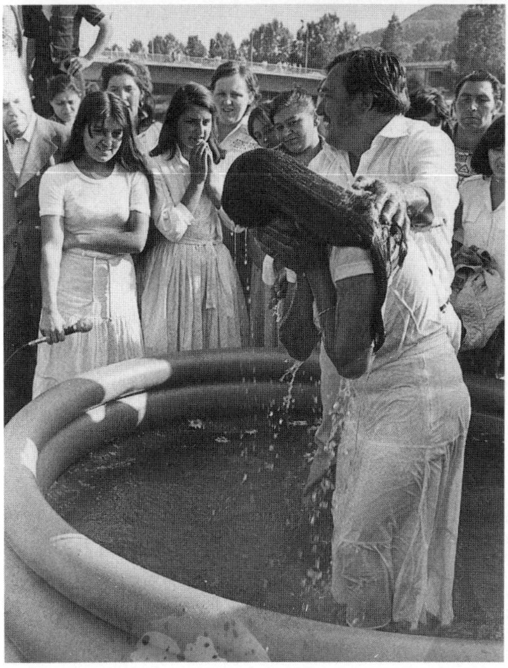

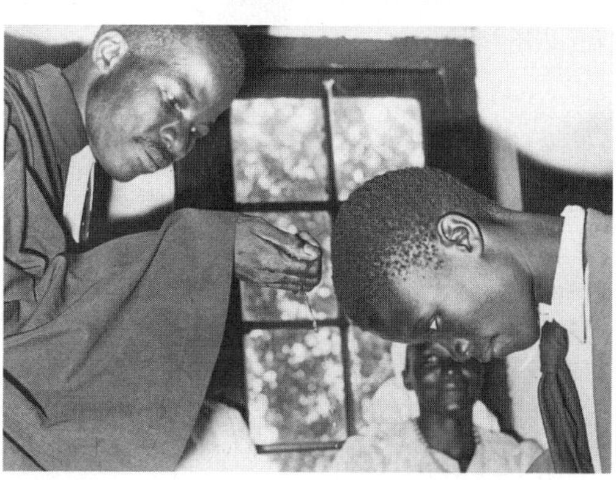

Die Hochzeit

Hochzeit bedeutete ursprünglich jedes hohe Fest. Heute ist die Hochzeit das Fest der Eheschließung.

Paare, die dieses Fest in einer Kirche feiern, sich kirchlich trauen lassen, geben ihr „Jawort“ vor einem Pfarrer. Dieses „Jawort“ ist das äußere Zeichen des christlichen Ehebundes. Sie versprechen sich gegenseitig, dass sie „in guten wie in bösen Tagen“ zueinander halten werden.

- ▶ *Berichtet über eure Erfahrungen mit (Hochzeitsfeiern) kirchlichen Trauungen.*
- ▶ *Beschreibt die Abbildungen dieser Seite. Was fällt euch bei dem unteren Bild auf?*
- ▶ *Welche Regelungen gibt es bei Trauungen, bei denen die Ehepartner unterschiedlichen Konfessionen angehören? Erkundigt euch bei eurem Ethiklehrer oder befragt einen katholischen oder evangelischen Pfarrer.*

Die Trauerfeier

Ein Mensch ist gestorben. Voller Schmerz und Trauer stehen die Angehörigen und Freunde am offenen Grab. Bevor der Sarg mit dem Verstorbenen in das Grab hinabgelassen wird, spricht der Pfarrer:

„Ich bin die Auferstehung und das Leben. Wer an mich glaubt, wird leben, auch wenn er stirbt, und jeder, der lebt und an mich glaubt, wird in Ewigkeit nicht sterben."

Diese Worte drücken den Glauben und die Hoffnung der Christen aus, dass nach dem Tod nicht alles aus ist. Auch wenn der Leichnam verwest, gibt Gott dem Verstorbenen neues Leben.

Die einheitliche Bestattungsformel der evangelischen Kirchen und Gemeinden lautet:

„Nachdem es dem allmächtigen Gott gefallen hat, unseren Bruder / unsere Schwester / dieses Kind – Name – aus diesem Leben abzuberufen, legen wir seinen / ihren Leib in Gottes Acker, dass er wieder zu Erde werde, davon er genommen ist: (unter dreimaligem Erdwurf)

Erde zu Erde,

Asche zu Asche,

Staub zu Staub.

Wir befehlen unseren Bruder / unsere Schwester / dieses Kind in Gottes Hand, Jesus Christus wird ihn / sie / es auferwecken am Jüngsten Tag. Er sei ihm / ihr gnädig im Gericht und helfe ihm / ihr aus zu seinem ewigen Reich."

Kirchweih

In der katholischen Kirche wird eine neu erbaute Kirche in einem besonderes Fest Gott geweiht. Den Brauch der Kirchweihe gibt es schon seit dem Jahre 314. Der zuständige Bischof, der Leiter des Kirchenbezirks, umschreitet die Kirche dreimal von außen und zieht dann feierlich in die Kirche ein.

Auch in der evangelischen Kirche gibt es die Kirchweih oder die Kirmes. Die Kirche wird der Gemeinde feierlich übergeben.

Seit dem 9. Jahrhundert wurde der Jahrestag der Kirchweihe als Volksfest gegangen. Solche Kirchweihfeste gibt es in vielen Gegenden mit unterschiedlichen Sitten und Gebräuchen. Oft gibt es dazu noch einen Markt, den Kirmesmarkt.

In der kleinen Gemeinde Büßleben bei Erfurt hat die Kirmes eine lange Tradition. Das Fest wird Anfang Oktober gefeiert: Am Freitag wird das Fest in der Kirche eröffnet. Am Samstag finden der große Kirmesumzug und der Kirmestanz statt. Am Sonntag gibt es den Kirmes-Frühschoppen, den Kirchgang, den Aufzug der Kinderkirmesgesellschaft und noch einmal einen Kirmestanz. Nach einem Frühschoppen am Montag fangen die Kirmesburschen den Kirmeshammel und nach einem letzten großen Kirmestanz im Saal wird die Kirmes „beerdigt".

▶ *Erkundigt euch nach dem Ablauf von Kirmesfeiern in eurem Heimatort oder eurer näheren Umgebung.*

Christliche Lebensgestaltung

Leben in der Gemeinde – aus evangelischen Gemeinden

Kirchennachrichten

Bethlehem-Kirche Dresden Tolkewitz

April / Mai 2000

Gemeinde-Nachrichten

Trinitatiskirchgemeinde Riesa/Altstadt
April/Mai 2000

Singkreis
Bibel im Gespräch
Krümelklub
Kinderstunde
Kindersingkreis
Junge Gemeinde
Frauenkreis
Gemeindeabend
Glaubenskurs
Jugendsingkreis
Seniorenkreis
Bastelabend
Gemeindeausflug

- *Besorgt euch Nachrichtenblätter von evangelischen Kirchengemeinden („Kirchenblätter“) eurer Umgebung. Informiert euch über aktuelle Gruppen, Kreise und Veranstaltungen.*
- *Fragt auch nach Angeboten für 10- bis 12-Jährige. Diskutiert darüber! Was findet ihr gut? Was gefällt euch nicht so?*

Christliche Lebensgestaltung

Leben in der Gemeinde – aus katholischen Gemeinden

Katholische Pfarrnachrichten Dresden

Mai 2000

Gruppen und Kreise der Domgemeinde laden zur Mitarbeit ein

Jungpfadfinder

Maiwanderung

Wölflinge

Kinderchor

Seniorenkreis

Kinderliturgiekreis

Jugend

Ministranten

Kolpinggruppe

Erstkommunionklasse

Familienfreizeit

Kirchenchor

Tischtennis

- *Besorgt euch Nachrichtenblätter von katholischen Kirchengemeinden in eurer Umgebung. Informiert euch auch hier über aktuelle Gruppen, Kreise und Veranstaltungen.*
- *Welche Angebote gibt es für 10-12-Jährige? Überlegt auch hier, was euch zusagt und was euch nicht so sehr gefällt.*

Sorge für den Nächsten

Diakonie – daß allen Menschen geholfen wird

Das Kreuz, das ich in einen lebenden Baum verwandelt, ist das Zeichen des "Diakonischen Werks der Evangelischen Kirche". Die Kirche bemüht sich darum, allen Menschen, die in einer Notlage sind, zu helfen. Diese Arbeit wird mit dem aus der griechischen Sprache stammenden Wort "Diakonie" bezeichnet. Das heißt auf deutsch "Dienst".

Das "Diakonische Werk" umfaßt viele verschiedenartige Einrichtungen, die alle den Zweck haben, Menschen in ihren besonderen Schwierigkeiten zu helfen.

- *Welche Einrichtungen der Diakonie gibt es in eurer Umgebung?*
- *Lasst euch von diakonischen Einrichtungen Prospekte schicken oder versucht, eine Schwester oder einen Mitarbeiter der Diakonie in euren Unterricht einzuladen.*
- *Welche Möglichkeiten habt ihr selbst, in eurer Umgebung zu helfen?*

SeniorenHaus „Albert Schweitzer"

Regelmäßig treffen sich Bewohner zur Veranstaltung „Schöne Dinge - selbst gestaltet" und haben Freude am eigenen Schaffen.

Kreativ im Alter

Viele Arbeiten der Bewohner schmücken unser Haus:

Tonarbeiten, Aquarelle, Seidenbilder und vieles mehr.

Dieses Aquarell wurde von einer Bewohnerin gemalt.

„Das Wenige, das du tun kannst, ist viel"
Albert Schweitzer

Sozialstation

Wir betreuen „Rund um die Uhr".

14 staatlich anerkannte Schwestern und Altenpflegerinnen, 1 Familienpflegerin und 3 Hauswirtschaftspflegerinnen kümmern sich um Sie.

13 Fahrzeuge sind im Einsatz.

Anerkannte Sozialstation für Riesa, Gröba, Merzdorf, Weida, Canitz, Pochra sowie Strehla und darüber hinaus, wenn es gewünscht wird.

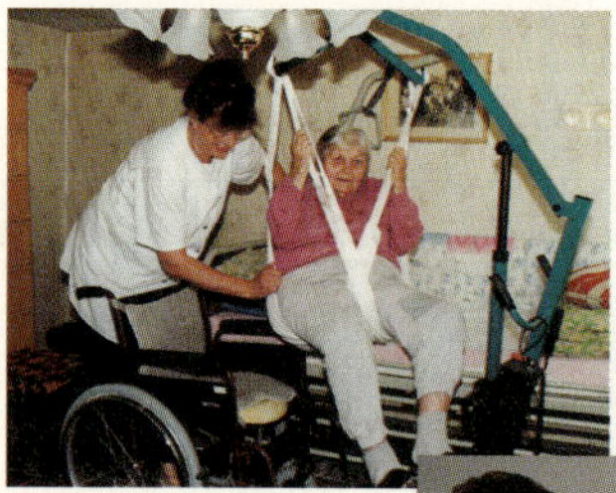

Die Würde des hilflosen Menschen hat für uns oberste Priorität.

Die umrahmten Kästchen ergeben, von oben nach unten gelesen, einen wichtigen Teil des christlichen Gottesdienstes.

Wie heißt das Lösungswort?

▶ *Übertragt das Rätsel in euer Ethikheft oder auf ein Blatt und füllt die Kästchen aus.*

Dienst an Hilfsbedürftigen
Die „Heilige Schrift"
Hostienschränkchen
Platz für den Prediger
Verkündigung
„So sei es"!
Das „N" in INRI
Auch „Kirmes" genannt
Altchristliche Kirchenform
Katholisch „Abendmahl"
Zeuge bei der Taufe
Gibt es bei der Orgel
Kreuzesdarstellung
Lateinisch für „Ich glaube...."
Größtes Tasteninstrument

Das Lösungswort:

Was gehört nicht dazu?

Schreibe zu jeder Zeile das Wort heraus, das nicht dazugehört, und begründe deine Auswahl.

a) Hostie, Brot, Tabernakel, Diakonie, Wein
b) Taufe, Kanzel, Wasser, Pate, Kleid, Kerze
c) Orgel, Altar, Kruzifix, Kanzel, Taufbecken, Amen
d) Glockenturm, Credo, Lobpreis Gottes, Fürbitten, Segen
e) Basilika, Dom, Synagoge, Münster, Kathedrale

Jesus von Nazaret

Das Land Israel zur Zeit Jesu

Jesus wächst als frommer Jude in Nazaret auf, einem kleinen Dorf in Israel. Seit mehr als 3000 Jahren leben Juden im Lande Israel. Das Land hatte über die Jahrhunderte hinweg verschiedene Namen: Land Israel, Zion (einer der Hügel Jerusalems), Palästina, Heiliges Land, Gelobtes Land. Für die Israelis heute ist es einfach das Land Israel. Eine Reise in dieses Land ist auch eine Reise zu den Ursprüngen des Christentums. Viele Plätze zwischen dem See Genezareth, dem Toten Meer und der „Heiligen Stadt" Jerusalem erinnern an Jesus von Nazaret, an seine Geburt, an sein Leben als Wanderprediger, an seinen Tod und seine Auferstehung. Zur Zeit Jesu ist das Land Israel in drei Landschaften aufgeteilt. Galiläa ist der nördlichste Teil. Es ist die Heimat Jesu und seiner Jünger, also seiner Freunde und Anhänger, die ihn bei seinen Wanderpredigten begleiteten. Galiläa ist bergig, zum See Genezareth hin fällt es aber auf 212m unter dem Meeresspiegel ab.

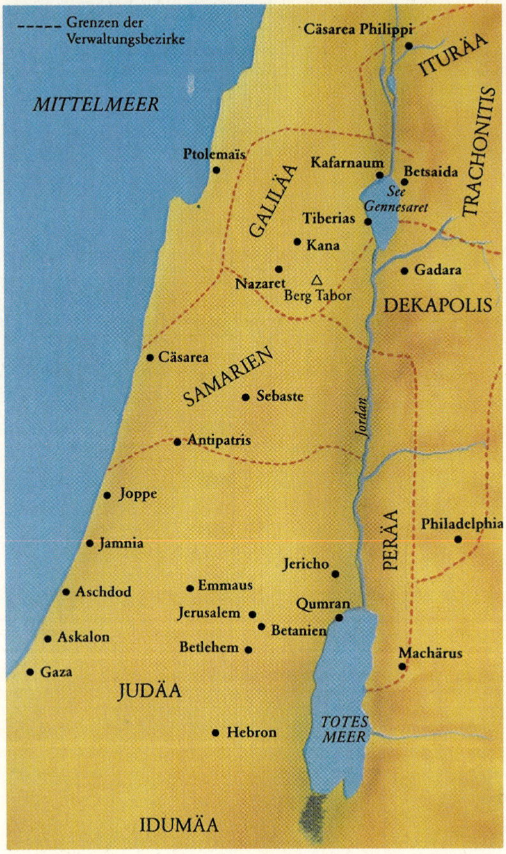

Die Bewohner der Landschaft Samaria werden Samariter genannt. Sie bilden eine Sondergruppe innerhalb der jüdischen Religion. Ihr wichtigstes Heiligtum ist nicht der Tempel in Jerusalem, sondern der Berg Garizim. Von den Juden in Judäa werden die Samariter verachtet. Jesus kümmert sich auch um die Samariter, er reist durch ihr Land und redet mit ihnen.

Judäa ist der Südteil des Landes Israel mit der Hauptstadt Jerusalem. Mit seinem Tempel ist Jerusalem der Mittelpunkt des Judentums.

- *Besorgt euch über ein Reisebüro Prospekte über das heutige Israel.*
- *Sucht euch interessante Reisestationen heraus. Welche Orte und welche Gegenden würden euch besonders interessieren? – Begründet eure Vorschläge.*

Bilder aus dem Heiligen Land

Eine blühende Wiese in Galiläa

Wüste Sinai

Nablus, Berge in Samaria

Im Süden Jerusalems liegt die Wüste Judäa

Ziegen in der Wüste Judäa

Wüste Judäa mit seltenem Regenbogen

Woher wissen wir von Jesus?

Das Wort „Bibel" kommt vom griechischen „Biblia". Das kann man wörtlich als „die Bücher" übersetzen.

Altes und Neues Testament – die Bibel

Die Bibel ist eigentlich eine Bibliothek aus 66 Büchern. Die Sammlung der ersten 39 Schriften ist in hebräischer Sprache geschrieben. Diese hebräische Bibel – das wichtigste Buch der jüdischen Religion – wird im Christentum als Altes Testament (Gottes Willen und Gottes Freundschaftsbund mit den Menschen) bezeichnet. Die übrigen Bücher gehören zum Neuen Testament. Die Bücher des Alten Testamentes sind in der langen Geschichte des jüdischen Volkes entstanden. Im Mittelpunkt steht der Glaube und das Bekenntnis zu dem einen Gott. Er ist der Herr der Welt, der das Volk Israel aus der Knechtschaft in Ägypten befreit hat, und den Menschen immer wieder seinen Willen verkündet.

Die 27 Bücher des Neuen Testamentes sind in griechischer Sprache geschrieben. Ihre wichtigsten Teile sind die vier Evangelien.

Die Evangelien und ihre Verfasser

Das griechische Wort „Evangelium" kann man mit „gute Botschaft" übersetzen. Diese gute Botschaft ist das Leben und die Lehre von Jesus Christus.

Jesus selbst hat keine schriftlichen Aufzeichnungen hinterlassen. Nach seinem Tod erzählten seine Freunde von seinem Leben und seinem Sterben und verkündeten vor allem die Frohe Botschaft von seiner Auferstehung. Zwischen den Jahren 50 und 120 nach Christus wurden diese mündlichen Überlieferungen aufgeschrieben. Dabei entstanden vier verschiedene Bücher, die Evangelien. Sie werden vier verschiedenen Personen als Verfassern zugeordnet: Matthäus, Markus, Lukas und Johannes. Deshalb spricht man auch vom Matthäusevangelium, Markusevangelium usw.

Abkürzungen
MT Matthäus
MK Markus
Lk Lukas
Joh Johannes

Wie man eine Stelle im Neuen Testament leicht finden kann

Alle Kapitel und Verse sind nummeriert. Wenn man eine Stelle des Neuen Testaments kennzeichnen will, gibt man zuerst die Abkürzung des Buches an, dann das Kapitel und schließlich den Vers. Mk 3,2-6 bedeutet: Evangelium nach Markus, Kapitel 3, Vers 2 bis 6.

Burmesisch, Mk 1. 1-4

၁ ¹ဘုရားသခင့်သားတော် ယေရှုခရစ်၏ ဝမ်
၂ ဘွယ်သိတင်းတော် အစကိုဆိုပေအံ့။- ²ပရောဖ
ဖက်ကျမ်းစာ၌ လာသည်ကား၊ ကြည့်လော့၊
ရာလမ်းကို ပြင်အံ့သော ³ငါ၏တမန်ကို သင့်
၃ စေလွှတ်၏။- ⁴တော၌ ဟစ်ကြော်သောသူ၏

Eskimo (Grönland), Mk 1. 1-4

1 Jisuse-Kristusimik Gûtip erneranik ivangeliomik autdlarkautâ tamássauvoK; 2 sôrdlo pruvfîti agdlagaine agdlagsimassoK: ata, ingiliga su autdlartípara, avKutigssat iluarsarkuvdlugo. ssuitsume tordlulassup nipigâ: Nâlagkap av iluarsarsiuk, tungmissagssailo nalingmag 4 Juánase tikiúpoK puilassuitsume kuississoK ssutigalugulo kuissut avdlamik isumatârKúss tit isumákêrnexautigssânik. 5 Jûtiamiutdlo

Wusstest Du schon dass...

- die Bibel 1189 Kapitel mit 31175 Versen und etwa 3 Millionen Buchstaben enthält? Man braucht etwa 50 Stunden, um die Bibel in einem Zug durchzulesen. Bei täglich 3-4 Kapiteln braucht man ein Jahr.
- die Bibel von allen christlichen Kirchen als Grundlage ihres Glaubens anerkannt wird?
- die Bibel das Buch der Weltliteratur ist, am häufigsten gedruckt, in die meisten Sprachen übersetzt und auch am meisten gelesen wird?
- die Bibel in einem Zeitraum von etwa 1000 Jahren (850 v. Chr. – 150 n. Chr.) entstanden ist.
- das erste gedruckte Buch der Welt eine Bibel war: die Gutenberg-Bibel von 1455.

Die Bibel wird überall gelesen

Chinesische Bibeln

Die Bibel als Quelle der Hoffnung in Kenia

Bibelverkauf in Tansania

Thai-Bibeln in Bangkok

Schulkinder mit biblischen Leseheften in Neuguinea

Ein handgeschriebenes Neues Testament in Äthiopien

Jesus, der Mensch

Als Jesus erstmals öffentlich auftritt, Freunde um sich sammelt und seine Lehre verkündet, ist er ungefähr 30 Jahre alt. Woher kommt er, und was hat er vorher getan?

Jesus – ein Jude aus Nazareth

Über Jesu Kindheit und Jugend wissen wir wenig. Er kommt aus Nazareth, einem kleinen Dorf in Galiläa. Seine Mutter heißt Maria, sein Vater Joseph. Er ist Zimmermann.

Hier wächst Jesus auf wie jeder andere jüdische Junge. Mit 5 Jahren kommt Jesus in die Schule. Die Schule ist in der Synagoge, dem Versammlungsort der jüdischen Gemeinde. Sein Lehrer ist der Rabbi, der jüdische Gesetzeslehrer. Hier lernt Jesus die Thora kennen, das wichtigste Buch des Judentums. Es enthält die 5 Bücher Moses, des Stifters der jüdischen Religion. Wenn der Rabbi die Thora aufrollt, lernt Jesus die hebräischen Schriftzeichen kennen und lesen.

Wie alle frommen Juden in Nazareth beachtet auch Jesu Familie den Sabbat – den Tag der Ruhe und Anbetung Gottes. Der Tisch wird zu Ehren des Sabbats festlich gedeckt, Maria zündet mit Jesus und seinen Geschwistern die Sabbatkerzen an, Joseph füllt einen Becher mit Wein und singt den Segensspruch zum Sabbat.

Auch für Jesus ist der Höhepunkt des Sabbats der Gottesdienst in der Synagoge. Die Männer haben den Gebetsschal und die Gebetsriemen angelegt, wie es in der Thora vorgeschrieben ist. Jesus erlebt, wie die Thora aus dem Thoraschrank geholt und zum Vorlesepult getragen wird. Dort wird in hebräischer Sprache feierlich aus der Thora vorgelesen.

Selbstverständlich war Jesus auch dabei, wenn seine Eltern wie jedes Jahr zum Passahfest nach Jerusalem gingen. Der Evangelist Lukas berichtet, wie Jesus als 12-Jähriger ohne Wissen seiner Eltern im Tempel zurückblieb und dort durch seine klugen Fragen und Antworten Aufsehen erregte.

Mit 13 Jahren feiert Jesus seine Bar-Mizwa. Er wird in die Gemeinschaft der erwachsenen Juden aufgenommen und darf im Gottesdienst erstmals selbst aus der Thora vorlesen.

Bei seinem Vater erlernt Jesus das Zimmermannshandwerk. Er arbeitet mit seinem Vater zusammen in der Werkstatt und lernt, wie man Dächer baut, zweirädrige Karren herstellt oder hölzerne Pflüge anfertigt.

- ▶ *Jesus kommt aus Nazareth. Sucht diesen Ort auf der Karte Seite 90.*
- ▶ *Jesus wächst als Jude auf. Welche Sprache spricht er?*
- ▶ *Welche religiösen Vorschriften bestimmen sein Leben?*

Die Geschichte von Jesu Geburt

Die bekannteste Weihnachtsgeschichte aus der Bibel steht im Lukasevangelium. Im Mittelpunkt steht die Geburt Jesu in Bethlehem und die Verkündigung an die Hirten. Lukas hat Jesus persönlich nicht mehr gekannt, seine Weihnachtsgeschichte ist also kein Tatsachenbericht. Jesus ist vermutlich in Nazareth geboren worden, seinen richtigen Geburtstag kennt niemand. Lukas hat seine Geschichte so erzählt, dass deutlich werden sollte: Jesus ist etwas ganz Besonderes. Er ist der von Gott geschickte Messias, der Erlöser der Menschen. Vielleicht wollte Lukas durch seine Geschichte auch zeigen, dass Jesus schon als Kind von den Menschen ausgestoßen wurde, so wie er auch später von seinen Feinden bekämpft und schließlich gekreuzigt wurde.

Es begab sich aber zu der Zeit, dass ein Gebot von dem Kaiser Augustus ausging, dass sich alle Welt in Steuerlisten eintragen sollte. Es war die erste Zählung dieser Art; sie geschah zu der Zeit, als Quirinius Statthalter in Syrien war. Alle brachen auf, um sich eintragen zu lassen, ein jeder in seiner Heimatstadt.

Da machte sich auch auf Joseph aus Galiläa, aus der Stadt Nazareth, in das jüdische Land, zur Stadt Davids, Bethlehem, denn er stammte aus dem Geschlecht Davids, damit er sich eintragen ließ, zusammen mit Maria, seiner Braut, die ein Kind erwartete.

Als sie dort waren, kam für sie die Zeit der Entbindung. Und sie gebar ihren ersten Sohn und wickelte ihn in Windeln und legte ihn in eine Krippe; denn sie hatten sonst keinen Raum in der Herberge. Und es waren Hirten in dieser Nacht auf den Feldern, die hielten Wache bei ihren Herden. Da trat auf einmal der Engel des Herrn zu ihnen, und der Glanz Gottes umleuchtete sie, und sie fürchteten sich sehr.

Aber der Engel sprach zu ihnen. „Fürchtet euch nicht! Siehe, ich verkündige euch große Freude, die das ganze Volk erfüllen wird. Denn euch ist heute in der Stadt Davids der Retter geboren, Christus, euer Herr.

Und das ist ein Zeichen für euch: Ihr werdet ein Kind finden, das, in Windeln gewickelt, in einer Krippe liegt."

Und bald stand neben dem Engel eine große Schar anderer Engel; die lobten Gott und riefen:

„Ehre sei Gott in der Höhe
und Friede auf Erden
allen Menschen, die Gott liebt."

Nach Lukas 2,1-14

Die ersten Christen feierten den Geburtstag Jesu überhaupt nicht. Viel wichtiger war ihnen Ostern, das Fest der Auferstehung Jesu. Später feierte man den 6. Januar als Tag der Taufe Jesu. Heute noch wird in Russland und in Griechenland am 6. Januar Weihnachten gefeiert. Erst etwa 400 Jahre nach Christus war der 25. Dezember als Tag des Weihnachtsfestes allgemein anerkannt.

Jesus und seine Freunde

Jesus sammelt Jünger um sich

Als Jesus mit etwas 30 Jahren seine Familie und Nazareth verlässt und als Wanderprediger durch Galiläa zieht, gewinnt er schnell viele Freunde. Männer und Frauen hören ihm begeistert zu. In ihren Dörfern berichten sie dann von den Worten und den Taten Jesu. Manche bleiben auch bei Jesus und begleiten ihn bei seinen Wanderungen. Die Evangelisten nennen sie Jünger. Von diesen Jüngern wählt Jesus zwölf aus, die seine engsten Freunde werden. Sie stellen viele Fragen, weil sie manches noch nicht verstehen. Jesus antwortet ihnen immer wieder geduldig. Später werden diese Jünger Apostel („Sendboten") genannt, weil sie von Jesus als Verkünder seiner Botschaft und als Zeugen seiner Taten und seiner Auferstehung auserwählt worden sind.

In der frühen Zeit des Wirkens Jesu wird der See Genezareth immer wieder erwähnt. An seinen Ufern rief er die ersten Jünger zu sich. Es waren Fischer, die gerade am Ufer ihre Netze auswarfen, als Jesus sie rief.

Der Evangelist Lukas berichtet darüber (LK 5,1 –11):

Die Berufung der ersten Jünger

1 Als Jesus am Ufer des Sees Genezareth stand, drängte sich das Volk um ihn und wollte das Wort Gottes hören.

2 Da sah er zwei Boote am Ufer liegen. Die Fischer waren ausgestiegen und wuschen ihre Netze.

3 Jesus stieg in das Boot, das dem Simon gehörte, und bat ihn, ein Stück weit vom Land wegzufahren. Dann setzte er sich und lehrte das Volk vom Boot aus.

4 Als er seine Rede beendet hatte, sagte er zu Simon: Fahr hinaus auf den See! Dort werft ihr eure Netze zum Fang aus!

5 Simon antwortete ihm: Meister, wir haben die ganze Nacht gearbeitet und nichts gefangen. Doch wenn du es sagst, werde ich die Netze auswerfen.

6 Das taten sie, und sie fingen eine so große Menge Fische, dass ihre Netze zu reißen drohten.

7 Deshalb winkten sie ihren Gefährten im anderen Boot, sie sollten kommen und ihnen helfen. Sie kamen, und gemeinsam füllten sie beide Boote bis zum Rand, so dass sie fast untergingen.

8 Als Simon Petrus das sah, fiel er Jesus zu Füßen und sagte: Herr, geh weg von mir; ich bin ein Sünder.

9 Denn er und alle seine Begleiter waren erstaunt und erschrocken, weil sie so viele Fische gefangen hatten;

10 ebenso ging es Jakobus und Johannes, den Söhnen des Zebedäus, die mit Simon zusammenarbeiteten. Da sagte Jesus zu Simon: Fürchte dich nicht! Von jetzt an wirst du Menschen fangen.

11 Und sie zogen die Boote an Land, ließen alles zurück und folgten ihm nach.

Fischerhafen am See Genezareth

Jesus und seine Feinde

Die Pharisäer und Schriftgelehrten

Die Schriftgelehrten sind Fachleute für die schriftlichen und mündlichen jüdischen Gesetze. Durch ihr Wissen sind sie sehr angesehen. Da das Gesetz und die richtige Auslegung der einzelnen Gebote und Verbote das Leben jeder jüdischen Gemeinde bestimmen, haben die Schriftgelehrten Macht und Einfluss.

Die Pharisäer gehören einer besonders strengen religiösen Gemeinschaft an. Sie halten sich ganz genau an die religiösen Vorschriften der Thora und der mündlichen Überlieferungen. Sie sind so radikal, dass sie niemanden besuchen, der das Gesetz nicht beachtet. Jeder Kontakt mit Sündern hätte eine schlimme Verunreinigung zur Folge. Die Bezeichnung „Pharisäer" = „Abgesonderter" weist darauf hin. Bei den wöchentlichen Versammlungen in der Synagoge lehren sie ihre Auslegung der Gesetze und fordern von allen die strenge Einhaltung aller Vorschriften. Dadurch hatten sie großen Einfluss auf die Menschen.

Für die radikalen gesetzestreuen Gruppen war Jesus von Anfang an ein Ärgernis. Er verkehrte mit Menschen, die ausgestoßen waren. Er aß sogar mit ihnen. Er wurde beschuldigt, ein Freund von „Zöllnern und Sündern" zu sein. Er erlaube seinen Jüngern am Sabbat Ähren abzureißen um sich zu ernähren, was doch am Sabbat verboten ist. Jesus ist für sie jemand, der Gott durch seine Worte und Taten beleidigt. Jesus wehrt sich gegen die Vorwürfe. Er bezeichnete die Pharisäer als Heuchler, die nach außen vollkommen erscheinen, aber innerlich vor allem den Menschen, die in Not sind, gar nicht helfen wollen.

Das Bild zeigt, wie Pharisäer und ihre Schüler die Thora auslegen.

Wer von euch wird, wenn ihm am Sabbat sein Schaf in eine Grube fällt, es nicht sofort wieder herausziehen? Und wieviel mehr ist ein Mensch wert als ein Schaf? *Mt 12,11-12*

Der Sabbat ist für den Menschen da, nicht der Mensch für den Sabbat. Deshalb ist der Menschensohn Herr auch über den Sabbat.
Mk 2, 27-28

Nicht die Gesunden brauchen den Arzt, sondern die Kranken. Ich bin gekommen, um die Sünder zu rufen, nicht die Gerechten.
Mk 2,17

Ihr sollt aber erkennen, daß der Menschensohn die Vollmacht hat, hier auf der Erde Sünden zu vergeben. Und er sagte zu dem Gelähmten: Steh auf, nimm deine Tragbare, und geh nach Hause. Der Mann stand sofort auf...
Mk 2, 27-28

- *Versucht die vier Beispiele mit euren eigenen Worten zu erklären.*
- *Warum waren die Pharisäer über diese Worte Jesu verärgert?*

Jesus, der Sohn Gottes und Erlöser

Jesus wirkt Wunder

Die Evangelien berichten, dass Jesus nicht nur als Wanderprediger Aufsehen erregte, sondern auch viele Wunder bewirkte. Diese Wundergeschichten erzählen, wie Jesus Krankheiten heilte oder auf wunderbare Weise die Naturkräfte beherrschte. Er heilte Blinde und Gelähmte durch sein Wort und seine Berührung, vermehrte Brot und Fisch so, dass Tausende davon satt wurden und besänftigte einen gefährlichen Sturm auf dem See Genezareth nur durch seine Worte.

Im Markusevangelium (Mk 10,46-52) finden wir die Geschichte von der Heilung des blinden Bartimäus. Im folgenden Abschnitt ist diese Geschichte so nacherzählt, dass ihr alles mitempfinden könnt, was der blinde Bettler Bartimäus selbst dabei erlebt hat. (Der Originaltext ist im Anhang Seite 214 abgedruckt.)

Ein Blinder am Straßenrand

Bartimäus zieht das zerfetzte graue Tuch über seinen Kopf, um sich vor der Sonne zu schützen. Schon drei Stunden sitzt er am Rand der staubigen Straße. Wie jeden Tag hat ihn die Mutter hierher geführt und ist schnell wieder nach Hause gegangen. Die Mutter schämt sich. „Vielleicht hast du etwas Schlechtes getan, dass Gott dir einen blinden Sohn gegeben hat", sagen ihre Nachbarn.

Auch Bartimäus schämt sich, weil er betteln muss. Der Blindenstab liegt neben ihm auf dem Boden. Die Bettelschale steht vor ihm. Immer wieder tastet er nach der Schale. Ja, sie ist noch da! Aber nur sehr selten klingelt es; und dann sind es sehr kleine Münzen, die in die Schale geworfen werden. Manchmal gibt ihm auch jemand eine Frucht. Aber meistens hat er großen Durst. Oft ist er den ganzen Tag allein. Er hat Zeit zum Nachdenken. Er hat zu viel Zeit zum Nachdenken; er hat auch Zeit zum Traurigsein.

Bartimäus kann nichts sehen. Aber seine Ohren sind gesund, ja, er hört besonders gut. Wenn die Menschen aus der Stadt Jericho kommen, erzählen sie sich, was sie auf dem Markt verkauft haben. Sie erzählen sich, wie viel Zoll sie bezahlen mussten. Sie erzählen, was sie in Jericho gehört haben. So weiß Bartimäus viel, auch wenn er immer an derselben Stelle in der Nähe des Stadttors sitzt.

Auch von Jesus hat Bartimäus gehört. Der war doch beim Zöllner Zachäus hier in Jericho

zu Gast! Ja, bei einem Zöllner – das ist schwer zu verstehen. Bartimäus hat auch gehört, dass Jesus Kranke heilt, Menschen, die viele Jahre krank waren wie er. Er hätte gern mehr über Jesus gewusst, er hätte gern gefragt.

Aber die Menschen, die er erzählen hört, bleiben nicht stehen – sie gehen einfach weiter. „Dieser Jesus stammt von König David ab" und „Er ist Gottes Sohn" – das sind rätselhafte Sätze, die er gerade heute über Jesus gehört hat. Er denkt: Warum kommt Jesus mit seinen Jüngern nie hier vorbei? Auch heute hat Bartimäus viel Zeit zum Traurigsein, viel Zeit zum Nachdenken.

Der blinde Bettler ist eingenickt. Ein Stimmengewirr weckt ihn. Was ist los? Schnell packt Bartimäus seine Bettelschale und betastet den Inhalt. Die Schale ist immer noch fast leer. „Bist du da? Was siehst du?", fragt Bartimäus und tastet mit dem Blindenstock nach links. Dort bettelt gegen Abend immer ein kleines Mädchen, das keine Eltern mehr hat. „Ja, ich bin da, Bartimäus. Eine ganze Gruppe von Männern kommt auf uns zu. Ein Lehrer, ein Rabbi ist unter ihnen. Sie nennen ihn Jesus." Jesus? Jetzt springt Bartimäus auf. Ohne Blindenstock springt er auf und wirft seine Bettelschale um. Es ist ihm gleich, dass die kleinen Münzen auf die Straße rollen. Bartimäus läuft auf die Stimmen zu, die er hört, und ruft, so laut er kann: „Sohn Davids, Jesus, du kannst helfen, erbarme dich!"

Da halten ihn starke Männerhände rechts und links. Jemand will ihm die Hände auf den Mund legen. Doch er befreit sich und ruft noch viel lauter: „Jesus, Sohn Davids, du kannst helfen! Erbarme dich!" Bartimäus wirft sich mitten auf der Straße auf die Knie. Plötzlich ist es rund um ihn still.

Eine Hand berührt seine Schulter, und eine Stimme sagt: „Steh auf, blinder Mann, freu dich! Jesus hat dich zu sich gerufen." Bartimäus steht sofort auf. Er packt sein graues zerfetztes Tuch, fährt damit über sein verschwitztes und staubiges Gesicht und wirft es an den Straßenrand. Dann streckt er seine Hände aus. „Bist du da, Jesus?" „Ja, hier bin ich", antwortet Jesus. „Was kann ich für dich tun?" „Guter Herr", sagt der Blinde, „mach, dass ich wieder sehen kann!" Da sagt Jesus: „Mach deine Augen weit auf! Schau um dich! Dein Glaube hat dich gerettet."

Bartimäus öffnet seine Augen. Er sieht Jesus. Er sieht viele Menschen. Er sieht rund um sich: Häuser, Bäume, Gärten. Und wieder sieht er Jesus an. „Du bist der Retter. Jesus, Sohn Davids! Du bist mein König."

Und Bartimäus bleibt bei Jesus und seinen Jüngern. Er folgt ihnen auf der Straße nach Jerusalem. Zusammen wandern sie hinauf in die große Stadt, um dort das Passahfest zu feiern.

nach Markus 10, 46-52

Regine Schindler, aus: „Mit Gott unterwegs", bohem press, Zürich.

Zur Zeit Jesu gab es in Palästina viele Blinde und Taubstumme. Ihr Gebrechen wurde als Strafe Gottes für ihre Fehler und für die Fehler ihrer Eltern betrachtet. Da sie verachtet waren und niemand mit ihnen in Berührung kommen wollte, waren sie oft gezwungen zu betteln.
Solche Ansichten lehnte Jesus ab. Er machte um Blinde, Lahme, Taubstumme und Aussätzige keinen Bogen, sondern ging auf sie zu, legte ihnen die Hände auf, berührte sie und sprach mit ihnen.

- ▶ *Wie ist es heute bei Kranken und Behinderten? Erzählt von euren Beobachtungen und Erfahrungen.*
- ▶ *Jesus hat keine Wunder vollbracht, um seine Macht zur Schau zu stellen oder um sich über die anderen Menschen zu erheben. Mit seinen Wundern hat er den Menschen gezeigt, dass Gott auch dann noch da ist und helfen kann, wenn die Menschen nicht mehr weiter wissen. Nur die Menschen können die Nähe Gottes als ein Wunder erleben, die volles Vertrauen zu ihm haben. Sucht einige Textstellen heraus, die zeigen, dass dies für den blinden Bartimäus zutrifft.*

Der Evangelist Matthäus berichtet in der folgenden Geschichte (Mt 8, 23-27) von der Angst der Jünger Jesu um ihr Leben und wie Jesus ihnen hilft: (siehe Anhang Seite 214 ff.)

Die meisten der Wunder Jesu sind Heilungen. Es gibt aber auch Wundergeschichten, die erzählen, wie Jesus Macht über die Natur hatte.

Ängstliche Jünger

Jesus und seine Jünger waren immer unterwegs. Immer zu Fuß. Am See entlang. Mitten durch das Land. Von einem Dorf zum anderen. Und überall waren Menschen. Gesunde und Kranke. Junge und Alte. Fröhliche und traurige Menschen. Jesus suchte die Menschen. Er sprach mit ihnen. Er machte die Traurigen froh. Die Kranken machte er heil. Und allen zeigte er, wie man glücklich leben kann. Er zeigte allen, dass die Freundschaft Gottes schön ist. Manchmal fragten sich die Menschen: „Wird Jesus immer bei uns bleiben?" Aber zuallermeist freuten sie sich einfach darüber, dass er da war.

Die Jünger waren immer bei Jesus. Sie kannten ihn gut. Sie wurden seine Freunde. Sie hörten ihm zu. Aber verstanden sie auch, was Jesus sagte? Haben sie begriffen, dass der Mensch dort, wo Jesus ist, keine Angst zu haben braucht? Ganz gleich, was passiert ... Die Jünger haben es langsam begriffen. Du wirst es gleich merken. Jesus war oft am Ufer des Sees Genezareth. Dort sprach er zu den Menschen. Manchmal musste er in ein Boot steigen, von dort aus reden, damit alle ihn sehen und hören konnten. Manchmal am Abend war Jesus müde. Dann ließ er seine Jünger über den See fahren. Am anderen Ufer wollte er allein sein mit ihnen. Ausruhen. Beten.

Eines Abends sagte Jesus zu seinen Jüngern: „Wir wollen an das andere Ufer fahren." Die Jünger schickten die Leute nach Hause. Sie nahmen Jesus in dem Boot mit, von dem aus er geredet hatte. Andere Boote begleiteten sie ein Stück auf den See hinaus. Allein fuhren sie weiter. Da plötzlich schlug das Wetter um. Die Jünger kannten die Anzeichen; es waren ja Fischer unter ihnen. Es wurde finster. Der Himmel wurde drückend. Der Wind ließ nach. Eine merkwürdige Stille. Die Stille vor dem Sturm. Und da kam er auch schon. Die ersten Windstöße. Fallwinde, von den Bergen herab. Die Wellen wurden hoch und wild. Und auch ein erfahrener Fischer wusste: Jetzt wird es gefährlich. Die Wellen schlugen ins Boot. Man musste Wasser schöpfen. Das war ein Kampf ums Leben. Die Jünger hatten Angst.

Vielleicht fragst du: Und wo war Jesus? Er war doch auch in das Boot eingestiegen? Jesus lag hinten im Boot auf einem Kissen. Er schlief. Mitten im Sturm. Wie kann er schlafen, wenn seine Jünger um ihr Leben kämpfen müssen? Sie weckten Jesus. Vorwurfsvoll: „Jesus, kümmert es dich nicht, dass wir untergehen?"

Jesus stand auf. Er sprach zu dem Wind; er sprach zu dem See: „Schweig! Sei still!" Als ob man dem Wind befehlen könnte. Und dann geschah es: Der Wind legte sich. Es wurde ganz still. Mit einemmal. Und in dieser Stille fragte Jesus seine Jünger: „Warum habt ihr solche Angst? Habt ihr denn keinen Glauben?"

Eva Bruchmann

Damals begriffen die Jünger ein wenig, was es heißt, an Jesus glauben. Mit ihm leben. Natürlich hat ein jeder Mensch Angst, wenn er mit einem kleinen Boot in einem großen Sturm unterwegs ist.

Doch wenn Jesus da ist, braucht man keine Angst zu haben. Nicht vor einem Sturm. Nicht vor dem Tod.

- *Erzählt die Geschichte nach und beschreibt dazu das Bild.*
- *Wie hat der Künstler die „Angst der Jünger" dargestellt?*

Niemand ist ausgeschlossen

Der Evangelist Lukas erzählt die Geschichte, wie Jesus den reichen, aber verhassten Zöllner Zachäus besuchte (Lk 19, 1-10). Die Geschichte ist so nacherzählt, dass im Mittelpunkt ein Sünder und Betrüger steht, der seine Fehler bereut, sein Leben ändern will und zu einem Freund Jesu wird.

Jesus kehrt bei einem verachteten Zöllner ein

Zur Zeit Jesu wollte der Kaiser von Rom von überallher Zollgeld haben. Wer mit irgendwelchen Waren über die Landesgrenzen ging, musste Zoll bezahlen. Die Leute, die den Zoll kassierten, hießen Zöllner. Die Zollstelle wurde von den Römern verpachtet. Wer am meisten geboten hatte, erhielt die Stelle. Die Zöllner mussten deshalb zuerst die Pachtsumme herauswirtschaften und den Römern bezahlen, der Rest floss in ihre eigene Tasche. Man warf den Zöllnern oft vor, dass sie betrügen und geldgierig mehr als den vorgeschriebenen Zoll verlangen.

Bei Zachäus in Jericho

Jesus kam mit seinen Jüngern nach Jericho. Natürlich liefen die neugierigen Leute zusammen. Unter ihnen war einer, den alle kannten. „Schau mal her! Da kommt auch der kleine Schwindler. Wie er rennt mit seinen kurzen Beinen! Was will der denn hier? Will er vielleicht fromm werden? Dass ich nicht lache!" So mögen die Leute gesagt haben, als sie Zachäus sahen.

Zachäus war schon daran gewöhnt, dass die Leute ihn auslachten. Er war nun einmal ein kleiner Mann. Und trotzdem hatten viele Angst vor ihm. Zachäus war mächtig. Alle mussten ihre Steuern an ihn bezahlen. Sonst schickte er ihnen die römischen Soldaten auf den Hals. Und er selbst verdiente auch gut bei dem Geschäft. Zachäus war reich. Und trotzdem fühlte er sich nicht immer wohl in seiner Haut. Es ist ja auch nicht angenehm, wenn keiner in der Stadt dich leiden mag. Und wenn du zudem selber weißt, dass du die Leute betrügst. Man kann zwar reich werden dabei, aber glücklicher wird man nicht.

Zachäus hatte von Jesus gehört. Nun wollte er ihn auch sehen. Jesus kam nach Jericho, und das war seine Chance. Aber auch andere Leute wollten Jesus sehen. Leute, die größer waren. Du kannst dir denken, dass Zachäus sich ärgerte, als er die Menschenmenge sah. Und du kannst dir auch denken, dass die Leute, die Zachäus kannten, dem kleinen Mann nicht gern Platz machten, damit er nach vorn kommen und etwas sehen konnte.

Aber Zachäus fand einen Ausweg. Sicher hast du schon einmal Jungen auf einem Baum oder einer Laterne sitzen sehen, bei einem Festzug oder bei einem Fußballspiel. Von oben hat man einen guten Überblick. Zachäus fand einen Baum. Er kletterte hinauf und saß bald oben. Ein guter Platz. Man konnte sehen und wurde nicht gleich von jedem gesehen.

Als Jesus kam, schauten alle nach ihm. Jesus ging die Straße entlang. Plötzlich blieb er stehen. Direkt vor dem Baum, auf dem Zachäus saß. Jesus schaute nach oben: „Komm schnell herab, ich will heute bei dir einkehren!" Wer hätte gedacht, dass Jesus den kleinen Zachäus auf dem Baum bemerken würde? Zachäus wusste selbst nicht, wie schnell er von dem Baum herunterkam. Er ging mit Jesus in sein Haus. Er kümmerte sich nicht darum, dass die Leute hinter ihnen hertuschelten: „Wie kann Jesus bei einem Zöllner einkehren! Da gäbe es bessere Menschen in Jericho! Es ist eine Schande!"

Jesus brauchte dem Zachäus eigentlich gar nichts zu sagen. Wenn du im Irrtum bist, wenn du andere beschwindelst, dann weißt du selber recht gut, was du anders machen solltest. Zachäus wusste, dass er zu viel Steuern gefordert hatte. Er wusste, dass er die Leute angelogen und oft auch erpresst hatte. Er musste alles zurückzahlen, was er zu viel eingenommen hatte. Alle entschädigen. Wiedergutmachen. Den Armen helfen ... Und diesen Entschluss fasste er sofort. Dabei war ihm leicht ums Herz. Und Jesus sagte zu ihm: „Heute wird deinem Haus mehr geschenkt, als du hergibst. Die Freundschaft Gottes. Und eben deshalb bin ich gekommen: Ich suche die Verlorenen und rette sie. Ich bringe sie zurück in den Freundschaftsbund Gottes."

Du kannst dir denken, dass Zachäus sich nun nicht mehr klein und verächtlich fühlte. Von nun an konnte er als ehrlicher Mensch leben. Vielleicht glaubten ihm die Leute in Jericho nicht gleich. Aber mit der Zeit konnte er ihnen sicher beweisen, dass er es ernst meinte.

Leiden und Sterben Jesu

Jesus feiert sein Abschiedsmahl und wird in Jerusalem verhaftet

Der Hass der Feinde Jesu wird größer. Sie wollen Jesus umbringen. Im Markusevangelium (14, 1) lesen wir:

> „Es war zwei Tage vor dem Passahfest. Die Hohenpriester und die Schriftgelehrten suchten nach einer Möglichkeit, Jesus mit List in ihre Gewalt zu bringen, um ihn zu töten."

Als Jesus zur Feier des Passahfestes mit seinen Jüngern nach Jerusalem kommt, weiß er, dass seine Feinde ihn beseitigen wollen. Es bleibt ihm wenig Zeit. Seine letzte Mahlzeit ist das Festmahl, das die jüdischen Familien feien, um sich daran zu erinnern, dass Gott ihre Vorfahren aus Ägypten befreit hat. Jesus feiert es mit seinen Jüngern und teilt mit ihnen Brot und Wein. Der Evangelist Markus berichtet über dieses besondere Abendmahl:

> Während sie alle essen, nimmt Jesus das Brot, spricht ein Dankgebet, bricht es in Stücke und gibt es den Freunden: „Nehmt und esst! Das ist mein Leib, der für euch gegeben wird." Dann nimmt er den Becher mit Wein, spricht noch einmal ein Dankgebet, reicht ihn den Freunden, und sie trinken daraus. Jesus sagt zu ihnen: "Nehmt und trinkt alle daraus! Dieser Kelch ist der neue Bund in meinem Blut, das für euch vergossen wird zur Vergebung der Sünden. Solches tut, so oft ihr es trinkt, zu meinem Gedächtnis!" *(nach Markus 14, 22-25)*

Was Jesus mit diesen Worten sagen wollte, haben seine Freunde erst viel später verstanden:

Immer wenn Christen zusammenkommen, im Namen Jesu miteinander Brot essen und Wein trinken und Jesu Worte wiederholen, dann ist das mehr als nur eine Erinnerung. Jesus ist für sie lebendig und mitten unter ihnen. Die „Abendmahlsfeier" ist zum wichtigsten Bestandteil jedes christlichen Gottesdienstes geworden.

Als sie nach dem Mahl das Haus verlassen, folgen Jesus nur elf Jünger. Judas Ischariot hat sie verlassen, um Jesus zu verraten.

Das Bild zeigt, wie Judas im Garten Getsemani Jesus mit einer Umarmung und einem Kuss seinen Verfolgern verrät.

Kurz darauf wird Jesus von den bewaffneten Männern festgenommen und vor den Hohen Rat geführt. Der Hohe Rat ist das höchste jüdische Gericht, das die schlimmsten Vergehen gegen die Gesetze verurteilt. Der Hohepriester ist der Vorsitzende, zu den weiteren 71 Mitgliedern gehören bedeutende Persönlichkeiten, Älteste genannt, Priester, Pharisäer und Schriftgelehrte. Als sie ihn beim Verhör fragten, ob er der Sohn Gottes sei, antwortete Jesus:

„Ihr sagt es – ich bin es." Für die Mitglieder des Hohen Rates war das Gotteslästerung und darauf konnte es nach ihren Gesetzen nur die Todesstrafe geben.

Daraufhin führten sie Jesus zu Pontius Pilatus, dem römischen Statthalter, der allein über die Durchführung der Todesstrafe entscheiden konnte.

Jesus wird zum römischen Statthalter Pilatus gebracht

In der folgenden Nacherzählung aus dem Markusevangelium (Mk 15, 1-20) steht der römische Statthalter Pontius Pilatus im Mittelpunkt. (Der Originaltext ist im Anhang Seite 214 ff. abgedruckt.)

Pontius Pilatus, der römische Statthalter, geht in der Burg Antonia auf und ab. Von Zeit zu Zeit späht er zwischen den Säulen seiner Balkone hinab. Er sieht hinein in die vollen Gassen der Stadt. Hier herrscht an diesem Morgen großer Betrieb. Die Menschen des ganzen Landes scheinen fürs Passahfest nach Jerusalem gekommen zu sein. Der Lärm der Händler ist bis hierher zu hören. Den ganzen Platz vor der Burg kann der Statthalter überblicken. Der Platz ist noch leer.

Die Diener hinter Pontius Pilatus stellen die Götterbilder auf. Auch das Standbild des römischen Kaisers Tiberius wird enthüllt. Pontius Pilatus setzt sich auf seinen Richterstuhl, steht aber bald wieder auf. Die vielen Menschen in der Stadt beunruhigen ihn. Er ist verantwortlich für Ruhe und Ordnung in Jerusalem. Darum ist er heute hier. Seine Soldaten verneigen sich vor dem Kaiserbild. Aber sind sie ihm wirklich treu? Die meisten von ihnen sind keine richtigen Römer.

Plötzlich wird es auf dem Platz vor der Burg lebendig. Eine Gruppe von Menschen nähert sich dem Eingangstor. Die Soldaten stehen neben den Türen, hinter den Säulen und Fenstern. „Großer Herr", meldet ein Soldat und verbeugt sich vor Pilatus, der jetzt wieder auf seinem Richterstuhl sitzt. „Großer Herr, die Knechte des Hohenpriesters bringen einen Gefangenen." „Pass auf, großer Herr", sagt ein junger Soldat leise, „ich kenne diesen Gefangenen. Es ist Jesus aus Nazareth; das Volk liebt ihn."

Schon sieht Pilatus die Knechte des Kajafas, die mit schnellen Schritten den Saal betreten. Den Gefangenen, dessen Gesicht zerschlagen ist und dessen Hände auf dem Rücken zusammengebunden sind, zerren sie in den Saal. Sie halten ihn fest an Armen und Beinen, wie wenn er sich losreißen wollte. Die Priester aber, die dem Gefesselten folgen, stellen sich in einer Reihe vor Pilatus auf. „Er ist schuldig", sagt der erste. „Er hält unsere Gebote nicht", sagt der zweite. „Er bringt Unruhe ins Volk", sagt der dritte. „Und er sagt, er sei unser König, ja, das sagt er!", schreit der vierte und alle verbeugen sich.

Pilatus lässt den Gefangenen vor den Richterstuhl treten. Er lässt die Fesseln lösen. Er fragt: „Bist du der König der Juden?" Und Jesus antwortet: „Du sagst es!" Dann ist es still.

Einen König der Juden – nein, das darf es eigentlich nicht geben, denkt Pilatus. Wir Römer sind hier die obersten Herren! Dann hört er, wie die Priester und Schriftgelehrten Jesus weiter anklagen: „Er ist gefährlich! Sehr gefährlich. Lass ihn töten!"

Pilatus betrachtet den Angeklagten, der vor ihm steht. Er fragt ihn: „Was hast du gegen die Klagen des Hohen Rates zu sagen? Rede doch!" Immer wieder fragt Pilatus. Doch Jesus sagt kein Wort. Warum sagt dieser Mann nichts? Sieht er wie ein Verbrecher aus? Pilatus wird unsicher. Hat nicht einer seiner Soldaten gesagt, dass das Volk diesen Jesus liebt? Was soll er tun?

Pilatus hört, dass sich auf dem Platz vor der Burg immer mehr Leute versammeln. Laut rufen die Menschen. Pilatus wird immer unruhiger. Ein Soldat meldet ihm: „Großer Herr, Statthalter Pontius Pilatus. Das Volk, das draußen steht, hört nicht auf zu schreien. Sie verlangen, dass du einen Gefangenen freilässt, wie an jedem Feiertag." Wieder schaut Pilatus auf Jesus. Er sieht in die strengen Gesichter der Priester und Schriftgelehrten. Das Rufen auf dem Platz vor der Burg wird immer lauter.

Und plötzlich wendet sich Pilatus von den gestrengen Männern, die vor ihm stehen, ab. Er tritt auf einen der kleinen Balkone der römischen Burg. Er schiebt Jesus, den Gefangenen, vor sich her. Zwei Soldaten blasen ihre Hörner. Augenblicklich ist es still. Alle sehen zu Pilatus hinauf. Alle hören ihm zu: „Soll ich den König der Juden, diesen Jesus für euch freilassen – als Geschenk zum Passahfest?", fragt er. Sie werden zufrieden sein, denkt er. Denn sie lieben diesen Jesus.

Da ruft ein einzelner aus der Menge, dann noch einer und noch einer: „Nein, lass Barabbas frei! Lass Barabbas frei." Es sind Priester und Schriftgelehrte, die gerufen haben. Dann aber schreit die ganze Menge: „Barabbas, Barabbas, lass ihn frei!" Sie hören nicht auf zu schreien, bis Pilatus seine Soldaten nochmals in ihre Hörner blasen lässt. Als es wieder still ist, fragt er laut: „Und was soll mit diesem Mann geschehen, den ihr den König der Juden nennt?" Er zeigt auf Jesus, der neben ihm steht. Und da rufen sie: „Kreuzige ihn, kreuzige ihn!" Pilatus erschrickt. Wie er dann weiterfragt: „Was hat er denn Böses getan?", antworten sie nicht. Sie hören gar nicht zu. Immer lauter schreien sie: „Kreuzigen, kreuzigen!"

Pilatus hat Angst vor der Volksmenge. Er zieht sich ins Innere der Burg Antonia zurück. König der Juden? denkt er. Sicher ist er gefährlich, auch für uns Römer! Und Pilatus tritt wieder auf den Balkon der Burg. Er sagt: „Ich gebe Barabbas frei." So wird Barabbas, der Mörder, freigelassen. Das Volk jubelt. Jesus aber wird von den Soldaten gepackt. „Kreuzigt ihn!", sagt Pilatus.

Alles ist sehr schnell gegangen.

Die Priester und Schriftgelehrten, die Jesus angeklagt haben, sind verschwunden. Die Soldaten werfen einen purpurroten Mantel um Jesu Schultern. Sie flechten einen Kranz aus stachligen Zweigen und drücken ihn auf seinen Kopf: eine Dornenkrone. So legen sie Jesus Königskleider an. Sie tanzen um ihn herum, sie verbeugen sich und sagen. „Gegrüßt seist du, König der Juden!" Dann lachen sie, spucken ihm ins Gesicht, schlagen ihn mit einer Peitsche, bis der Purpurmantel zerfetzt ist.

„Jetzt gilt es ernst. Er soll gekreuzigt werden", sagen die Soldaten und führen Jesus aus der Burg, durch die engen Gassen. Auf dem Platz Golgota, außerhalb der Stadt, sollen sie ihn ans Kreuz schlagen.

Pontius Pilatus bleibt allein in der Burg zurück. Vor der Burg ist es wieder ruhig. Warum hat Jesus nicht geantwortet, denkt Pilatus. Warum hat er sich nicht verteidigt? Was hat er eigentlich Böses getan? Natürlich könnte ein König der Juden für den Kaiser von Rom gefährlich werden. Aber ein solcher König? Pilatus schüttelt den Kopf. Er ist froh, dass er Jerusalem heute abend wieder verlassen kann, um in seine Burg in Cäsarea zurückzukehren. *nach Markus 15, 1-20*

Regine Schindler, aus: „Mit Gott unterwegs", bohem press, Zürich.

Golgota – Jesus stirbt am Kreuz

Im Gewühl der Gassen versucht eine Frau voranzukommen. Lastesel, beladene Menschen kommen ihr entgegen. Alle haben es eilig. „Geht es hier zum Platz Golgota?", fragt die Frau immer wieder. „Haben sie Jesus schon hinausgeführt?" Immer wieder fragt sie vergeblich. Doch endlich antwortet ein alter Mann, der am Straßenrand vor seinem Laden steht: „Schau da vorn, dort ist das Gedränge besonders groß! Siehst du den Balken, der aus der Menschenmenge herausragt? Es ist der Kreuzesbalken Jesu. Er muss ihn selbst nach Golgota tragen."

Die Frau zuckt zusammen. Aber sofort drängt sie weiter. Sie weiß jetzt, dass sie richtig verstanden hat, was die Menschenmenge vor der Burg Antonia schrie. „Kreuzigen, kreuzigen", haben sie gerufen. Auf dem Balkon zur Burg hat die Frau Jesus neben dem römischen Statthalter Pontius Pilatus gesehen.

Sie drängt weiter. Manchmal kann sie sich beinahe zu Jesus durchschlängeln. Dann wird sie wieder auf die Seite gedrückt.

Einmal schreit sie verzweifelt auf. Denn Jesus ist zusammengebrochen. Sie sieht sein blutverschmiertes Gesicht und die roten Streifen von den Peitschenschlägen. Doch die Soldaten des Pontius Pilatus stellen ihn wieder auf die Beine. Einen Bauern, der gerade vom Feld kommt, packen sie am Ärmel. „He du, bleib stehen! Trag du das Kreuz für diesen Jesus! Wir sind römische Soldaten; unsere Aufgabe ist das nicht."

Die Frau verliert Jesus und die Soldaten wieder aus den Augen. Erst später, außerhalb der Stadtmauer kommt sie schneller voran.

Und plötzlich steht sie vor dem Hügel Golgota. Starr bleibt sie stehen. Hier ragen drei Kreuze in die Luft. Am mittleren Kreuz erkennt die Frau Jesus. Sie sieht sein schmerzverzerrtes Gesicht. Beim Nähertreten entdeckt sie die Tafel, die über seinem Kopf festgenagelt ist. Darauf liest sie: „Der König der Juden".

Die Priester und Schriftgelehrten neben ihr reden laut. „Ja, da steht's, warum er gekreuzigt wurde. König der Juden hat er sich genannt! Ein schöner König ist das! Macht große Worte. Heilt Kranke. Sich selbst aber kann er nicht retten!" Auch andere, die vorbei gehen, spotten. „Zwischen zwei Räubern hängt er", sagen sie und zeigen nach links und nach rechts. Wirklich, neben Jesus hängen zwei bekannte Räuber.

Die Frau hält es nicht mehr aus. Sie will die Spötter und die Soldaten nicht mehr hören. Sie kniet hinter einem kleinen Felsen nieder, einen Steinwurf entfernt. Hier wartet sie. Sie hält nach Jesu Jüngern Ausschau. Wo sind sie? Sonst waren sie doch immer bei ihm! Immer wieder schaut sie hinüber zum mittleren Kreuz.

Während die Frau wartet, wird es plötzlich dunkel. Mitten am Tag verliert die Sonne ihre Kraft. Eine unheimliche Finsternis hüllt die Menschen, die auf dem Hügel Golgota warten, ein. Niemand spricht. Die Frau tastet sich etwas näher an die Kreuze heran. Sie möchte Jesus sehen.

Und dann hört sie seine Stimme. Laut ruft er in die Dunkelheit hinaus: „Mein Gott, mein Gott, warum hast du mich verlassen?" Und er stößt einen heftigen Schrei aus. Sein Kopf fällt zur Seite. Jesus ist tot.

Die Frau schlägt ihre Hände vors Gesicht. Sie weint. Und sie hört den römischen Hauptmann, der neben ihr steht, mit klarer Stimme sagen: „Dieser Mensch war wirklich Gottes Sohn." Erstaunt öffnet da die Frau ihre Augen. Sie sieht ins Gesicht des Hauptmanns. Sie hat jetzt keine Angst mehr vor ihm und sagt: „Ja, du hast recht. Jesus ist der Sohn Gottes. Ich weiß es. Ich kenne ihn schon lange. Ich komme wie er aus Galiläa. Ich bin Maria aus Magdala."

Maria bleibt stehen. Auch der römische Hauptmann wartet.

Später, als es wieder hell geworden ist, nehmen zwei Männer den Körper Jesu vom Kreuz. Sie umwickeln ihn mit Leinentüchern. Maria Magdalena kennt die Männer nicht. Sie gehören nicht zu den Freunden, die mit Jesus durch Galiläa gezogen sind. Sie wagt es nicht, die beiden Männer anzureden. Aber sie schaut genau zu.

Dann entdeckt Maria andere Frauen, die auch in der Nähe des Kreuzes gewartet haben. „Wir wollen wissen, wo sie unseren Freund Jesus hinlegen", sagen sie. Gemeinsam folgen die Frauen den beiden Männern, der Stadtmauer entlang, durch einen Garten. und sie sehen von weitem, dass Jesus in ein offenes Felsengrab gelegt wird. Die Männer schieben einen Stein vor die Grabhöhle.

Traurig kehren die Frauen in die Stadt zurück. Maria aus Magdala merkt sich genau, wo sie Jesus begraben haben.

nach Markus 15, 20-47

Regine Schindler, aus: „Mit Gott unterwegs", bohem press, Zürich.

Eva Bruchmann

Anfang April – wahrscheinlich im Jahr 30 – kam Jesus mit seinen Jüngern nach Jerusalem zur Feier des Passahfestes. Er hatte viele Anhänger beim einfachen Volk, aber auch mächtige Feinde unter den Priestern und den Gesetzeslehrern. Diese warteten auf eine Gelegenheit, Jesus aus dem Weg zu räumen

Die letzte Woche im Leben Jesu – eine Zusammenfassung

Die Evangelisten berichten ausführlich, jedoch zum Teil unterschiedlich, über die letzte Woche des Lebens Jesu. Zusammengefasst hat sich Folgendes ereignet:

Der Anfang der Woche:

Jesus zieht in Jerusalem ein, das Volk jubelt ihm zu. Etwas später vertreibt er die Händler und Geldwechsler aus dem Tempelbezirk. Er zieht sich den Zorn der Verantwortlichen des Tempels zu.

Mittwoch

Führende Priester und Gesetzeslehrer versammeln sich, um über die Festnahme Jesu zu beraten und zu beschließen. Judas Ischariot, einer der Jünger Jesu, macht ihnen das Angebot, ihnen bei der Verhaftung Jesu zu helfen.

Donnerstag

Jesus und seine Jünger versammeln sich abends zum Passahmahl. Sie feiern gemeinsam das Mahl.

Jesus weiß, dass einer seiner Jünger ihn verraten wird. Judas Ischariot geht weg, um den Verrat auszuführen.

Jesus und seine Jünger verlassen das Haus und die Stadt und erreichen den Garten Getsemani am Fuße des Ölbergs.

Jesus betet in der Einsamkeit. Er weiß, was auf ihn zukommt.

Ein Trupp bewaffneter Männer erscheint, um Jesus festzunehmen. Judas zeigt ihnen Jesus.

Freitag

Noch in der Nacht wird Jesus zum Haus des Obersten Priesters gebracht. Er wird vom Hohen Rat, dem höchsten jüdischen Gericht, verhört.

Nach Tagesanbruch fällt der Rat die Entscheidung, Jesus dem römischen Provinzstatthalter Pontius Pilatus zu übergeben.

Judas bereut seine Tat und nimmt sich das Leben.

Pilatus kommt zu dem Ergebnis, dass Jesus unschuldig ist, doch der jüdische Rat besteht auf der Hinrichtung Jesu.

Pilatus schickt Jesus zu Herodes Antipas, dem Landesfürsten von Galiläa, der gerade in Jerusalem weilt.

Mit Hilfe eines Volkstumultes bringen die jüdischen Führer Pilatus soweit, in Jesu Hinrichtung einzuwilligen.

Jesus wird gegeißelt und von den römischen Soldaten verhöhnt.

Wie es Brauch ist, muss Jesus den Querbalken des Kreuzes selbst zur Richtstätte schleppen. Dort wird er mit zwei anderen Gefangenen gekreuzigt.

Über seinem Kopf wird – wie üblich – eine Aufschrift befestigt, die den Grund für die Hinrichtung angibt. „Der König der Juden".

Etwa um 3 Uhr stirbt Jesus.

Die Auferstehung Jesu und ihre Bedeutung

Jesus ist nicht mehr im Grab

In der folgenden Geschichte erzählt der Evangelist Markus, wie die Freunde Jesu entdecken, dass Jesus vom Tod auferstanden ist. (Markus 16, 1-7) siehe Anhang Seite 214 ff.)

Es war noch dunkle Nacht, als die Frauen das Haus verließen. In ihren Händen trugen sie Salbentöpfe. Sie wollten nun das Letzte tun, was noch für Jesus getan werden konnte. Ihre Augen waren voller Tränen. Sie hatten gehofft, mit Jesus würde eine neue Zeit anbrechen. War nun alles so schnell wieder zu Ende?

Auf dem Weg sagte eine der Frauen: „Als wir Jesus ins Grab legten, waren Johannes und Josef von Arimathäa dabei. Die beiden haben den großen runden Stein vor den Eingang der Grabhöhle gerollt. Wer hilft uns nun, ihn wieder fortzurollen?"

Keine der drei Frauen hatte eine Ahnung, wie sie das schaffen würden. Unterdessen waren sie vor dem Grab angelangt. „Seht nur!", rief eine der Frauen. „Seht nur, der Stein!"

Jetzt sahen sie es alle. Der Stein lag nicht mehr vor dem Eingang des Grabes. Er war beiseite gerollt. Der Eingang zum Grab war offen.

Voller Ungewissheit, was wohl geschehen sein könnte, liefen sie die letzten Schritte zum Grab.

Sie sahen in ein helles Licht und nahmen eine helle Gestalt wahr.

Dann hörten sie auch eine Stimme: „Warum sucht ihr einen Lebendigen bei den Toten? Hier findet ihr Jesus nicht. Gott will, dass Jesus lebt. Er hat ihn vom Tod aufgeweckt."

Die drei Frauen blieben wie erstarrt stehen. Die Stimme fuhr fort. „Fürchtet euch nicht. Geht hin und sagt seinen Jüngern: Ihr werdet Jesus bald sehen."

Die Frauen waren ganz verwirrt. Eben noch waren sie unterwegs, um den toten Jesus zu salben. Nun hörten sie: „Jesus lebt!" War es ein Engel, der mit ihnen gesprochen hatte? „Kommt schnell, wir wollen es den Jüngern sagen", riefen die Frauen. Sie eilten zurück in die Stadt und klopften bei dem Haus an, wo die Jünger sich versteckt hielten. Sie berichteten ihnen, was sie an diesem Morgen erlebt hatten. „Ihr habt euch da etwas eingebildet", meinten einige Jünger. „Wir wissen doch, dass Jesus tot ist. Da könnt ihr doch nicht einfach behaupten, er lebt."

Nur Petrus sagte: „Ich laufe zum Grab und sehe nach." Petrus lief so schnell er konnte. Er sah das offene Grab. Es lagen nur Tücher darin, doch Jesus war dort nicht mehr zu finden. Er kehrte zu den anderen Jüngern zurück. Erregt sprachen sie miteinander darüber, was das zu bedeuten habe.

Eva Bruchmann

Die Apostel verkünden die Auferstehung

Apostel = Abgesandte, Sendboten. Es sind Männer, die von Jesus als Jünger (enge Anhänger) berufen wurden und später von ihm den Auftrag erhalten haben, der ganzen Welt zu verkünden, was sie von ihm wussten.

Das älteste Bekenntnis der Auferstehung stammt vom Apostel Paulus. Er hatte in Korinth eine christliche Gemeinde gegründet. Dort hatten nach seinem Weggang einige Leute behauptet, eine Auferstehung von Toten könne es überhaupt nicht geben. Das konnte Paulus nicht zulassen und im Jahre 56/57 schrieb er einen Brief an die Korinther, in dem er die Auferstehung bezeugte:

Denn vor allem habe ich euch überliefert, was auch ich empfangen habe.

Christus ist für unsere Sünden gestorben, gemäß der Schrift, und ist begraben worden.

Er ist am dritten Tag auferweckt worden, gemäß der Schrift, und erschien dem Kephas, dann den Zwölf.

Danach erschien er mehr als fünfhundert Brüdern zugleich; die meisten von ihnen sind noch am Leben, einige sind schon entschlafen.

Danach erschien er dem Jakobus, dann allen Aposteln.

Als letzten erschien er auch mir. *(1 Kor 15, 1-8)*

KEPHAS, ist das aramäische Wort für Fels. Gemeint ist der Apostel Petrus, das Oberhaupt der Gemeinde von Jerusalem.

Was bedeutet die Auferstehung für gläubige Christen

Was die Evangelien von der Auferstehung Jesu und von seinen Erscheinungen verkünden, darf man nicht als Reportage im heutigen Sinne ansehen. Keine Berichterstattung kann festhalten, was damals geschah. Alle Berichte, wie wir sie aus der Zeitung oder aus dem Fernsehen kennen, beschreiben nur Vorgänge, die in den Grenzen unserer Welt geschehen. Die Auferstehung aber ist der Übergang von unserer Welt in eine ganz andere Welt – in die Welt Gottes. Darüber lässt sich letztlich nur in Bildern reden. Schon das Wort „Auferstehung" ist ein Symbol. Es weist anschaulich auf ein Geschehen hin, das wir nicht begreifen können.

Christen glauben, dass die Auferstehung Jesu ein neuer Anfang ist. Kein Mensch kann wissen oder erklären, was nach dem Tod kommt. Viele Menschen hoffen, dass es in irgendeiner Form weitergeht. Der Glaube an die Auferstehung Jesu gibt ein Hoffnungsbild: Der Tod ist nicht das Ende, in irgendeiner Form, auch wenn sie nicht vorstellbar ist, geht das Leben weiter in ewiger Gemeinschaft mit Gott.

- ▶ *Was kommt nach dem Tod? Was sind eure Gedanken und Vorstellungen zu dieser Frage?*
- ▶ *Warum glauben Christen, dass der Tod nicht das Ende ist?*
- ▶ *Kennt ihr auch Vorstellungen anderer Religionen über ein Leben nach dem Tode?*

Ethische Forderungen des Christentums

Der Evangelist Markus berichtet, wie Jesus einem Schriftgelehrten antwortet, der ihn nach dem höchsten Gebot fragt (Mk12,28-31)

Das Doppelgebot der Liebe

Ein Schriftgelehrter hatte ihrem Streit zugehört; und da er bemerkt hatte, wie treffend Jesu ihnen antwortete, ging er zu ihm hin und fragte ihn: Welches Gebot ist das erste von allen? Jesus antwortete: Das erste ist: Höre Israel, der Herr, unser Gott, ist der einzige Herr. Darum sollst du den Herrn, deinen Gott, lieben mit ganzem Herzen und ganzer Seele, mit all deinen Gedanken und all deiner Kraft.
Als zweites kommt hinzu: Du sollst deinen Nächsten lieben wie dich selbst. Kein anderes Gebot ist größer als diese beiden.

- *Wen soll man nach diesen Worten Jesu lieben?*
- *Ihr habt im ersten Kapitel dieses Buches von Regeln des menschlichen Zusammenlebens gehört. Lest noch einmal die Abschnitte über die Zehn Gebote auf S. 49 und über die Goldene Regel auf S. 51 durch.*
- *Vergleicht diese Gebote und Regeln mit dem Doppelgebot der Liebe stellt euch vor, alle Menschen würden das Doppelgebot der Liebe einhalten.*

Jesus verkündet seine Lehre oft in Gleichnissen

Gleichnisse gibt es in vielen Religionen. Im Orient trifft man ständig auf diese Erzählform. Dazu gehören einfache Vergleiche, bildhafte Umschreibungen, Rätsel, Sprichwörter oder auch längere Geschichten. Manche dieser Geschichten sind Beispielerzählungen. In der Geschichte wird ein Musterbeispiel dargestellt. Dieser Musterfall fordert dann zur Nachahmung heraus.

Jesus ist ein Erzähler, der seine Zuhörer begeistert. Um seine Lehre verständlich zu machen, erzählt er oft Gleichnisse. Immer wieder erzählt Jesus vom Reich Gottes. Weil dieses Reich nicht mit einem irdischen Königreich oder einem Staat verglichen werden kann, nimmt Jesus oft Gleichnisse zu Hilfe, um das Reich Gottes zu erklären. Hier ein Beispiel:

Das Gleichnis vom Senfkorn

Er sagte: Womit sollen wir das Reich Gottes vergleichen...? Es gleicht einem Senfkorn. Dieses ist das kleinste von allen Samenkörnern, die man in die Erde sät. Ist es aber gesät, dann geht es auf und wird größer als alle anderen Gewächse und treibt große Zweige, so dass in seinem Schatten die Vögel des Himmels nisten können.

Mk 4, 30-32

Die Beispielerzählung vom barmherzigen Samariter und das Hauptgebot der Liebe

Samariter nennt man die Bewohner des Landes Samaria. Samaria liegt zwischen Galiläa und Judäa – siehe Palästinakarte S. 90

Die Juden von Jerusalem betrachteten die Samariter als Abtrünnige, die nicht nach dem reinen Glauben leben. Sie verachteten die Samariter, gingen ihnen aus dem Weg und sprachen schlecht über sie. Die Samariter opferten auch nicht im Jerusalemer Tempel. Ihr Heiligtum war auf dem Berg Garizim.

Aus dem Lukasevangelium (Lk 10, 25-37):

25 Da stand ein Gesetzeslehrer auf, und um
Jesus auf die Probe zu stellen, fragte er ihn:
Meister, was muss ich tun, um das ewige Le-
ben zu gewinnen? 26 Jesus sagte zu ihm: Was
steht im Gesetz? Was liest du dort? 27 Er ant-
wortete: Du sollst den Herrn, deinen Gott, lie-
ben mit ganzem Herzen und ganzer Seele, mit
all deiner Kraft und all deinen Gedanken und:
Deinen Nächsten sollst du lieben wie dich
selbst. 28 Jesus sagte zu ihm: Du hast richtig
geantwortet. Handle danach, und du wirst le-
ben. 29 Der Gesetzeslehrer wollte seine Frage
rechtfertigen und sagte zu Jesus: Und wer ist
mein Nächster?
30 Darauf antwortete ihm Jesus: Ein Mann
ging von Jerusalem nach Jericho hinab und
wurde von Räubern überfallen. Sie plünderten
ihn aus und schlugen ihn nieder; dann gingen
sie weg und ließen ihn halb tot liegen.
31 Zufällig kam ein Priester denselben Weg
herab; er sah ihn und ging weiter.
32 Auch ein Levit kam zu der Stelle; er sah
ihn und ging weiter. 33 Dann kam ein Mann
aus Samarien, der auf der Reise war. Als er ihn
sah, hatte er Mitleid, 34 ging zu ihm hin, goss
Öl und Wein auf seine Wunden und verband
sie. Dann hob er ihn auf sein Reittier, brachte
ihn zu einer Herberge und sorgte für ihn. 35
Am anderen Morgen holte er zwei Denare
hervor, gab sie dem Wirt und sagte: Sorge für
ihn, und wenn du mehr für ihn brauchst, wer-
de ich es dir bezahlen, wenn ich wiederkom-
me. 36 Was meinst du: Wer von diesen dreien
hat sich als der Nächste dessen erwiesen, der
von den Räubern überfallen wurde? 37 Der
Gesetzeslehrer antwortete: Der, der barmher-
zig an ihm gehandelt hat. Da sagte Jesus zu
ihm: Dann geh und handle genauso!

(Lukas 10,25–37)

Erklärungen zum Text: Jericho war eine Priester- und Levitenstadt, 27 km von Jerusalem entfernt, in der Jordansenke gelegen, eine sehr fruchtbare Oasenstadt. Leviten waren den Priestern als Gehilfen zugeteilt; sie halfen beim Schlachten und Zubereiten der Opfertiere und beaufsichtigen den Tempelbezirk. Von Priestern und Leviten wurde ein Höchstmaß an Reinheit gefordert, deshalb sollten sie möglichst Kontakte mit Sterbenden und Toten meiden. Der Weg von Jerusalem zum 1000 Meter tiefer gelegenen Jericho führte durch die höhlen- und schluchtenreiche Felswüste Juda, die berüchtigt war wegen der Hitze und wegen vieler Raubüberfälle.

- *Was kann man unter dem „Nächsten" verstehen? Welche Antwort gibt die Beispielgeschichte auf die Fragen: Wer ist mein Nächster? Was heißt Nächstenliebe?*
- *Beschreibt mit eigenen Worten das Doppelgebot der Liebe.*
- *Wo gibt es heute „barmherzige Samariter"? Beschreibt dazu einige Beispiele.*
- *Darf die Nächstenliebe den Gegner und Feind ausschließen, wenn sie sich in Not befinden? Begründet eure Antwort.*

Aufforderung zur Vergebung

Das Gleichnis vom verlorenen Sohn

In der folgenden Geschichte erzählt Jesus vom verlorenen Sohn und vom älteren Bruder. Den Originaltext (Anhang S. 214 ff.) findet ihr im Lukasevangelium (15, 11-32)

Da war ein Vater. Der hatte zwei Söhne. Eines Tages kam der jüngere Sohn zu ihm und sagte: „Vater! Gib mir das Geld, das ich von dir erben werde, jetzt schon. Ich will weg von zu Hause. Ich will meine eigenen Wege gehen." Der Vater gab ihm seinen Teil. Und der jüngere Sohn packte seine Sachen und zog in ein fernes Land. Dort lebte er in Saus und Braus. Er verschleuderte sein ganzes Geld. Und gerade als er nichts mehr hatte, brach in dem Land eine Hungersnot aus. Nun ging es dem jungen Mann schlecht. So schlecht, dass er eine Arbeit als Schweinehirt annehmen musste. Und auch dabei hatte er Hunger. Gern hätte er die Futterschoten der Schweine gegessen, aber niemand gab ihm davon.

Und jetzt begann der Junge nachzudenken: Mein Vater zu Hause hat viele Arbeiter. Sie alle haben zu essen. Mehr als genug. ich aber sterbe hier noch vor Hunger. Ich will zu meinem Vater zurückkehren und ihm sagen: Vater, ich habe die Regeln nicht eingehalten. Ich habe gesündigt gegen Gott und gegen dich. Ich bin nicht mehr wert, dein Sohn zu sein. Mach mich zu einem deiner Arbeiter.

Der Vater sah seinen Sohn von ferne kommen. Er wartete nicht lange. Er lief seinem Jungen entgegen, fiel ihm um den Hals und küsste ihn. Und als der Junge um Verzeihung bat, wollte der Vater nichts davon hören. Er gab seinem Sohn neue Kleider und veranstaltete ein großes Freudenfest. So glücklich war er, dass sein Sohn zu ihm nach Hause gekommen war.

Aber da war noch der ältere Sohn. Der war zu Hause geblieben. Er hatte jeden Tag für seinen Vater gearbeitet. Ein guter Sohn. Als er vom Feld zum Haus kam, hörte er die Musik, und man sagte ihm: „Dein Bruder ist zurückgekommen. Darum veranstaltet dein Vater ein großes Freudenfest."

Du kannst wohl verstehen, dass der ältere Sohn wütend wurde. Zornig. Er wollte nicht ins Haus gehen. Er begann zu rechnen: Noch nie hatte der Vater für ihn ein Fest veranstaltet. Und er hatte gut gearbeitet. Der Vater kam zu ihm heraus und versuchte, ihm zuzureden: „Du bist immer bei mir. Alles, was ich habe, gehört auch dir. Aber dein Bruder war tot, jetzt lebt er wieder. Er war verloren und wurde gefunden. Darum müssen wir ein Freudenfest feiern."

Damit endet die Erzählung Jesu. Wir wissen nicht, wie es weiterging.

- *Jesus hat die Geschichte nicht zu Ende erzählt. Wie verhält sich jetzt der ältere Bruder? Überlegt euch verschiedene Möglichkeiten.*
- *In seinen Gleichnissen erzählt Jesus von Gott. Wenn der Vater in der Geschichte Gott ist und die Söhne sind die Menschen, wie verhält sich dann Gott gegenüber den Menschen?*

Jesus fordert alle Menschen zur Vergebung auf

Aus dem Gleichnis vom verlorenen Sohn sehen wir, dass jeder, der Gott verlässt auch wieder zu Gott zurückkommen kann. Gott vergibt den Menschen ihre Schuld und verlangt auch von den Menschen, dass sie anderen Menschen vergeben. Wie wichtig Gott diese Aufforderung zur Vergebung ist, zeigen auch folgende Worte Jesu:

Richtet nicht, damit ihr nicht gerichtet werdet.
(Mt 7,1)

Da trat Petrus zu Jesus und fragte:
Herr, wie oft muss ich meinem Bruder vergeben,
wenn er sich gegen mich versündigt?
Siebenmal? Jesus sagte zu ihm: Nicht siebenmal,
sondern siebenundsiebzigmal.
(Mt 18,21f.)

Vater, erlass uns unsere Schulden, wie auch
wir sie unseren Schuldnern erlassen haben.
(Mt 6,12)

Wenn mir Unrecht geschieht, ...

- werde ich aggressiv
- bin ich wie gelähmt
- tut es mir sehr weh
- bin ich voller Hass
- bin ich enttäuscht und traurig
- spreche ich mit anderen darüber
- wehre ich mich dagegen
- werde ich wütend

▶ *Wie reagiert ihr im ersten Augenblick, wenn euch von anderen ein Unrecht angetan wird?*

▶ *Warum ist die Forderung Jesu, immer zur Vergebung bereit zu sein, so schwer? Welche eigenen Erfahrungen habt ihr damit schon gemacht? Denkt dabei an Beispiele aus eurer Familie, eurem Freundeskreis oder eurer Klasse.*

Die Seligpreisungen in der Bergpredigt

Die Seligpreisungen stehen am Anfang der Bergpredigt im 5. Kapitel des Matthäus-Evangeliums.

Die Bergpredigt besteht aus einer Ansammlung von Worten, die Jesus bei verschiedenen Anlässen gesprochen hat. Der Evangelist Matthäus hat sie zusammengestellt. Jesus lebt selbst vor, was er von seinen Zuhörern erwartet, so wird die Bergpredigt zur wichtigsten Grundlage christlicher Ethik. Jesus ermutigt seine Anhänger, ihr Leben zu ändern und ihm nachzufolgen.

Die Seligpreisungen nach Matthäus:

Als Jesus aber die Volksscharen sah, stieg er auf den Berg, und als er sich gesetzt hatte, traten seine Jünger zu ihm. Und er öffnete seinen Mund und lehrte sie:

Selig sind, die da geistlich arm sind;
denn ihrer ist das Himmelreich.
Selig sind, die da Leid tragen;
denn sie sollen getröstet werden.
Selig sind die Sanftmütigen;
denn sie werden das Erdreich besitzen.
Selig sind, die da hungert und dürstet
nach der Gerechtigkeit; denn sie sollen satt werden.
Selig sind die Barmherzigen;
denn sie werden Barmherzigkeit erlangen.
Selig sind, die reinen Herzens sind;
denn sie werden Gott schauen.
Selig sind die Friedfertigen;
denn sie werden Gottes Kinder heißen.
Selig sind, die um der Gerechtigkeit willen
verfolgt werden; denn ihrer ist das Himmelreich.

Anmerkung: „geistlich arm" hat nichts mit „Armut" oder „geistiger Behinderung" zu tun. „Geistliche Armut" meint hier das Gegenteil von Stolz und Selbstgefälligkeit. Es beschreibt eine Eigenschaft, die es den Menschen möglich macht, sich für das Wort Gottes zu öffnen und voller Vertrauen Gott als Lebensgrundlage anzunehmen.

- *Welche der Seligpreisungen sind für euch leicht verständlich? Beschreibt sie mit euren eigenen Worten und sucht nach Beispielen aus eurer Umgebung.*
- *Versucht gemeinsam die schwierigeren Sätze zu verstehen.*
- *Die Seligpreisungen beschreiben nicht verschiedene Menschentypen sondern Verhaltensweisen, die für alle Menschen gelten sollen. Kann man sich im alltäglichen Leben so verhalten? Begründet eure Meinung mit Beispielen!*

Die Bergpredigt Jesu – das Programm für eine bessere Welt

Was Jesus von den Menschen fordert:

... Ihr habt gehört, dass gesagt worden ist:
Auge um Auge und Zahn um Zahn.
Ich aber sage euch: Leistet dem, der euch Böses antut keinen Widerstand, sondern wenn er dich auf die rechte Wange schlägt, dann halt ihm auch die andere hin ....

... Alles, was ihr also von anderen erwartet, das tut auch ihnen! ...

... Sammelt euch nicht Schätze hier auf der Erde, wo Motte und Wurm sie zerstören, sondern sammelt euch Schätze im Himmel ...

... geh und versöhne dich zuerst mit deinem Bruder ...

Mich erbarmt des Volkes – Alemayehu Bizuneh, Äthiopien

... Wer dich bittet, dem gib, und wer von dir borgen will, den weise nicht ab ....

... Ihr könnt nicht beiden dienen, Gott und dem Mammon ....

... Richtet nicht, damit ihr nicht gerichtet werdet ....

... Liebet eure Feinde und betet für die, die euch verfolgen ....

... Zieh zuerst den Balken aus deinem Auge, dann kannst du versuchen, den Splitter aus dem Auge deines Bruders herauszuziehen ....

- ▶ *Beschreibt die einzelnen Forderungen mit euren eigenen Worten.*
- ▶ *Welche Forderungen erscheinen euch für die heutige Zeit besonders wichtig?*
- ▶ *Welche Forderungen erscheinen euch nur schwer oder gar nicht erfüllbar? Begründet euer Urteil!*
- ▶ *Wie könnten unsere Gegenwart und unsere Zukunft aussehen, wenn sich die Menschen nach diesem Programm richteten? Zeigt es an einigen ausgewählten Beispielen auf.*
- ▶ *Manche sagen, dass sich kein Mensch ganz nach der Bergpredigt richten könne. Wie denkt ihr darüber?*
- ▶ *Betrachtet das Bild genauer. Beschreibt die Menschen, die sich um Jesus versammelt haben. Überlegt, was der Künstler sich dabei gedacht hat.*

Biblisch – christliches Menschenbild

Der Mensch – Geschöpf Gottes und Gestalter der Welt

Die Geschichte von den ersten sieben Tagen

Am Anfang machte Gott den Himmel und die Erde. Die Erde aber war dunkel, und alles war von Wasser bedeckt.

Da sagte Gott: Licht, komm! Und das Licht war da. Und Gott sah: Das Licht ist gut, es ist schön. Er trennte das Licht von der Dunkelheit. Er nannte das Licht Tag und das Dunkle Nacht. Und da wurde es Abend, dann wieder Morgen: Das war der allererste Tag und die allererste Nacht in der Welt.

Und Gott sagte: Himmel, komm! Der Himmel spannte sich in großem Bogen über alles andere. Oben war der Himmelsbogen, darunter die großen Wasserfluten. So war es am zweiten Tag von Gottes Welt.

Und Gott sagte: Das Wasser soll nicht alles andere bedecken. Es soll zusammenfließen und sich sammeln. Da wurde das trockene Land sichtbar: Die Erde. Und das Wasser war im Meer, in den Seen und Flüssen. Auf dem Land aber wuchs Gras. Es wuchsen auch Bäume und Blumen. Und Gott sah, dass es gut war und schön. Es war der dritte Tag von Gottes Welt.

Und Gott sagte: Kommt, ihr Lichter, und leuchtet am Himmel, dass man euch sieht von der Erde. Komm, du großes Licht für den Tag: Sonne! Komm, du kleines Licht für die Nacht: Mond! Kommt auch ihr, Sterne! Ihr Lichter sollt anzeigen, wenn der Tag kommt, wenn es Abend und Nacht wird. Und Gott sah die Lichter: Sie waren schön und gut. Es war der vierte Tag von Gottes Welt.

Und Gott sagte: Tiere, schwimmt im Wasser und fliegt in der Luft über die Erde! Kommt ihr Fische mit den glänzenden Schuppen und ihr Seeigel mit den Stacheln, kommt ihr Vögel mit euren bunten Federn. Gott machte alle ganz verschieden und sagte: Ihr sollt Junge bekommen und das Meer und die Luft füllen. Sie waren gut und schön, die Tiere Gottes. Es war der fünfte Tag von Gottes Welt.

Und Gott sagte: Kommt, ihr glitschigen Würmer, kommt, ihr Käfer mit eurem Panzer, kommt, schnelle Hasen und ihr Katzen mit dem weichen Fell. Gott machte die Tiere alle ganz verschieden. Er sah: Sie waren gut und schön.

Und Gott sagte: Ich will Menschen machen. Sie sollen fast wie ich sein. Sie gehören ganz nahe zu mir. Und ich will bei ihnen sein. Ich gebe ihnen die Tiere, aber sie sollen sorgen für die Fische, die Vögel in der Luft, die Tiere auf dem Land. Die Menschen sollen mir helfen in meiner Welt.

Gott schuf den Mann und die Frau. Sie waren gut und schön. Und Gott sagte: Ich habe euch als Mann und Frau geschaffen, als Mutter und Vater. Ihr sollt euch lieb haben. Ihr sollt Kinder bekommen, so dass es immer mehr Menschen gibt. Ich habe euch genug zu Essen gegeben: Schaut, was alles wächst rund um euch. Das könnt ihr brauchen: Körner, Nüsse und saftige grüne Blätter.

Und Gott schaute auf alles, was er gemacht hatte. Und er sagte: Alles ist sehr schön und sehr gut. Es war der sechste Tag von Gottes Welt.

Am nächsten Tag aber, als die Sonne aufging, sagte Gott: Ich habe die ganze Welt gemacht. Alles ist nun geschaffen. Heute will ich ausruhen. Heute ist ein besonderer Tag, ein Ruhetag. Auch diesen Tag habe ich gemacht. Er ist gut und schön. Das war der siebte Tag von Gottes Welt.

Das ist die erste Geschichte vom Himmel und von der Erde, die Geschichte von den ersten sieben Tagen. Es ist die erste Geschichte der Bibel.

Genesis / 1.Mose 1

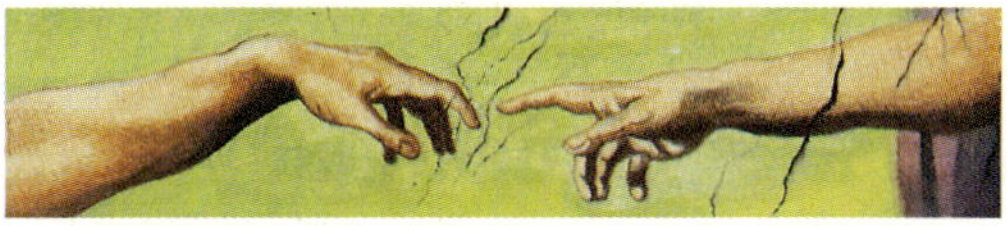

Die Schöpfung hat den Maler Michelangelo (15.Jh.) zu seinen schönsten Bildern angeregt. Der Bildausschnitt zeigt, wie Adam durch die Berührung mit Gott zu einem lebendigen Wesen wird.

Regine Schindler, aus: „Mit Gott unterwegs", bohem press, Zürich.

Geschaffen – nicht von selbst entstanden

Die Bibel beginnt mit zwei Schöpfungsgeschichten. Sie stehen beide im 1. Buch Moses.

Das Fachwort für Werden, Entstehen, Ursprung ist Genesis. Deshalb werden die beiden Geschichten auch mit Genesis 1 und Genesis 2 bezeichnet.

Beide Erzählungen sind keine naturwissenschaftlichen Berichte. Sie wollen uns nicht sagen, was sich wirklich abgespielt hat. Das kann kein Mensch wissen. Die „7 Tage der Erschaffung der Welt" der ersten Schöpfungsgeschichte sind nicht die sieben ersten Tage unserer Welt. Ihr könnt sie euch erklären als 7 Bilder, die uns vom Ursprung der Welt erzählen. Sie wollen uns sagen, dass die Welt nicht zufällig aus sich selbst entstanden ist, sondern dass Gott sie gewollt und geschaffen hat. Es sind Bilder, die uns zeigen, dass die Welt kein völliges Durcheinander, kein Chaos, ist, sondern ein Kosmos, eine geordnete Welt.

Ihr könnt euch die „7 Tage" auch vorstellen als „7 Strophen" eines Lobliedes auf die Schönheit und die Ordnung der von Gott geschaffenen Welt.

Das geordnete Weltall in der Vorstellung der Menschen der Bibel

Für die Menschen alter Zeiten sind die Bilder, die sie sich von der Welt machten, mehr als nur Erklärungsversuche. Es sind Versuche, die Bedeutung und den Sinn ihres Lebens herauszufinden.

Dazu war nicht wichtig, was sie wussten, sondern welche Erfahrungen sie mit dem Leben, mit der Erde, mit den Naturgewalten, mit Sonne, Mond und Sternen machen konnten. Wir haben heute viel mehr Wissen über das Universum, Satelliten umkreisen die Erde, Menschen sind auf dem Mond gelandet und trotzdem fragen wir heute immer noch nach dem Sinn unseres Lebens.

Für die Menschen der Bibel ist die Erde flach und von Meeren umgeben. Wasser aus Brunnen und Quellen ist in der Tiefe der Erde und über der Erde, das als Regen herabkommt. Dazwischen ist die Luft zum Leben. Im Wasser ist die Erde auf Pfeilern befestigt und vor dem oberen Wasser schützt uns das Firmament. Mit diesem Weltbild wollten die Menschen der alten Welt nicht erklären, wie alles ist, sondern sie wollen sagen, dass die Erde, das Wasser, die Luft und das Licht die Grundlagen unseres Lebens sind. Ohne die Ordnung in diesem Lebensraum können wir Menschen nicht leben.

- ► *Vergleicht die Vorstellungen der Menschen der Bibel von der Erde mit unserem heutigen Wissen.*
- ► *Wie versteht ihr den letzten Satz des obenstehenden Textes? Welche Verpflichtung ergibt sich daraus für die Menschen?*

Die Geschichte von Adam und Eva

(Aus der zweiten Schöpfungsgeschichte, Gen 2, 7-23, siehe Anhang S. 214 ff.)

Da formte Gott, der Herr, den Menschen aus Erde vom Ackerboden und blies in seine Nase den Lebensatem. So wurde der Mensch zu einem lebendigen Wesen.

Dann legte Gott, der Herr, in Eden, im Osten, einen Garten an, und setzte dorthin den Menschen, den er geformt hatte ... damit er ihn bebaue und hüte.

Dann gebot Gott, der Herr, dem Menschen: Von allen Bäumen des Gartens darfst du essen, doch vom Baum der Erkenntnis von Gut und Böse darfst du nicht essen; denn sobald du davon isst, wirst du sterben.

Dann sprach Gott, der Herr: Es ist nicht gut, dass der Mensch allein bleibt. Ich will ihm eine Hilfe machen, die ihm entspricht ...

Da ließ Gott, der Herr, einen tiefen Schlaf auf den Menschen fallen ... nahm eine seiner Rippen und verschloss ihre Stelle mit Fleisch. Gott, der Herr, baute aus der Rippe ... eine Frau und führte sie dem Menschen zu, und der Mensch sprach: Das endlich ist Bein von meinem Bein und Fleisch von meinem Fleisch. Frau soll sie heißen, denn vom Mann ist sie genommen ...

Die zweite Schöpfungsgeschichte ist vor der ersten aufgeschrieben worden. Hier steht der Mensch ganz im Mittelpunkt. Aus der Geschichte von Adam und Eva können wir nicht erfahren, wer die ersten Menschen auf der Erde waren. Wir wissen heute, dass die ersten Menschen nicht als fertige Wesen in die Welt hineingestellt wurden, sondern dass sie sich in riesigen Zeiträumen allmählich aus tierischen Vorfahren entwickelt haben.

„Adam" bedeutet „der Mensch", wörtlich übersetzt „der von der Erde genommene". „Eva" bedeutet „die Lebengebende". Mit Adam ist jeder Mensch gemeint, ob Mann oder Frau. Eva meint die Frau, die zum Mann gehört und mit ihm zusammen der ganze Mensch ist. Deshalb ist sie aus Adam entstanden.

Adam und Eva leben im Garten Eden. Damit ist der Lebensraum gemeint, den Gott den Menschen geschaffen hat.

Die Geschichte von Adam und Eva beschreibt nicht, wie die Menschen entstanden sind, sondern wer der Mensch ist:

Der Mensch ist ein irdisches Wesen, das zur Erde gehört. Er lebt durch den Hauch Gottes in einem Lebensraum, den Gott ihm gegeben hat. Für diesen Lebensraum hat der Mensch eine Verantwortung. Der Mensch darf diesen Lebensraum verändern und gestalten, er muss ihn aber auch behüten und erhalten. Erst in der Einheit von Mann und Frau wird der Mensch vollständig. Mann und Frau sind einander Hilfe. Gott schenkt dem Menschen Freiheit. Freiheit gibt es aber erst, wenn es ein Gebot gibt. Gott gibt dem Menschen dieses Gebot und lässt ihm die Möglichkeit, es einzuhalten oder es zu übertreten.

Der Mensch und seine Schuld

Die Geschichte vom Sündenfall

(nacherzählt nach Genesis 3, siehe Anhang S. 214 ff.)

Zusammen lebten sie im Paradiesgarten. Sie waren nackt. Aber sie schämten sich nicht.

Mitten im Garten stand der Baum Gottes. Die beiden Menschen wussten: Von diesem Baum dürfen wir keine Frucht essen – sonst müssen wir sterben. Sie wussten nicht, was sterben ist. Aber sie aßen nicht von dem Baum.

Plötzlich war eine Schlange da. Sie sagte zur Frau: „Iss doch von den Früchten des Baumes. Es stimmt nicht, dass ihr sterben müsst. Aber wenn ihr von diesem Baum esst, wisst ihr nachher alles – ihr wisst so viel wie Gott!"

Da hatte die Frau plötzlich große Lust auf die schönen Früchte des verbotenen Baumes. Alles wissen wie Gott – ja, das wollte sie! Sie pflückte eine Frucht und biss hinein. Und der Mann schaute ihr zu. Und auch er hatte Lust und wollte alles wissen wie Gott. Darum hielt die Frau dem Mann die Frucht hin, und auch er biss davon ab.

Die beiden Menschen starben nicht. Aber alles war jetzt anders. Nicht mehr wie vorher. Sie merkten, dass sie nackt waren. Sie schämten sich und machten sich Kleider aus Feigenblättern. Und abends, als es kühl geworden war, hörten sie, dass Gott durch den Paradiesgarten ging. Sie versteckten sich. Sie hatten Angst. Und die Angst war ganz neu für sie.

Gott rief sie. Er wusste, wo der Mann und die Frau waren. „Ihr habt von meinem Baum gegessen. Darum wisst ihr, dass ihr nackt seid. Darum habt ihr Angst." Und Gott sagte zur Frau: „Weil du das gemacht hast, wirst du Schmerzen haben, wenn du Kinder bekommst. Du hast deinen Mann lieb; aber er wird über dich herrschen." Und zum Mann sagte Gott: „Weil du von meinem Baum gegessen hast, lasse ich stachliges Unkraut auf dem Feld wachsen. Du musst es ausreißen und arbeiten, dass dir der Schweiß von der Stirn läuft, bis du alt bist und stirbst. Dann wirst du wieder zu Erde." Und zur Schlange sagte Gott: „Du sollst immer auf dem Boden kriechen, weil du zur Frau gesagt hast: Iss von diesem Baum! Im Staub sollst du kriechen – ich gebe dir keine Beine wie anderen Tieren."

Weil die beiden Menschen von dem Baum gegessen hatten, schickte Gott sie aus dem Paradies, in eine Gegend, wo es keinen Garten gab, in dem alles von selber wuchs. Sie mussten hacken, säen, pflanzen. Am Eingang des Paradiesgartens aber standen zwei Engel mit Schwertern aus Flammen. Die Menschen konnten nicht mehr zurück ins Paradies. Bevor sie den Paradiesgarten verlassen mussten, machte Gott der Frau und dem Mann warme Kleider aus Fellen. Da wussten sie: Gott hat uns immer noch lieb. Er sorgt für uns.

Der erste Mann hieß Adam. Die Frau hieß Eva.

Regine Schindler, aus: „Mit Gott unterwegs", bohem press, Zürich.

Die Verführung durch die Schlange

Die Schlange als Symbol

So ist verflucht der Ackerboden deinetwegen. Unter Mühsal wirst du von ihm essen alle Tage deines Lebens. Dornen und Disteln lässt er dir wachsen, und die Pflanzen des Feldes musst du essen. im Schweiße deines Angesichts sollst du dein Brot essen, bis du zurückkehrst zum Ackerboden; von ihm bist du ja genommen. Denn Staub bist du, zum Staub musst du zurück.

Gen 3, 17-19

Ein Symbol ist ein Kennzeichen oder ein Sinnbild. Solche Sinnbilder verwenden wir, um etwas besonders Schwieriges zu erklären, oder um etwas zu beschreiben, was wir mit unseren Sinnen gar nicht wahrnehmen können. In vielen Religionen ist die Schlange ein wichtiges Symbol. Weil die Menschen von der Schlange wissen, dass ihr Gift den Menschen töten, in geringen Mengen aber auch heilen kann, wird die Schlange zum Symbol für heilbringende oder für todbringende Gottheiten. Das Symbol der Schlange zeigt, dass Leben und Tod eng zusammengehören.

Die Schlange kann durch ihr Gift über Leben und Tod entscheiden, also weiß sie auch über Leben und Tod Bescheid und gilt deshalb als besonders kluges Tier. Sie wird zu einem Symbol für die Weisheit.

In der biblischen Verführungsgeschichte ist die Schlange keine Gottheit, sondern ein Geschöpf, das den Menschen auf die Probe stellt. Es lässt ihn wählen zwischen einem Leben mit Gott oder einer Loslösung von Gott. Weil die Schlange dem Menschen vormacht, dass das Leben ohne Gott das bessere Leben sei, kann sie den Menschen beeinflussen.

Die Antwort auf uralte Menschheitsfragen

Mit der Geschichte von der Verführung des Menschen durch die Schlange beantwortet der Verfasser uralte Menschheitsfragen:

Warum werden Menschen krank? Warum müssen sie leiden und sterben?
Warum ist es mit Schmerzen verbunden, wenn neues Leben geboren wird?
Warum ist die tägliche Arbeit so mühselig?
Warum streiten, hassen und töten sich Menschen?
Warum herrschen Menschen über Menschen?
Warum vertreiben sich Menschen aus ihrem Lebensraum?

Die Antwort der biblischen Geschichte:

Der Text auf Seite 122 ist ein ausführlicher Abschnitt aus der Geschichte vom Sündenfall. Mit anschaulichen Bildern malt der Verfasser aus, wie es kommt, wenn Menschen sich von Gott lösen und selbst die Erde beherrschen wollen.

Das Verbot Gottes gibt dem Menschen die Freiheit. Er kann sich auch gegen Gott entscheiden. Der Mensch vertraut Gott nicht. Er lässt sich verführen, sein Leben ganz in die eigene Hand zunehmen. Er will alles wissen, um sein eigener Herr zu sein. Am schwerwiegendsten ist es, dass er die Welt beherrschen und über die Mitmenschen herrschen will.

Das hat sein Leben zerstört, hat ihn aus dem Paradies vertrieben .

▶ *Nach der Bibel wurden Menschen schuldig, weil sie über sich und die Welt herrschen wollten. Die Geschichte dieser Menschenschuld zieht sich bis in unsere Gegenwart. Sammelt entsprechende Berichte aus Zeitungen, Zeitschriften, dem Fernsehen oder aus dem Internet und fasst sie in einer Collage zusammen.*

Kain, wo ist dein Bruder?

(nacherzählt nach Gen 4, siehe Anhang S. 214 ff.)

Adam und Eva blieben immer zusammen. Sie hatten sich sehr lieb.

Bald erwartete Eva ihr erstes Kind. Sie bekam einen Sohn. Sie nannten ihn Kain. Es war das erste Kind der Erde. Eva freute sich sehr und dankte Gott: „Gott, du hast mir geholfen – es ist wunderbar, ein Kind zu haben. Ich danke dir." Und später bekam Eva einen zweiten Sohn. Er hieß Abel.

Die beiden Söhne wurden groß und kräftig. Abel zog mit den Schafen seines Vaters von Weideplatz zu Weideplatz. Er war Hirte. Kain arbeitete auf dem Feld. Er pflügte, säte und erntete. Er war Bauer.

Kain und Abel wussten, dass Gott sie behütete. Beide Brüder wollten sich bei Gott bedanken für alles Gute. „Gott, ich danke dir für deine Hilfe; ich bringe dir ein Opfer", sagte Abel. „Schau auf diese Schafe – ich möchte dir eines schenken. Ich verbrenne es für dich." Auch Kain redete mit Gott: „Gott, ich danke dir für deine Hilfe; ich bringe dir ein Opfer. Schau auf dieses Kornfeld – ich möchte dir einen Teil der Ernte schenken. ich verbrenne diese Garben für dich." Beide Brüder opferten.

Darauf wurde die Herde Abels größer. Die Schafe bekamen Junge; sie wurden immer kräftiger. „Gott hat freundlich auf mein Opfer geschaut. Er hat mich gehört", sagte Abel. Er freute sich.

Kains Kornfeld wuchs in diesem Jahr nicht gut. Kain wurde böse. „Warum schaut Gott nur auf Abel und seine Tiere? Mich hat er vergessen; mein Opfer hat er nicht angeschaut – das ist ungerecht", sagte er.

Gott sah Kains grimmiges Gesicht. „Hörst du mich, Kain? Ich habe dich nicht vergessen. Nimm dich zusammen und sei nicht zornig!"

Kain aber konnte nicht verstehen, warum Gott Abels Herde groß und stark gemacht hatte. Ist Gott mein mageres Kornfeld gleichgültig? dachte er. Er war eifersüchtig. „Mein Bruder hat es besser als ich." Kain war wütend. Er sagte zu seinem Bruder: „Abel, komm doch mit mir hinaus zu meinem Kornfeld." Dort schlug Kain seinen Bruder. Er schlug ihn mit ganzer Kraft, bis Abel hinfiel und sich nicht mehr bewegte. Abel war tot.

Da hörte Kain die Stimme Gottes: „Wo ist dein Bruder Abel?" Kain antwortete: „Ich weiß es nicht. Muss ich denn auf meinen Bruder aufpassen?" Doch Gott sagte: „Du hast deinen Bruder getötet. Du hast sein Leben zerstört, weil du neidisch warst. Auf deinem Acker und auf all deinen Feldern soll nichts mehr wachsen. Geh weg von hier, Kain, fliehe! Du kannst nicht hier bleiben, wo du deinen Bruder getötet hast!"

Kain erschrak. Musste er wirklich alles verlassen, was er kannte? In der Welt umherirren als ein Flüchtling? Seine Eltern, die Äcker, Felder und Herden nie mehr sehen? Er hatte Angst. Er hatte Angst, dass auch ihn jemand töten könnte. So, wie er Abel getötet hatte. Gott aber sagte: „Ich werde dich beschützen und nicht zulassen, dass dich jemand tötet. Ich setze ein Zeichen auf deine Stirn. Durch dieses Zeichen bist du sicher. Niemand kann dich umbringen."

Da wusste Kain: Gott ist zornig; aber er hat mich immer noch lieb. Er sorgt für mich.

Regine Schindler, aus: „Mit Gott unterwegs", bohem press, Zürich.

Die nebenstehende Geschichte von Kain und Abel beginnt damit, dass der Mensch unbedingt an erster Stelle stehen will. Er kann es nicht ertragen, wenn er zurückgesetzt wird. Er wird neidisch und feindselig, wenn das Leben seines Bruders von Gott mehr beachtet wird.

Gott verlangt, dass der Mensch auf sein eigenes Leben schaut und es achtet. Wie wertvoll das eigene Leben ist, kann man nicht herausfinden, indem man es mit anderen vergleicht. Wenn Menschen aus Angst, der andere könnte im Vorteil sein, einander hassen und bekämpfen, dann werden sie zu Sündern, weil sie Gottes Willen nicht beachten.

Der Gott, der auch die Sünder liebt

In der jüdischen Bibel (Altes Testament) und in der christlichen Bibel gibt es viele Geschichten, die erzählen, dass Gott dem Sünder gnädig ist, dass er ihm verzeiht.

Am Ende der Geschichte von Kain und Abel erfahren wir, dass Gott auch den Brudermörder Kain schützt und jedem Rache androht, der Kains Leben gefährdet. Gott lässt auch den nicht fallen, der dem Mitmenschen Gewalt angetan hat.

Im Neuen Testament erzählt Jesus die Geschichte „Vom Pharisäer und Zöllner". Gott schätzt den sündigen Zöllner viel höher ein, als den selbstgerechten Pharisäer.

Das Beispiel vom Pharisäer und vom Zöllner

Einigen, die von ihrer eigenen Gerechtigkeit überzeugt waren und die anderen verachteten, erzählte Jesus dieses Beispiel:
Zwei Männer gingen zum Tempel hinauf, um zu beten; der eine war ein Pharisäer, der andere ein Zöllner. Der Pharisäer stellte sich hin und sprach leise dieses Gebet: „Gott, ich danke dir, dass ich nicht wie die anderen Menschen bin, die Räuber, Betrüger, Ehebrecher oder auch wie dieser Zöllner dort. Ich faste zweimal in der Woche und gebe dem Tempel den zehnten Teil meines ganzen Einkommens." Der Zöllner aber blieb ganz hinten stehen und wagte nicht einmal, seine Augen zum Himmel zu erheben, sondern schlug sich an die Brust und betete: „Gott, sei mir Sünder gnädig!" Ich sage euch: Dieser kehrte als Gerechter nach Hause zurück, der andere nicht. Denn wer sich selbst erhöht, wird erniedrigt, wer sich aber selbst erniedrigt, wird erhöht werden.

(Lukas 18, 9-14)

Jeder Mensch macht von Kindheit an Erfahrungen mit Schuld.

- *Hast du dich schon einmal schuldig gefühlt?*
  unschuldig gefühlt?
  mitschuldig gefühlt?
- *Hast du schon einmal eine Schuld zugegeben?*
  eine Schuld abgestritten?
  eine Schuld auf dich genommen?
  anderen Schuld zugewiesen?
  eine Schuld vergeben?
- *Sprecht über Erlebnisse und Erfahrungen zu diesem Thema.*
- *Was ist für euch leichter auszuhalten, was fällt schwerer? Wie fühlt man sich danach?*

Der Jahreslauf und seine Höhepunkte

Unser Kalender als Gliederung des Jahresablaufs

Bereits in frühesten Zeiten versuchten die Menschen die Zeit zu regeln. Vor allem die alten Ägypter machten sich um die Ordnung der Zeit verdient. Der Tag war für sie das Zeitmaß, auf dem sie aufbauen konnten. Dieser begann für sie mit dem Sonnenaufgang.

Beobachtungen des Erdumlaufs um die Sonne und der einzelnen Mondphasen zogen sie in ihre Bestimmung der Zeit mit ein. Der Tag war als kleinste Einheit am leichtesten zu berechnen. Es war die Zeit, die die Erde braucht, um sich einmal um ihre eigene Achse zu drehen.

Januar					
	2	9	16	23	30
	3	10	17	24	31
	4	11	18	25	
	5	12	19	26	
	6	13	20	27	
	7	14	21	28	
1	8	15	22	29	

Februar				
	6	13	20	27
	7	14	21	28
1	8	15	22	29
2	9	16	23	
3	10	17	24	
4	11	18	25	
5	12	19	26	

März				
	6	13	20	27
	7	14	21	28
1	8	15	22	29
2	9	16	23	30
3	10	17	24	31
4	11	18	25	
5	12	19	26	

April				
	3	10	17	24
	4	11	18	25
	5	12	19	26
	6	13	20	27
	7	14	21	28
1	8	15	22	29
2	9	16	23	30

Mai				
1	8	15	22	29
2	9	16	23	30
3	10	17	24	31
4	11	18	25	
5	12	19	26	
6	13	20	27	
7	14	21	28	

Juni				
	5	12	19	26
	6	13	20	27
	7	14	21	28
1	8	15	22	29
2	9	16	23	30
3	10	17	24	
4	11	18	25	

Juli					
	3	10	17	24	31
	4	11	18	25	
	5	12	19	26	
	6	13	20	27	
	7	14	21	28	
1	8	15	22	29	
2	9	16	23	30	

August				
	7	14	21	28
1	8	15	22	29
2	9	16	23	30
3	10	17	24	31
4	11	18	25	
5	12	19	26	
6	13	20	27	

September				
	4	11	18	25
	5	12	19	26
	6	13	20	27
	7	14	21	28
1	8	15	22	29
2	9	16	23	30
3	10	17	24	

Oktober					
	2	9	16	23	30
	3	10	17	24	31
	4	11	18	25	
	5	12	19	26	
	6	13	20	27	
	7	14	21	28	
1	8	15	22	29	

November				
	6	13	20	27
	7	14	21	28
1	8	15	22	29
2	9	16	23	30
3	10	17	24	
4	11	18	25	
5	12	19	26	

Dezember				
	4	11	18	25
	5	12	19	26
	6	13	20	27
	7	14	21	28
1	8	15	22	29
2	9	16	23	30
3	10	17	24	31

- ▶ *Was kann man dieser Jahresübersicht entnehmen, worüber gibt sie keine Auskunft?*
- ▶ *Womit verbindet ihr folgende Daten: 1.1., 1.5., 3.10., 31.10., 1.11., 24.12., 25./26.12., 31.12., 16.4., 28.7. und 29.2.?*
- ▶ *Überlegt, wie der Kalender unsere Lebensgestaltung bestimmt.*

Der Fluss der Zeit kennt scheinbar kein Aufhalten.

KALENDER (lat. Calendulae = ausrufen) ist eine Zusammenstellung der Zeitrechnung. Herkömmliche Kalender verzeichnen die Tage, Wochen und Monate eines Jahres mit ihren wichtigsten Fest-, Feier- und Gedenktagen.

Nachdem der Tag als kleinste Einheit festgelegt war, fügte man die Tage zu einer Woche zusammen. Sie ist nach dem Tag das nächstgrößere Zeitmaß, das unseren Kalender bestimmt. Dass sie 7 Tage dauert, wissen wir aus der Schöpfungsgeschichte des Alten Testaments. Die Siebenzahl der Wochentage wurde auch schon frühzeitig mit den 7 Planeten in Verbindung gebracht, denen die alten priesterlichen Sternengucker, zusammen mit der antiken Götterwelt, Ausstrahlung und Einflüsse auf das tägliche Leben zuschrieben.

Daher finden wir in den Kalendern oft auch die alten Symbolzeichen der Götter eingezeichnet. Die germanischen Völker haben später diese Tagesbedeutungen mit ihrer Götterwelt und ihrer Sprache in Verbindung gebracht. So entstand Montag nach Mond, Dienstag nach Tyr, Diu oder Ziu, dem germanischen Kriegsgott, Donnerstag nach Donar und Freitag nach Freya. Mit Mittwoch bezeichnete man die Wochenmitte und mit Sonnabend den Tag vor dem Sonntag.

Eigentlich und ursprünglich ist wohl der Monat die Zeitspanne gewesen, in welcher der Mond seinen Lauf um die Erde vollendete. Aber heller als er und schließlich siegreich leuchtete die Sonne den Kalendergestaltern in ihre Rechnung hinein.

Ebenso klar wie die Mondperiode von etwas über 29 Tagen erkannte man, dass der Jahreslauf der Sonne von einer Frühjahrs-Tagundnachtgleiche bis zur nächsten etwa 365 Tage währt. Es hat ein jahrhundertelanges Kopfzerbrechen und langwierige Auseinandersetzungen gekostet, weil man diese beiden Zeitmaße nicht auf einen Nenner bringen konnte.

Ein Jahr, das ist ein kompletter Umlauf der Erde um die Sonne. Das sogenannte astronomische Jahr dauert 365 Tage, 5 Stunden, 48 Minuten und 45,5 Sekunden. Unser Kalenderjahr hat aber nur 365 Tage. Um die fehlende Zeit auszugleichen, gibt es alle 4 Jahre einen zusätzlichen Tag, den 29. Februar.

Aber nicht in allen Ländern haben die Kalender so viele Tage. In einigen Ländern richtet man sich nach dem sogenannten Mondjahr. Dieses Jahr hat nur 354 Tage. Eine solche Einteilung findet man in jüdischen und muslimischen Kalendern.

▶ *Was sagen euch der 21.6. und 21.12. eines jeden Jahres?*

Der bestrafte Ehrgeiz des Mondes

Ursprünglich waren Sonne und Mond gleich groß. Gleiche Leuchtkraft, gleiche Herrschaft und gleiche Macht waren beiden verliehen. Wenn das eine Licht unterging, sollte das andere mit unveränderter Helligkeit erstrahlen und seine Lichtbahn wandeln am Firmament. Das konnte der Mond nicht ertragen. Ihn schmerzte es, dass neben ihm eine gleiche Größe vorhanden sein sollte. So nahte er dem Thron des Allmächtigen.

„Herr der Welt", begann er, „können zwei Könige dieselbe Krone benutzen? Können in einem Reich zwei gleich Mächtige nebeneinander regieren? Verlangt nicht deine ganze Weltordnung, dass sich einer dem anderen unterordnet?"

„Darum mögest du kleiner werden", erwiderte ihm der Ewige, „und dein Licht erst von der höherstehenden Sonne empfangen."

So blieb die Sonne das große Licht, der Mond aber erlosch und wurde ein kleiner Himmelskörper und leuchtet nur mit den Strahlen, die er von der mächtigen Sonne erhält. Aber der Mond wollte sich damit nicht begnügen und wandte ein: „Herr der Welt, soll ich mich deshalb vermindern, weil ich vor dir eine richtige Sache gesprochen habe?"

Da tröstete ihn Gott und sagte. „Sooft du in der Nacht am Himmel erscheinen wirst, werden dich Myriaden* Sterne wie Trabanten einen Fürsten begleiten und überdies werden die Israeliten Tage und Jahre nach dir berechnen."

(Jüdisches Märchen)

*Myraden – unzählbare Menge, Unzahl (griech.)

► *Diese drei Bilder und die Geschichte sollen dazu anregen, euch selbst eine (Bilder)-Geschichte zu dieser Thematik auszudenken.*

- *Löst das Bilderrätsel! Jedes Bildchen stellt einen Monat dar und liefert einen Buchstaben bzw.eine Zahl, die für den jeweiligen Buchstaben im Monatsnamen steht. Wenn ihr die richtige Reihenfolge ermittelt habt, erhaltet ihr ein Lieblingswort von Schülern und Lehrern.*
- *Gestaltet euren persönlichen Kalender für das Jahr.*

Die Rose in vier Jahreszeiten

Die Blätter an meinem Kalender

Die Blätter an meinem Kalender,
die sind im Frühling klein
und kriegen goldene Ränder
vom Märzensonnenschein.

Im Sommer sind sie grüner,
im Sommer sind sie fest,
die braunen Haselhühner
erbaun sich drin ihr Nest.

Im Herbst ist Wolkenwetter,
und Sonnenschein wird knapp,
da falln die Kalenderblätter,
bums, ab.

Im Winter, wenn die Zeiten hart,
hat es sich auskalendert.
Ich sitze vor der Wand und wart,
dass sich das Wetter ändert.

Peter Hacks

▶ *Peter Hacks hat in den vier Strophen seines Gedichtes eine andere Jahreseinteilung vorgenommen. Wie sieht er die einzelnen Abschnitte?*

Die vier Jahreszeiten

Der Frühling

Mit duftenden Veilchen komm ich gezogen,
auf holzbraunen Käfern komm ich gebrummt,
mit singenden Schwalben komm ich geflogen,
auf goldenen Bienen komm ich gesummt.
Jedermann fragt sich, wie das geschah:
Auf einmal bin ich da!

Der Sommer

Ich bin der Sommer. In erbsgrünen Hosen,
kirschenrotem Wams zieh ich lustig einher.
Heb ich den Finger, blühen die Rosen.
Heb ich die Hand, rauscht die Welle im Meer.
Spiel ich die Flöte, tanzt der Delphin,
duftet's nach Wiesengrund und nach Jasmin.

Der Herbst

Ich bin, das lässt sich nicht bestreiten,
die herbste aller Jahreszeiten:
Rauhe Winde, scharf wie Säbel,
welke Wälder, graue Nebel.
Die Vögel klagen leise, leise
und gehen auf die Winterreise.
Dann lischt die Sommersonne aus.
Holt eure Gummischuhe raus!

Der Winter

Die Pelzkappe voll mit schneeigen Tupfen,
behäng ich die Bäume mit hellem Kristall.
Ich bringe die Weihnacht und bringe den Schnupfen,
Sylvester und Halsweh und Karneval.
Ich komme mit Schlitten aus Nord und Nord-Ost.
– Gestatten Sie: Winter. Mit Vornamen: Frost.

Mascha Kaleko

- *Findet heraus, womit man die vier Jahreszeiten vergleichen kann.*
- *Bildet Gruppen und sammelt Argumente für eure Lieblingsjahreszeit.*
- *Wie werden die Jahreszeiten in Kunst, Musik und Literatur dargestellt? Sucht Beispiele und stellt diese in der Ethikgruppe vor!*

BAUERNREGELN, auch Volkswetterregeln, dazu gehören Merksprüche (häufig als Vers) der Wettervorhersage und der Ernteweissagung, Tages- und Monatsregeln, Gewittersprüche, Tier- und Pflanzendeutungen. Bauernregeln beruhen auf örtlichen Wetterbeobachtungen für bestimmte Tage, die auch Lostage genannt werden. Sie stimmen oft recht gut mit den meteorologischen Erkenntnissen überein.

Bauernregeln

Im Jänner viel Regen, wenig Schnee
tut Saaten, Wiesen und Bäumen weh.

Im Februar ist besser, zwei Fuß tiefen Schnee
auf dem Miste zu sehen,
als einen Mann in Hemdsärmeln.

Wenn der März Wind bringt
und der April Regen streut,
so folgt ein Mai, der das Herz erfreut.

Wenn der April wie ein Löwe kommt,
so geht er wie ein Lamm.

Den Maien voll Wind
begehrt das Bauerngesind.

Wenn im Juni Nordwind weht,
das Korn zur Ernte trefflich steht.

Wenn im Juli die Ameisen ungewöhnlich tragen,
wollen sie einen frühen und harten Winter ansagen.

August soll sein ein Augentrost,
macht zeitig Korn und Most.

Wenn der September noch donnern kann,
so setzen die Bäume viel Blüten an.

Sitzt im Oktober das Laub noch fest auf dem Baum,
fehlt ein strenger Winter kaum.

Hat im November die Buche noch ihren Saft,
so wird der Regen stärker als der Sonne Kraft.

Christmond im Dreck
macht der Gesundheit ein Leck.

Der Winter ist ein hungriger Mann;
der fragt: Was hast du im Sommer getan?

- ▶ *Gebt den Inhalt der Bauernregeln mit eigenen Worten wieder!*
- ▶ *Haben Aussagen, die vor Jahrhunderten von Bauern getroffen wurden, im Zeitalter modernster Technik überhaupt noch Gültigkeit?*
- ▶ *Woran könnte es liegen, dass die Regeln manchmal nicht mehr zutreffen?*
- ▶ *Kennt ihr weitere Wetterregeln? Schreibt sie auf und erläutert sie!*

Wochenplan

Schüler einer 5. Klasse wurden aufgefordert, einen Stundenplan nach Wunsch aufzuschreiben. Die Unterrichtsplanung von Tina sieht so aus:

	Montag	Dienstag	Mittwoch	Donnerstag	Freitag
1.	–	–	–	–	–
2.	–	Englisch	Englisch	Deutsch	Deutsch
3.	Englisch	Deutsch	Deutsch	Englisch	Englisch
4.	Deutsch	Mathematik	Geschichte	Biologie	Ethik
5.	Musik	Geschichte	Ethik	Mathematik	–
6.	Zeichnen	Zeichnen	Musik	Sport	–
7.	Sport	Sport	–	Sport	–

▶ *Sucht nach Gründen für ihre Entscheidung!*
▶ *Stelle „deinen" Lieblings-Stundenplan auf und erläutere ihn!*

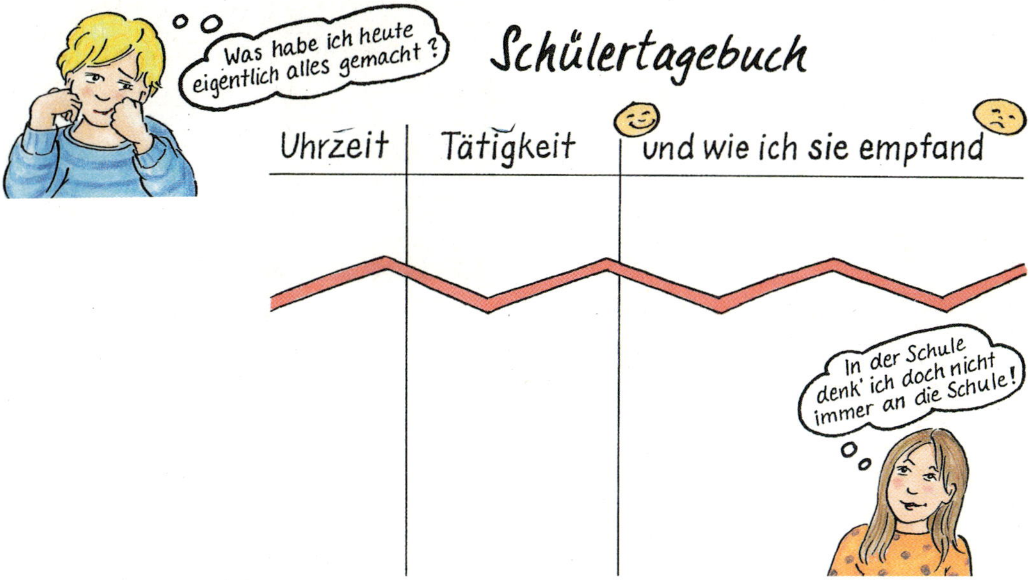

▶ *Füllt die Tagebuchseite für einen Schultag und einen Sonntag aus! Vergleicht!*
▶ *Und noch eine langfristige Aufgabe: Stellt stichpunktartig die 7 Tage einer Schulwoche den Tagen einer Ferienwoche gegenüber!*
▶ *Besprecht die Ergebnisse in der Gruppe und versucht, eine Ideallösung zu finden!*

Sonntag

Das ist der Tag des langen Schlafens.
Das ist der Tag des fetten Bratens.
Das ist der Tag der Schwarzarbeit.
Das ist der Tag des Autos und der vielen Kilometer.
Das ist der Tag der Kleider und Arenen,
Der Tag der Bierleichen,
Der Tag der Strohwitwen.
Früher einmal war es
Der Tag des HERRN. *(Rupert Schützbach)*

Gedicht gegen das zu frühe Aufwachen an Sonntagen

Das zu frühe Aufwachen
an Sonntagen ist unangenehm,
weil erstens die Eltern es nicht gerne sehn
und sich in den Betten zusammenrollen
und weiterschlafen wollen,
zweitens kann man so zeitig nichts machen,
weder laut lachen
noch den Ball an die Zimmerdecken werfen,
und auch Verstecken spielen ist nicht erlaubt,
und man glaubt
überhaupt
gar nicht, wie lang so ein unangebrachter,
zu früh aufgewachter
Sonntagmorgen ist. *(Rose Nyland)*

Die schönsten Tage im Jahr sind für mich die Sonntage und die Tage, an denen es etwas zu feiern gibt. *(Matthias, 11 Jahre)*

- *Was verbindet ihr mit dem Sonntag? Erzählt euren Mitschülern von einem besonders gelungenen Wochenende.*
- *Was fällt euch zu den verschiedenen Fotos ein?*
- *Versucht doch einmal, eure Gedanken dazu in einem kleinen Gedicht oder in einer Geschichte festzuhalten.*
- *Welche Feiertage sind euch am liebsten? Sprecht darüber!*
- *Im Gedicht „Sonntag" heißt es, dass er früher einmal „der Tag des Herrn" war. Wie ist das gemeint?*
- *Haben andere Kulturkreise (Judentum, Islam) auch einen Wochenfeiertag? Welchen? Was wisst ihr darüber?*

Was sagt euch die folgende Übersicht?

Schüler einer 5. Klasse wurden befragt, was für sie am Sonntag anders als an Schultagen ist. Hier einige Antworten:

Rebecca: Lange schlafen, gemeinsames Essen, manchmal Besuche, fernsehen, lesen, Musik hören, schicke Sachen anziehen, keine Schule, Hausaufgaben und Leistungskontrollen, Lehrer nerven nicht.

Steffen: Kein besonderer Tag, sondern wie alle anderen.

Heiko: Langweiliger als andere Tage, besseres Essen, länger schlafen, Eltern bestimmen das Programm, wollen aber oft nur in Ruhe pennen, Geschäfte sind geschlossen.

Simon: Erholung von Arbeitswoche, faulenzen, freier Tag, alles machen, wofür in der Woche keine Zeit ist, Ausflüge zu den Sehenswürdigkeiten der Umgebung, Pilze sammeln, Urlaubsfilme anschauen, Brettspiele, leider an Stress-Montag denken müssen.

Thomas: Mutti in der Küche helfen oder Vati in der Werkstatt, essen, fernsehen, essen.

Christoph: Stehe früher auf, um keinen Zeichentrickfilm zu verpassen, gemeinsames Frühstück, Besuch, Lieblingsessen-Klöße, Fernsehen, Computerspiele.

- *Was hättet ihr geantwortet?*
- *Welche Bedeutung hat der Sonntag heute?*

Faulenzen

Manchmal möchte
man
faulenzen
wie ein
Gulli im
Sonnenschein,
wie ein
Rasenmäher
im Winter,
wie eine
Nachttischlampe
am
Tag.

Josef Reding

- *Was versteht ihr unter Faulenzen?*
- *Formuliere: Ich möchte faulenzen wie …*

Trinklied zum Jahresende

Die Erde, ein besondrer Ball,
Bewegt sich wie im Tanze
Und ewig kreiselnd durch das All
Mit Mensch und Tier und Pflanze.

Sie braucht, so lernen wir's, ein Jahr,
Die Sonne zu umkreisen.
So sind wir Menschen immerdar,
Sogar im Schlaf, auf Reisen.

Schwestern und Brüder, labt euch heut
An Wein und guten Gaben,
Da wir den Sonnenball erneut
Einmal umkreiselt haben.

Es freue sich, was lebt und liebt,
Solang die Winde wehen,
Solang es Mond und Sonne gibt,
Solang sich Sterne drehen.

Wir reisen weiter durch das All,
Solang die Welt sich dreht,
Solang der goldne Sonnenball
Noch fest am Himmel steht.

James Krüss

- *Welche Eindrücke vom Jahresablauf werden hier aufgezeigt?*
- *Beachtet dabei die Rolle von Mensch und Natur!*
- *Verfasst doch selbst ein Gedicht über eure Erlebnisse mit der Natur!*

DIE ZEITSPINNE

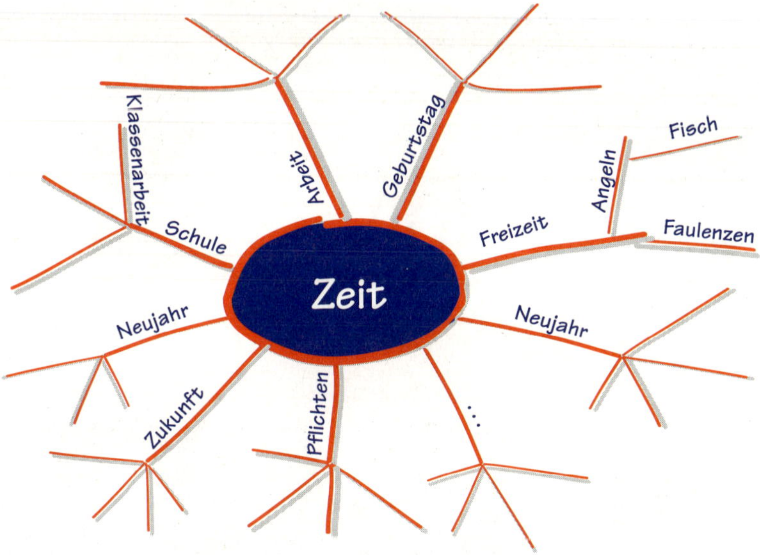

Die Zeitspinne wurde mit vielen Ereignisfäden versehen.

- *Welche erachtet ihr für unwichtig, welche würdet ihr ergänzen? Übernehmt die Skizze in euer Heft, streicht oder fügt ein!*
- *Bildet für die Spinne ein großes Netz, indem ihr für die Bereiche Dinge eintragt, die ihr mit ihnen verbindet.*
- *Erläutert den Mitschülern euer Gebilde.*

Scott Eagle (Indianerjunge)

Wozu brauchen wir die Zeit?

Damals, in den alten Tagen,
brauchten wir sie nie.
Wir richteten uns nach Aufgang
und Untergang der Sonne.
Wir mussten uns niemals beeilen.
Wir brauchten nie auf die Uhr zu blicken.
Wir mussten nicht zu einer bestimmten Zeit
bei der Arbeit sein.
Wir taten, was getan werden musste,
wenn uns danach war.
Aber wir achteten darauf, es zu tun,
bevor der Tag zu Ende ging.
Wir hatten mehr Zeit,
denn der Tag war noch ganz.

- *Wozu brauchen wir die Zeit, wozu brauchte man sie früher?*

Freizeitbeschäftigungen

- ▶ *Womit verbringen Menschen ihre Freizeit?*
- ▶ *Fragt andere Schüler, Lehrer, Eltern, Großeltern*
  wie viel Freizeit sie haben
  was sie mit dieser Zeit anfangen
  welche Wünsche sie zur Freizeitgestaltung hätten?
  ...

Welchen Hobbies gehen Kinder in Deutschland am häufigsten nach?

Kinder-Hobbies

Frage an Kinder: „Könntest Du Dir diese Liste bitte mal ansehen und mir sagen, was Du davon gerne machst?" (Zahlen in Prozent)

März 1985	Kinder insgesamt	Jungen	Mädchen
Rad fahren	73	77	68
Fernsehen	73	77	68
Bücher lesen	59	48	71
Sport treiben	56	61	50
Malen, Zeichnen	47	32	64
Comics lesen	47	55	37
Mit Freunden weggehen	43	41	45
Fußball spielen	40	68	10
Ins Kino gehen	38	41	35
Karten spielen	36	41	30
Ein Instrument spielen	26	19	33
Videospiele machen	25	36	13
Indianerspiele machen	13	19	6
Ins Jugendzentrum gehen	10	9	11
Anderes	4	2	6
Summe (Mehrfachnennungen)	590	626	547

Stichprobe: 557 Kinder im alten Bundesgebiet mit West-Berlin im Alter von 8 bis 12 Jahren.

12 Jahre später wurde diese Umfrage wiederholt. Allerdings wurden dieses Mal weniger, aber etwas ältere Kinder in ganz Deutschland befragt.

Frage: „Könntest du dir diese Liste bitte einmal ansehen und mir sagen, was du davon gerne machst?" (Zahlen in Prozent)

März 1997	Jugendliche insgesamt	Jungen	Mädchen
Fernsehen	84	86	83
Musik hören	81	71	93
Ins Kino gehen	66	64	67
Sport treiben	65	71	58
Mit Freunden oder Freundinnen weggehen	61	47	75
Videospiele, Computerspiele	57	82	31
Rad fahren	51	64	38
Mit Freunden oder Freundinnen telefonieren	45	13	77
Bücher lesen	42	21	62
Malen, zeichnen	36	19	53
Comics lesen	35	53	16
Fußball spielen	34	59	9
Gesellschaftsspiele (Karten spielen, Monopoly, Brettspiele wie Schach usw.)	32	35	29
Ein Instrument spielen	21	21	21
Ins Jugendzentrum gehen	17	16	17
Anderes	9	12	6
Summe (Mehrfachnennungen)	736	734	735

Stichprobe: Ca.100 Jugendliche zwischen 12 und 15 Jahren in West- und Ostdeutschland.

- *Welche Veränderungen fallen euch auf?*
- *Worauf führt ihr diese Veränderungen zurück?*
- *Wie könnten die Antworten gleichaltriger Kinder im Jahre 2011 ausfallen? Begründet eure Ansicht.*

Unser Fernsehkonsum

Macht am kommenden Wochenende folgenden Test! Fertigt dazu einen kurzen Fragebogen an!

Fragebogen

1. Wie viele Fernsehgeräte habt ihr zu Hause?
2. Wie viele Videorecorder?

Fernsehzeit:

3. Samstag
Zeit
von–bis
F/V

Fernsehen/**V**ideo
Sendung | Summe der Zeit
gesamt

4. Sonntag
Zeit
von–bis
F/V

Fernsehen/**V**ideo
Sendung | Summe der Zeit
gesamt

▶ *Wertet die Ergebnisse in der nächsten Ethikstunde aus! Dazu könntet ihr Säulendiagramme herstellen.*

Das Testergebnis einer Ethikgruppe Klasse 7

Fernsehgeräte pro Haushalt: 2
Videorecorder pro Haushalt: 0,9
Fernseh-/Videozeit am Samstag: 250,4 Minuten
Fernseh-/Videozeit am Sonntag: 147,0 Minuten
Fernseh-/Videozeit insgesamt: 397,4 Minuten
(im Durchschnitt)

Manche Schüler haben an beiden Tagen keine Minute ferngesehen.

Der Rekord lag am Samstag bei 724 (!) Minuten, am Sonntag bei 570 Minuten. Die Fernsehzeit begann am Samstag um 7.55 Uhr und endete beim letzten Schüler um 0.30 Uhr.

Am Sonntag begann der erste um 8.35 Uhr, es endete um 22.30 Uhr.

Bevorzugte Sendungen waren: Serien, Quiz- und Musiksendungen, Trickfilme, Shows und Werbung. Die gesehenen Filme dauerten selten länger als eine Stunde.

Der „Extrem-Schüler" hat an diesem Wochenende 18,5 Stunden vor dem Fernseher gesessen.

▶ *Vergleicht und dokumentiert die Ergebnisse!*

Aufbruch in fremde Welten

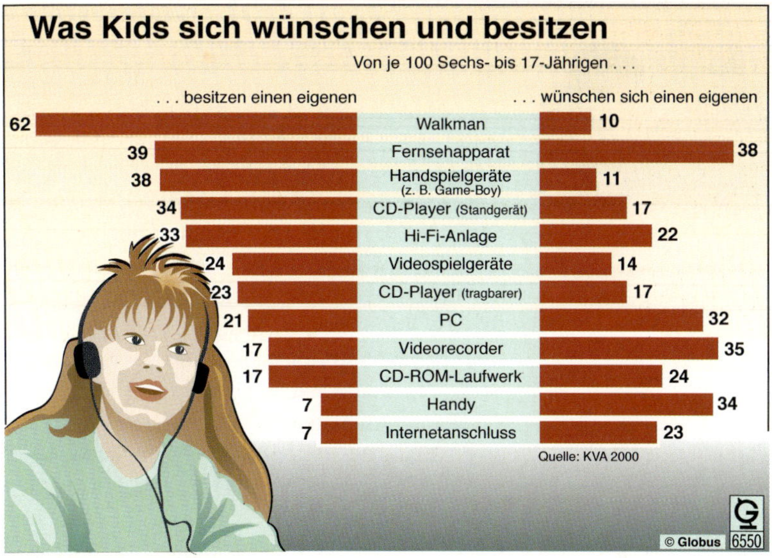

▶ *Wertet die Übersicht aus!*

▶ *Befragt selbst mal Kinder und Jugendliche zwischen 6 und 17 Jahren aus eurer Umgebung nach ihren Wünschen. Was stellt ihr fest?*

Der Bildschirm hat bei Kindern den ersten Platz auf ihrer Hitliste erobert. Ob als Fernseher, Videoabspieler, Computer, teilweise schon mit Internetzugang oder als Playstation, sie holen sich fremde Welten ins Haus. Neue Erkenntnisse bereichern ihr Leben, aber wirkt sich das Wunder der Technik wirklich nur positiv aus? Oft sitzen Kinder stundenlang allein vor ihren Geräten, beschäftigen sich mit Themen, die sie noch gar nicht begreifen.

▶ *Diskutiert die Behauptungen „Fernsehen macht doof" und „Fernsehen bildet".*

Vielleicht schaltet ihr das Gerät einfach mal aus und spielt mit Freunden:

- Watteflocken blasen
  (mit Luftpumpe Watteböllchen in gegnerisches Tor blasen)
- das Erbsenspiel
  (10 Erbsen pro Schüler, je ein Glas und Trinkhalm, Erbsen ansaugen, in das Glas bringen, wer zuerst fertig ist, wird Sieger)
- das Buchstabenbausteinspiel
  (Wort wird vorgegeben, z.B. Geschirrspülmaschine, wer findet in einer festgelegten Zeit neue Wörter mit diesen Bausteinbuchstaben)

▶ *Welches Spiel könnt ihr vorschlagen?*

Horrorvision von Lehrer B.

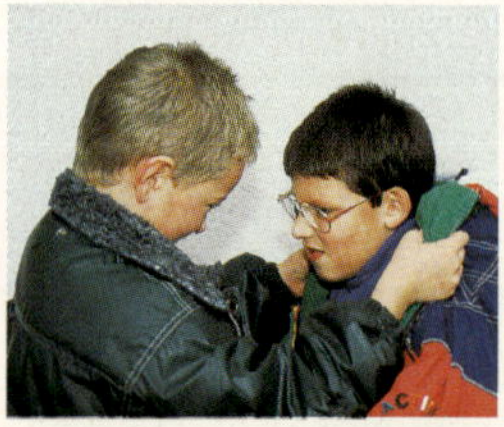

Morgen ist Montag, der 23. November. An den beiden letzten Tagen hat es durchgehend geregnet, manchmal mischten sich auch Schneeflocken unter. So greife ich nach der Programmzeitung. Schon am frühen Nachmittag beginnt es mit Action, Horror, Krimi, Drama, Western und Thriller. Brutalität und Gewalt flimmern fortlaufend über den Bildschirm. Wie viele meiner Schüler lassen dieses Programm gerade über sich ergehen? Das darf ich morgen sicherlich miterleben. Jana und Pamela werden in der ersten Bank sitzen und vom letzten Helden träumen, Volker wird die neuesten Kung Fu-Griffe am kleinen René ausprobieren, dabei bekommt Marcel auch noch einen Haken ab, was der sich natürlich nicht gefallen lässt. Ergebnis: Nur ein Stuhl geht zu Bruch. Die Prügelei von Stefan und Oliver wird sicherlich nicht so „harmlos" enden, sondern mit einer Gehirnerschütterung im Krankenhaus, nachdem Olli beim letzten Angriff mit dem Kopf gegen die Wand geschlagen ist. Da Robert nicht Peters Auto zerlegen kann, wird er erstmal cool mit dessen neuem Füller beginnen. Vielleicht haben sie auch noch ganz andere Überraschungen auf Lager?

▶ *Nur eine Vision? Was meint ihr dazu?*

Mein Freizeitkatalog von A bis Z

	alleine	geht nur mit anderen
Angeln		
A...		
...		
Ball spielen		
...		
...		
Zaubern		
...		
...		

▶ *Welche Freizeitangebote bestehen in eurem Ort/eurer Schule/eurer Umgebung, wer nutzt diese?*

▶ *Über welche Freizeitmöglichkeiten informieren die Lokalzeitungen?*

▶ *Ausgefallene Wünsche – wie könnte man sie Wirklichkeit werden lassen?*

▶ *Stellt für besonders „Gelangweilte" einen Freizeitkatalog von A wie Angeln bis Z wie Zaubern zusammen!*

Tageszeiten im römischen Weltreich

Uns wäre es unvorstellbar, nicht jederzeit die genaue Uhrzeit wissen zu können. Man bedenke, dass Termine oft pünktlich auf die Minute angesetzt werden. Nicht so in römischer Zeit. Man bestimmte zwar mit Wasser- und Sonnenuhren die Zeit relativ genau, solche Uhren standen aber nur auf öffentlichen Plätzen und in den Häusern der Reichen; auch der Besitz von Taschen-Sonnenuhren wird nicht gerade billig gewesen sein. Zudem wechselte die Uhrzeit genau genommen von Tag zu Tag, denn die 24 Stunden, in die man auch in römischer Zeit Tag und Nacht einteilte, richteten sich in ihrer Länge nach Sonnenauf- und -untergang, die Tagesstunden im Winter waren also kürzer als die im Sommer, unabhängig davon feststehende Uhrzeiten waren allein 12 Uhr Mittags und Mitternacht. Allgemein pflegte man mit Sonnenaufgang aufzustehen – Langschläfertum war vielleicht noch mehr als heute verpönt – und begab sich sofort an seine Geschäfte. Trotz des zeitigen Aufstehens legte man sich aber nicht besonders früh zu Bett, denn die Einhaltung einer Mittagsruhe war üblich. Sie teilte den Tag in zwei Hälften, wie es auch heute noch in südlichen Ländern der Fall ist, wo die Städte über Mittag wie ausgestorben wirken und sich erst gegen vier Uhr wieder mit Leben füllen. Die uns bekannten Abendveranstaltungen wie Theater, Konzerte, Vorträge hat es in römischer Zeit nicht gegeben, vielmehr fanden alle öffentlichen Darbietungen am Tage statt und dehn-

ten sich höchstens bis in den späten Abend aus. Man wundert sich vielleicht, dass die Hauptmahlzeit zu einer Tageszeit eingenommen wurde, die mitten in unserem Nachmittag liegt. Der Grund dafür ist, dass die Römer normalerweise um diese Zeit schon aufhören wollten zu arbeiten. Man begann mit der Arbeit bei Sonnenaufgang und legte sie möglichst nach sechs Stunden nieder, um sich den Rest des Tages anderem widmen zu können – auf jeden Fall war das das Lebensideal. Trotzdem wird die Arbeitsleistung der unseren gleichgekommen sein, da man ein „Wochenende" nicht kannte, sondern nur staatliche Feiertage. Zudem sind uns römische Arbeitsverträge bekannt, die eine Arbeitszeit von Sonnenaufgang bis Sonnenuntergang angeben – der freie Nachmittag der Römer, von dem man so viel liest, ist also für die meisten nur ein Traum gewesen. Außerdem ist es selbstverständlich, dass ein kleiner Handwerker zumindest so lange arbeitete, bis er das notwendige Geld verdient hatte, und die Sklaven so lange, wie der Herr es von ihnen verlangte. (…)

Die staatlichen Bediensteten freilich und jeder, der es irgend einrichten konnte, arbeiteten im Sommer sieben und im Winter sechs Stunden. Allerdings war man in dieser Entscheidung nicht ganz unabhängig, denn die Berufsgenossenschaft, zu der man gehörte, konnte staatlich anerkannte, also bindende Regeln aufstellen, die auch die Arbeitslänge betrafen. In unserer Zeit, wo Stress und Überstunden die Regel sind, wirkt eine solche Einstellung, sich von der Arbeit nicht aufreiben zu lassen, besonders positiv.

Inge Linfert-Reich

- ▶ *Wie haben die Menschen in der Zeit, als man nur „natürliche Uhren" kannte, ihren Tag eingeteilt?*
- ▶ *Vergleicht diesen Tagesrhythmus mit dem heutigen!*
- ▶ *Schreibt eine „Was wäre, wenn...-Geschichte" für den Fall, dass alle Uhren stehen bleiben oder malt ein Bild!*

Zeitersparnis

„Guten Tag", sagte der kleine Prinz.
„Guten Tag", sagte der Händler.
Er handelte mit höchst wirksamen, durststillenden Pillen. Man schluckt jede Woche eine und spürt überhaupt kein Bedürfnis mehr zu trinken.
„Warum verkaufst du das?", sagte der kleine Prinz.
„Das ist eine große Zeitersparnis", sagte der Händler. „Die Sachverständigen haben Berechnungen angestellt. Man erspart dreiundfünfzig Minuten in der Woche."
„Und was macht man mit diesen dreiundfünfzig Minuten?"
„Man macht damit, was man will …"
„Wenn ich dreiundfünfzig Minuten übrig hätte", sagte der kleine Prinz, „würde ich ganz gemächlich zu einem Brunnen laufen …"

(Auszug) Antoine de Saint-Exupery

▶ *Wozu würdest du die Zeit verwenden?*

Zeit
- *nehmen*
- *stehlen*
- *totschlagen*
- *vergeuden*
- *haben*
- *gewinnen*
- *vertreiben*

Feiertage und Feste in unserem Kalender

▶ *Zu welchen Ereignissen werden diese Glückwunschkarten verschickt?*

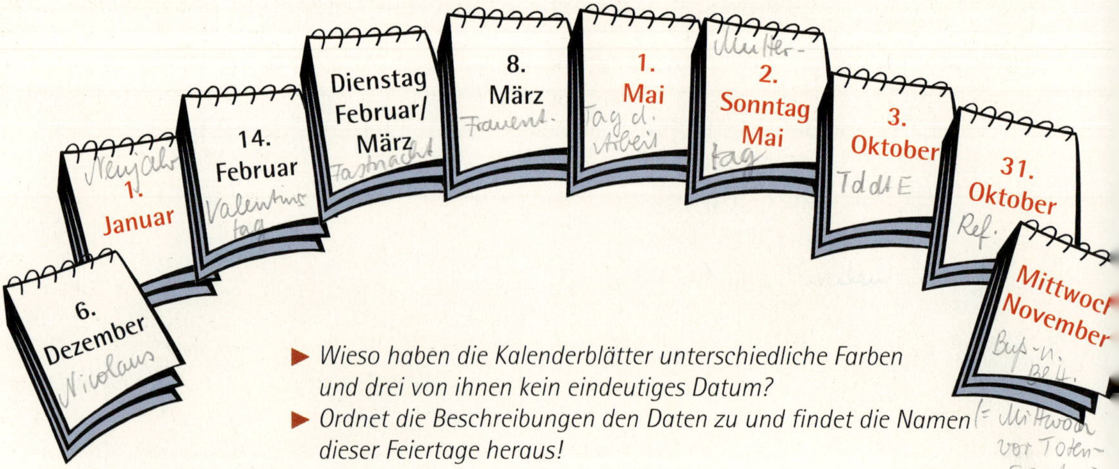

- *Wieso haben die Kalenderblätter unterschiedliche Farben und drei von ihnen kein eindeutiges Datum?*
- *Ordnet die Beschreibungen den Daten zu und findet die Namen dieser Feiertage heraus!*
- *Wie begeht eure Familie diese Tage?*

1. ... wurde um das Jahr 270 als Sohn eines wohlhabenden Kaufmanns in Patara geboren. Patara war eine Hafenstadt an der südlichen Küste Kleinasiens. Seine Eltern waren fromme Christen, er selbst wurde Bischof von Myra, einer Hafenstadt in der heutigen Türkei. In der „Legende vom Heiligen ..." werden viele Wundergeschichten über ihn erzählt. Er ist der „Lieblings-Heilige" vieler Kinder. Für ihn putzen sie sogar freiwillig einmal im Jahr ihre Schuhe auf Hochglanz, weil sie hoffen, von ihm mit Süßigkeiten und anderen Geschenken bedacht zu werden.

2. An diesem Tag im Jahre 1857 gingen in mehreren New Yorker Fabriken die Arbeiterinnen auf die Straße. Sie demonstrierten für Lohnerhöhungen und bessere Arbeitsbedingungen. Deshalb wurde der Tag 1910 von Clara Zetkin zum Internationalen ... erklärt. Man ehrt vor allem das Wirken der Frauen im öffentlichen Bereich und bei der Arbeit, unabhängig davon, ob sie Kinder haben.

Stadt in der ... lebte

3. Evangelische Kirchenordnungen der Reformationszeit schrieben solche ...tage vor, die häufig zu den überlieferten Zeiten oder aus aktuellem Anlass abgehalten wurden. Die Eisenacher Konferenz evangelischer Kirchenleitungen befasste sich 1853 und 1878 mit der Einführung eines allgemeinen ...tages am Mittwoch vor dem letzten Sonntag nach Trinitatis, der 1893 von den

meisten evangelischen Landeskirchen übernommen wurde. Die Evangelisch-Lutherische Landeskirche Sachsens kennt auch einen Frühjahrs.... Heute ist es für Christen Brauch, den Tag zum Abendmahlsgang und zur eigenen Gewissensprüfung zu nutzen.

4. ... wurde früher am Tag der Heiligen drei Könige, am 6. Januar, gefeiert. Unser Jahr beginnt mit dem ..., an dem früher die höchsten Beamten des römischen Reiches ihr Amt neu antraten. Das war noch ein gutes Jahrhundert vor Christi Geburt. Als man im vierten Jahrhundert das Geburtsfest Christi (24. Dezember) vom Tag der Erscheinung und der Taufe Christi (6. Januar) voneinander trennte, wurde zunächst Weihnachten als Jahresanfang betrachtet und bis heute beginnt mit Weihnachten und dem Advent, seiner Vorbereitungszeit, das Kirchenjahr. Ende des 17. Jahrhunderts wurde dann jedoch der ... allgemein als Jahresanfang bezeichnet. Das ... ist immer mit großen Hoffnungen und Erwartungen begrüßt worden. Benutzte man vor der Erfindung des Schwarzpulvers einfach Schellen oder Töpfe um mit dem erzeugten Lärm die Geister davon in Kenntnis zu setzen, dass man sich in einer schützenden Gemeinschaft befand, waren es später Fässer voller Sprengstoff oder Gewehrsalven, welche zum gewünschten Ergebnis führen sollten.

5. Die Bundesrepublik Deutschland feierte diesen Tag schon viele Jahre lang am 17. Juni. An jenem Tag im Jahr 1953 sollte mit einem gewaltsamen Aufstand die Teilung Deutschlands aufgehoben werden. Er scheiterte. Nachdem die Grenze, die Deutschland in zwei Teile gespalten hatte, am 9. November 1989 gefallen war, wird an diesem Tag ab dem Jahr 1990 als ... gedacht, da Deutschland nun wieder eine gemeinsame Regierung gewählt hatte.

6. Der am ... im Mai zu feiernde ... hat eine seltsame Geschichte. Dieser Feiertag wurde erfunden von der 1864 geborenen Amerikanerin Anna Jarvis. Zwei Jahre, nachdem am 9. Mai 1905 ihre Mutter gestorben war, regte sie in der Nachbarschaft an diesen Tag allgemein zu Ehren aller Mütter zu feiern, die zu sehr im Schatten der Männer lebten. Durch die Presse wurde ihre Aktion verbreitet und fand viel Zuspruch. Anna Jarvis erreichte, dass der ... ab 1910 in ganz West-Virginia gefeiert wurde. 1912 gründete sie einen Verein zur Propagierung dieses Tages und im Mai 1914 wurde der ... durch den Kongress der USA proklamiert. In Deutschland wurde der Tag 1925 eingeführt.

Damit die Männer nicht zu kurz kommen, wird der be-

nachbarte Himmelfahrtstag mehr spaßeshalber weiterhin als Vatertag bezeichnet und auf entsprechenden Ausflügen praktiziert. Himmelfahrt wird am 40. Kalendertag nach Ostern gefeiert.

7. Im Mittelalter war das ein Tag für große Gastmähler und Festmahlzeiten von Gilden, Zünften und Bruderschaften. Mit dem ... beginnt die eigentliche Faschingszeit. ... heißt auch Vielliebchentag, denn die Mädchen glaubten früher, sie würden den Mann heiraten, den sie am ... zuerst vor ihrem Haus erblickten. Ein Tag, der besonders in England und Amerika gefeiert wird, ein Tag der Freundschaft, an dem man Kollegen und anderen Leuten, die man gern hat, Blumen oder kleine Geschenke schickt. Das Herz ist das Symbol des Tages.

8. Die politische Sinngebung des ... geht auf einen Beschluss des Gründungskongresses der II. Internationale in Paris 1889 zurück. Alljährlich sollten am ... in aller Welt die Arbeiter für die Durchsetzung der gemeinsamen Grundforderungen, vor allem des Achtstundentages, demonstrieren. So waren in den USA bereits am ... 1886 über 610 000 Arbeiter auf der Straße. 1890 wurde der ... erstmals als ... in mehreren europäischen Ländern und in den USA mit Streiks und Demonstrationen begangen, die die bürgerlichen Regierungen fast überall verboten oder einschränkten. Aber allen Maßnahmen zum Trotz und oft unter schweren Opfern ist es gelungen, den ... als Feiertag aller Werktätigen zu verwirklichen.

9. Als ein streng historisches Ereignis, datiert auf einen Tag im Jahr 1517, ging dieses Ereignis, der Anschlag von 95 Thesen an die Schlosskirche zu Wittenberg durch den Doktor der Theologie, Martin Luther, als Gedenktag der evangelischen Kirche ein. Luther wählte den Vortag zum „Fest aller Heiligen", um den großen Besucherstrom der Kirche zur Beachtung seiner Thesen abzufangen. Seine Idee war einst bescheidener als die ausgelöste Reaktion. Den ... als Gedenktag herauszuheben, ging das Kurfürstentum Sachsen voran, seit 1668 wurde er jährlich gefeiert.

10. Das Wort kommt aus dem Mittelhochdeutschen und bedeutet so viel wie „Unfug in der Nacht". Vor sehr langer Zeit soll es ein wildes heidnisches Frühlingsfest gewesen sein, dann wurde die christliche ... daraus, der Tag, bevor das lange Fasten bis zum Osterfest begann, mit strengen Regeln: Iss und trink nur so viel, damit du nicht verhungerst. Davor tobten sich die Menschen noch einmal richtig aus, maskiert und in bunten Kostümen tanzten sie durch die Straßen.

Feiertage / Festtage

Diese Tage unterscheiden sich vom normalen Alltagsleben.
Feiertage genießen einen besonderen rechtlichen Schutz und hatten ursprünglich einen religiösen Charakter. Sie waren mit natürlichen Ereignissen verbunden, z.B. mit dem Lauf der Sonne oder den Mondphasen. Dann wurden weltliche Feiertage, die an historische Ereignisse oder besondere Persönlichkeiten erinnerten, zahlreicher als die kirchlichen, obwohl sich viele Bräuche bis in die heutige Zeit gehalten haben. An Feiertagen wird nur teilweise oder gar nicht gearbeitet.

In allen Völkern sind Traditionen zum Feiern entstanden. Gefeiert wird auch, wenn besondere Umstände und Leistungen eintreten: eine neue Wohnung wird bezogen, eine Krankheit überwunden, eine schwere Prüfung bestanden, ein Kind geboren. Man will das eigene Hochgefühl bei einem Fest mit anderen teilen, Glanz in den Alltag bringen bei Musik und Tanz, Essen und Trinken, Spielen und Gesprächen, Blumen und Kerzen, toller Garderobe, Ausgelassenheit und Erinnerungen.

Feiertage lassen sich in drei Bereiche einteilen. Übernehmt die Tabelle in euer Heft und füllt sie aus! Gebt den Sinn dieser Feiertage an!

Nationalfeiertage und gesetzliche Feiertage	Religiöse Feiertage, die zum Teil auch gesetzl. sind	individuelle Feiertage
Neujahr …	Heilige 3 Könige …	Geburtstag …

- *In welcher Form man Feiertage zu einem Fest werden lässt, bestimmen die Menschen für sich selbst. Es gibt Leute, die jegliche Feste ablehnen. Gestaltet dazu ein Rollenspiel – ihr möchtet zum nächsten Höhepunkt in eurem Leben ein herrliches Fest feiern, aber die Eltern sind dagegen. Versucht möglichst viele Gründe für die Meinung beider Seiten zu finden!*
- *Welches Fest hat euch bislang am besten gefallen? Begründet eure Vorstellungen von einer Wahnsinnsfete (Ablauf, Gäste, Wünsche)?*

Ein neues Jahr beginnt!

Diese Menschen begrüßten in Paris am Eiffelturm das Jahr 2000. Es spielte keine Rolle, welche Hautfarbe man hatte oder welche Sprache man sprach. Alle waren einfach nur fröhlich und ausgelassen. Jeder hatte seine eigenen Empfindungen, Hoffnungen und Wünsche für das kommende Jahrhundert.

Zum Neujahr

Will das Glück nach seinem Sinn
dir was Gutes schenken,
sage Dank und nimm es hin
ohne viel Bedenken.

Jede Gabe sei begrüßt,
doch vor allen Dingen:
Das, worum du dich bemühst,
möge dir gelingen.

von Wilhelm Busch

Neujahrswünsche

Ich habe in jedem Januar
So viele Wünsche fürs neue Jahr:
Ich wünsche mir im Winter die Sonne des Mais,
Den Sommer im März und den Juli nicht heiß,
Ich wünsche mir sehr einen Tag ohne Nacht
Und ein Meer ohne Wind, das nie Wellen macht,
Ich wünsche mir frisches Brot ohne Rinde
Und Pfirsichblüten auf einer Linde,
Dass Hunde und Katzen in Frieden leben
Und dass uns Milch alle Brunnen geben.
Wünsch ich mir zuviel? Dann will ich es nicht.
Dann wünsch ich mir nur ein frohes Gesicht.

Gianni Rodari

- *Vergleicht die beiden Texte! Welche Wünsche habt ihr an ein neues Jahr? Schreibt sie auf kleine Zettel und vergleicht danach in der Gruppe.*
- *Gibt es in der heutigen Zeit noch ernst gemeinte Neujahrsbräuche? Notiert, wie in eurer Umgebung das Neujahr begrüßt wird.*
- *Fragt ältere Bekannte oder Verwandte, wie ihre Vorfahren den Jahreswechsel begangen haben und schreibt es auf.*
- *Nehmt beide Aufzeichnungen und stellt eine Tabelle auf (früher / heute). Zu welchem Ergebnis kommt ihr?*

Jeder Tag ist Muttertag!

Tanja: Am Sonntag ist Muttertag, hast du etwas für deine Mutti vorbereitet?

Petra: Klaro, ich renn' ja schon seit Wochen durch die Geschäfte! Und du?

Tanja: Ach, ich weiß nicht. Ich hab' schon total den Überblick verloren. Erst heißt es, am 8. März muss man der Mutter etwas schenken, und jetzt ist der zweite Sonntag im Mai der Stichtag. Ich werde vielleicht auf die Schnelle etwas basteln oder ihr ein Bild malen. Was ist dein Geschenk?

Petra: Ich habe meiner Mama eine Blumenampel gekauft. 9 € – ganz schön teuer! Vorige Woche war sie noch 2 Euro billiger, aber meine Entschlusskraft! Ich muss mein Mütterchen ja mit irgendwas entschädigen, wenn ich ihr schon nicht oft im Haushalt helfe. Außerdem möchte ich auch eine Überraschung zum Kindertag haben.

Tanja: Meine Mutter macht sich nicht viel aus teuren Geschenken. Hauptsache sie spürt, wie sehr ich sie mag. Außerdem helfe ich ihr oft.

„Vielleicht spielen sie im Fernsehen etwas Schönes für die Mama ..."

▶ *Was fällt euch zum Muttertag ein?*

Vom Schenken

Schenken ist in vielen Kulturen von jeher ein wichtiger Brauch, eine Tradition, die aus dem Leben der Menschen nicht mehr wegzudenken ist. Es ist schön, etwas geschenkt zu bekommen und es macht Freude, beschenken zu können. Dabei ist nicht der materielle Wert eines Geschenkes wichtig, sondern die Geste an sich.

Es gibt genügend Anlässe, auch außerhalb der traditionellen Festtage (Weihnachten, Geburtstag...) jemandem eine kleine Aufmerksamkeit zu schenken. Ergänzt in euren Heften, welche euch spontan einfallen.

- Krankenbesuch bei Mitschülern – ....
- sich für Hilfe bedanken – ....
- um Entschuldigung bitten – ....

Der Empfänger eines Geschenkes freut sich sehr, wenn er von euch etwas Selbstgemachtes erhält, das ihr außerdem noch ansprechend verpackt habt.

BRAUCH, auch Sitte: ähnlich der Tradition, bezieht sich aber fast nur auf gemeinsame Handlungen („ein Fest nach altem Brauch"). Abläufe und Vorgänge sind bekannt und werden stets wiederholt („Osterreiten in der Lausitz", „Stollen backen im Erzgebirge und Vogtland", „Osterwasser holen" usw.)

Der christliche Jahreskreis

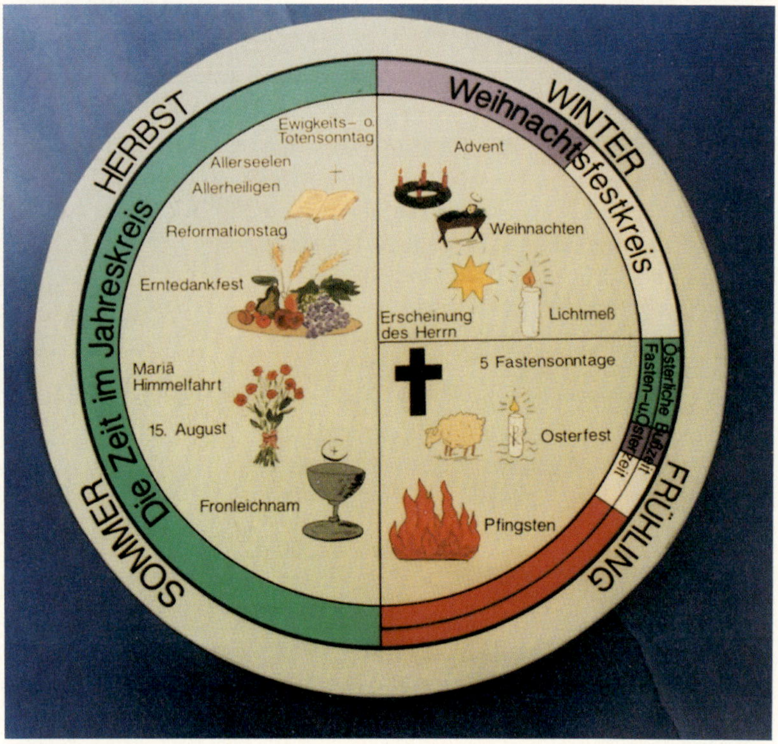

Das Kirchenjahr beginnt mit dem Advent (Ankunft). Vier Sonntage lang wird sowohl des ersten Kommens des Herrn gedacht, als auch seine erneute Ankunft erwartet. Im Jahre 524 wurde auf einem Konzil (Versammlung von katholischen geistlichen Würdenträgern) beschlossen, in der Adventszeit das Hochzeithalten zu verbieten. Keine außergewöhnlichen Ereignisse sollten den Menschen von seiner inneren Erwartung auf das Kommen Christi ablenken. Eine „stille" Zeit sei dazu notwendig. Die vier Adventswochen, wie wir sie heute kennen, weisen auf die viertausend Jahre hin, welche die Menschheit nach biblischer Rechnung, auf den Erlöser wartete. In dieser Zeit wird von vielen Familien ein Adventskranz aufgestellt. Dieser Brauch ist noch keine hundert Jahre alt. Das Weihnachtsfest am 25./26. Dezember wurde bereits 335 in Rom gefeiert. Warum die Christen neben Ostern ein zweites Fest zu Ehren ihres Heilands einführten, bleibt ungeklärt. Ein Grund könnte gewesen sein, dass sie sich von dem zeitgleichen römischen Sonnenfest (Natale Solis Invicti), das der römische Kaiser Aurelian 275 als Staatsfeiertag bestimmt hatte, abgrenzen wollten.

Epiphanias ist in Deutschland unter dem volkstümlichen Namen „Heilige Drei Könige" bekannt. Eine Epiphanie (Erscheinung) bedeutet die Geburt eines Gottes oder außergewöhnlichen Menschen. „Erscheinung des Herrn" meint die Taufe im Jordan, bei der seine Göttlichkeit offenbart wurde. Dieser Tag ist gleichzeitig mit vorchristlichen Elementen durchdrungen.

Mit dem 6. Januar gehen die zwölf Raunächte zu Ende. In dieser letzten der zwölf Nächte können der Sage nach die Tiere sprechen und das Wasser erhält eine besondere Heilkraft. Die Passions- oder Fastenzeit im Februar/März bereitet auf Ostern, das höchste Fest aller Christen, vor und erinnert an den Leidensweg Jesu vor seiner Gefangennahme bis zur Kreuzigung. Sie beginnt mit dem Aschermittwoch am 40. Tag vor dem ersten Frühlingsvollmond. Zum Zeichen der Buße lassen sich katholische Gläubige ein Aschekreuz auf die Stirn malen und verzichten während der gesamten Fastenzeit auf üppiges Essen und Alkohol. Ebenso wie die katholischen Gläubigen fasten auch zunehmend evangelische. Durch den freiwilligen Verzicht soll die Solidarität mit den Hungernden und Leidenden bezeugt werden. Den Höhepunkt der Passionszeit bildet der Karfreitag (Klagefreitag), der Tag der Kreuzigung. Die Kirchen sind ohne Schmuck, die Altäre werden abgeräumt, die Kerzen gelöscht und Priester tragen schwarze Gewänder. Nach der Überlieferung starb Jesus am Nachmittag, weshalb der Karfreitagsgottesdienst um 15 Uhr stattfindet.

Karfreitagsprozession auf Malta

▶ *Wie unterscheidet sich das Kirchenjahr vom Kalenderjahr? Tragt Informationen zu den Höhepunkten zusammen.*

Vom Adventskranz

Der schöne Brauch, an den Adventssonntagen einen Adventskranz aufzuhängen und seine Kerzen zu entzünden, ist nicht so alt wie der Weihnachtsbaum. Der Adventskranz geht auf den Hamburger Bürger Johann Heinrich Wichern zurück. Wichern hatte das bekannte Armenhaus „Rauhes Haus" gegründet und trat auch als Verfasser von besinnlichen Weihnachtsgeschichten hervor. In einer seiner Geschichten schrieb Wichern gleichsam die Geschichte des Adventskranzes nieder: „Als der Advent kam, brachte der Schulmeister einen großen Kronleuchter in die Schulstube, worauf so viele Weihnachtslichter steckten, als es Adventstage gibt. Jedesmal beim Beginn der Schule wurde nun ein Adventslied gesungen und aus der Heiligen Schrift eine Verheißung gelesen, die anzeigt, dass der von Gott versprochene Heiland kommen soll. Den ersten Tag wurde eines der Lichter angesteckt, ein zweites am zweiten, darauf am dritten auch ein drittes, und so fort, bis der Lichterkranz immer glänzender strahlte." Wie die Chronik des Armenhauses „Rauhes Haus" berichtet, soll an den Adventstagen des Jahres 1860 der erste Adventskronleuchter im Speise- und Versammlungssaal des Heimes geleuchtet haben. Von dort aus verbreitete sich die schöne Sitte sehr rasch über ganz Nord- und Süddeutschland. Allerdings war die Zahl der Kerzen auf die Zahl der Adventssonntage reduziert worden, auch wurden mehr und mehr Tannenzweige zur Herstellung genommen, so dass aus dem Adventskronleuchter der Adventskranz wurde.

Mitteldeutsche Allgemeine

Adventsfiguren aus Sachsen

Weihnachten im Erzgebirge – von Schwibbogen, Neunerlei und Losnächten

Im Erzgebirge sind es die Heiligen Petrus und Ruprecht, die, in Stroh vermummt, die Rute in der Hand, eine Kette um den Leib, am 1. Dezember mit einem Sack voller Äpfel und Nüsse die Kinder besuchen. In Schneeberg werden die Nächte der Vorweihnachtszeit von einer wahren Lichterflut erhellt, und das schon seit undenklichen Zeiten. Neben fantasievollen Lichtleisten leuchtet vor allem der kerzenbestückte Schwibbogen, ein bodenständiger Kerzenhalter. Inzwischen stehen überdimensionale Exemplare auch auf den öffentlichen Plätzen, sehr zum Stolz der Erzgebirgsgemeinden. Die Anzahl der Kerzen in den Fenstern sagt an, wie viele Kinder es in der Familie gibt. Der Nikolaus oder Weihnachtsmann kaufen, tut der Kuh nicht gut. Wenn man Geld erhält, darf man es nicht nachzählen, denn das macht angeblich habgierig. Ein Wunsch wird erfüllt, wenn man auf dem finsteren Holzboden beim ersten Mittagsglockenschlag ein Holzscheit ergreift. Wer das Brauchtum pflegt, für den gilt: Punkt achtzehn Uhr beginnt am Heiligen Abend das Festessen, keine Minute später oder gar früher! Dann fängt die erste Losnacht von zwölfen an, die auch Inter- oder Unternächte heißen. Was man in diesen Nächten träumt, hat eine große Bedeutung für das kommende Jahr. Auf dem Lande achtet man natürlich vor allem auf das Wetter. Scheint am Tag nach der ersten Unternacht die Sonne, dann gibt es ein gutes

weiß also, wie viel Gabenpäckchen er benötigt. Der Stollen darf eigentlich erst am ersten Weihnachtstag angeschnitten werden. Für die, die es nicht mehr aushalten, hat manche Hausfrau für die stollenlose Adventszeit ein paar Kartoffelkuchen gebacken, eine Spezialität des Erzgebirges. Schon am 23. Dezember muss alles im Haus sauber sein; Tische, Schränke und Dielen sind geputzt, die Wäsche liegt sauber im Schrank, und sogar der Stall ist frisch geweißt. Bis mittags am 24. Dezember müssen auch alle Behältnisse gefüllt sein, damit in Zukunft kein Mangel an Speise und Trank herrscht. Am Heiligen Abend darf man keine Tür ins Schloss werfen, sonst fährt der Blitz ins Haus. Milch zu ver-

Jahr, regnet es während der zwölf Nächte, dann steigern sich die Milcherträge. Je länger die Eiszapfen an der Dachrinne werden, um so länger wird im kommenden Jahr der Flachs. Der Vater zündet mit hergerichteten Kienspänen die Kerzen der Pyramide an, zuletzt die Kerzen des lichttragenden Bergmannes, der zur Feier des Tages auf dem Festtisch steht. Das beste Geschirr darf heute die Vitrine verlassen, und das Salz ist in ein Gefäß umgefüllt, das sonst zur Parade im Schrank steht. Die Mutter deckt ein Gedeck mehr auf als benötigt. Falls jemand hungernd vorübergeht, darf er auch unangemeldet hereinkommen. Dann fasst man sich an den Händen, wünscht sich guten Appetit und beginnt zu genießen. Es müssen alle Teller leer werden, nur die Mutter darf einen Happen liegen lassen. Unter jedem Teller liegt ein Geldstück, das helfen soll, dass immer Geld im Hause ist. Beim Essen darf niemand aufstehen, das soll Unglück bringen. Allenfalls der Vater hat das Recht, die Kerzen auf der Pyramide zu kontrollieren. Ganz wichtig ist im Erzgebirge, was am Heiligen Abend auf den Tisch kommt: Neunerlei, also neun verschiedene Speisen, keine mehr und keine weniger. Jede Stadt, jede Dorfgemeinschaft, ja jede Familie schwört auf ihr Neunerlei. Magische Zahlenspiele waren seit eh und je beliebt, man denke an das Lebkuchengewürz, das ja auch Neunerlei heißt. Wenn die Hausfrau noch nicht genug hatte vom Kochen, bringt sie gar zwei Neunerlei auf den Tisch, eins, wie es der Vater von daheim gewöhnt war, und eins aus ihrer eigenen Familie. Nach dem Essen werden Brot, Salz und das Weihnachtslicht in das Tischtuch eingehüllt. Bei traditionsbewussten Leuten bleibt das Bündel bis zum nächsten Tag auf dem Tisch liegen. Es soll dann im ganzen Hause immer Ordnung herrschen. Nach Mitternacht sammeln sich in Schneeberg, ihre Grubenlichter umgehängt, die Turmsänger. Während des Läutens steigen sie in die luftige Höhe hinauf, und dann erklingen die vertrauten Weisen, von Kesselpauken und Posaunen begleitet, wie schon seit über 300 Jahren. Wer 25-mal auf dem Turm der Wolfgangkirche war, erhält eine Pelzmütze.

Ingeborg Wingert

Der Adventskalender

Er kommt aus München. 1908 erschien das Kalendarium „Im Lande des Christkinds", das aus zwei bedruckten Teilen bestand: einem Karton mit 24 nummerierten Feldern und einem dazugehörigen Ausschneidebogen mit Märchen- und Jahreszeitmotiven, die in die Kästchen geklebt werden mussten. Später wandelte sich der Adventskalender zu einem Abreißblock, dann zu einer „Weihnachtsuhr" mit drehbarem Zifferblatt bis zu der heute gängigen Form mit den zu öffnenden Fenstern je Adventstag.

Mitteldeutsche Allgemeine

Weihnachten feiern

Geschichtlich betrachtet beeinflussen drei Kulturgeschichten die jetzigen Brauchelemente des Weihnachtsfestes: Das vorchristliche Mittwinterfest der Wintersonnenwende, das christliche Fest mit der Geburt Christi und das moderne nichtkirchliche Fest der bürgerlichen Familie, die sich in dieser Zeit bei gutem Essen und mit Geschenken trifft.

Das Weihnachtsfest am 25. Dezember ist etwa in der Mitte des vierten Jahrhunderts in Rom entstanden. Dort wurde bereits vorher im Jahre 274 durch Kaiser Aurelian das Fest des „sol invictus", des unbesiegbaren Sonnengottes, eingeführt und am Tag der Wintersonnenwende begangen.

Die Kirche wollte die Christen von dieser am Mittelmeer verbreiteten Verehrung des Sonnengottes abhalten und dem heidnischen Sonnengott die „wahre Sonne", das „wahre Licht" der Welt entgegensetzen.

Weihnachtsbaum im Lauscher Museum für Glaskunst

Das Licht wird zum wichtigsten Weihnachtssymbol.

Nach der Wintersonnenwende nimmt die Sonneneinstrahlung wieder zu, die Tage werden länger. Die Geburt Christi zu diesem Zeitpunkt bedeutete für die Menschen der damaligen Zeit, dass Gott mit diesem Kind das Leben neu entstehen ließ, ein Licht im Dunkeln „entzündete". Dieses symbolische Licht – vom weihnachtlichen Lichterglanz der Gemeinden bis zum leuchtenden Tannenbaum in einer verschneiten Landschaft – wird zum wichtigsten Zeichen für die weihnachtliche Zeit.

- *Viele Menschen meinen, Weihnachten sollte man abschaffen, weil zu diesem Fest die Glücklichen noch glücklicher und die Traurigen noch trauriger werden. Was wollen sie damit sagen?*
- *Könnt ihr euch vorstellen, wie es wäre, wenn es bei uns kein Weihnachtsfest mehr gäbe? Tauscht mit den Mitschülern eure Ansichten aus.*
- *Zu Weihnachten (Heiligabend) sind die Kirchen landauf landab mit Gläubigen und Gästen oft überfüllt. Warum ist die Anziehung der Gotteshäuser nach eurer Meinung in dieser Zeit so groß?*

Wie der Christbaum entstanden ist

In früheren Zeiten galten Licht und immergrüne Pflanzen als zauberkräftig. Wenn wir an unseren Christbaum denken, so sehen wir, dass Licht und Immergrün seine beiden wesentlichen Merkmale sind. Schon lange bevor es den Christbaum gab, wurden an Weihnachten Lichter aufgestellt, die die ganze Nacht brennen mussten, um Geister abzuwehren. Auch das Vieh bekam sein Weihnachtslicht und geweihtes Fressen zum Schutz gegen Verhexung. Außerdem nahm man grüne Zweige ins Haus, hauptsächlich von Tanne, Buchsbaum, Eibe, Stechpalme und Wacholder. Diesen Gewächsen wurden besondere Kräfte zugeschrieben. In einem Vers aus dem 15. Jahrhundert heißt es: Wer kein grün Tannreis steckt in sein Haus, der meint, er lebt das Jahr nicht aus. Die Zweige genügten den Leuten bald nicht mehr, und es kam auf, ganze Bäumchen ins Haus zu holen. Sie wurden in den Ecken oder unter der Zimmerdecke aufgehängt. Warum ausgerechnet dort? Auch das hat seine Bedeutung. Ecken und vor allem die Zimmerdecken schienen ein bevorzugter Ort böser Geister zu sein. Zu Anfang waren diese Bäumchen aber noch ganz schlicht grün – bis man auf die Idee kam, sie zu schmücken. Es gibt ein Reisetagebuch aus dem Jahr 1605, aus dem wir die erste Nachricht davon haben: Auf Weihnachten richtet man Dannbäum zu Straßburg in den Stuben auf, daran hencket man Rosen aus vielfarbigem Papier geschnitten, Äpfel, Oblaten, Zischgold und Zucker. Lichter hatten diese Bäume noch nicht, dafür aber viel süßes Zeug zum Naschen. Das durften die Kinder am Dreikönigstag abschütteln und den ganzen Baum plündern. An einigen Orten war es üblich, anstelle der immergrünen Bäume große Äste von Laubbäumen zu schmücken. Weil diese Äste im Winter kahl sind, brachte man sie vorher im warmen Zimmer künstlich zum Blühen, ähnlich wie die Barbarazweige, die wir heute noch kennen. Um das Jahr 1700 kamen dann die ersten kerzengeschmückten Bäume auf. Solche Lichterbäume konnten sich aber nur wohlhabende Leute leisten. In manchen Häusern gab es davon sogar mehrere auf einmal – jeder bekam seinen eigenen Baum. Übrigens genau nach der Rangordnung: der Vater einen ganz großen, das Küchenmädchen den kleinsten!

Es dauerte aber noch lange, bis der Weihnachtsbaum überall in Deutschland verbreitet war. Zu allerletzt wurde er in Süddeutschland heimisch (erst um 1900). Dort stellte man zur Weihnachtszeit lieber die Krippen mit vielen Figuren auf. Die christliche Kirche wollte lange nichts von diesem Baum-Brauch wissen. Sie verdammte ihn als heidnischen Aberglauben. Aber die Begeisterung für den Tannenbaum hatte bald so weite Kreise erfasst, dass er nicht mehr zu verdrängen war. Er bekam einen Engel oder den Stern von Bethlehem auf seine Spitze gesteckt. Damit war er endlich zu einem christlichen Sinnbild geworden. Was hier über die Entstehung des Christbaums gesagt wurde, gilt nur für Deutschland.

Tilde Michels

▶ *Wie würdet ihr einen Weihnachtsbaum schmücken?*
▶ *Findet heraus, welche Bedeutung die Schmuckelemente haben.*

Gibt es einen Weihnachtsmann?

Es war am 20. Dezember 1897, als der Chef vom Dienst der New Yorker Zeitung „The Sun" den Brief eines achtjährigen Mädchens in der Hand hielt. Dieses kleine Mädchen, Virginia O'Hanlon aus New York, schrieb Folgendes:

„Sehr geehrter Herr Redakteur! Viele meiner Freunde sagen, dass es gar keinen Weihnachtsmann gibt. Papa meinte, ich solle bei der 'Sun' nachfragen. Diese Leute wüssten so ziemlich alles. Bitte sagen Sie mir die Wahrheit! Gibt es einen Weihnachtsmann?"

Der Chef vom Dienst drehte den Brief lange hin und her, dann ging er damit zu seinem Chefredakteur. Dieser las das Schreiben durch, dann setzte er sich hin und schrieb der kleinen Virginia eigenhändig folgenden Antwortbrief:

▶ *Leider ist der Brief verloren gegangen. Was hättet ihr Virginia geantwortet?*

Weihnachten in anderen Ländern

USA

Weihnachten beginnt in den Geschäftszentren der Städte schon am 1. November. Von da an sind die Hauptstraßen mit Girlanden aus bunter Alufolie und farbigen Glühlampen überspannt. In allen Warenhäusern tönen 8 Wochen lang ununterbrochen Weihnachts-Choräle, und die Schaufenster sind meist in wahre Kitschparadiese von Feenländern, Zwergenreichen und Spielzeugstädten verwandelt. Auf einem Platz in der Innenstadt von New York steht der riesigste Christbaum Amerikas – es wird sogar behauptet, er sei der größte der Welt. Er ist über und über mit bunten Glühbirnen behängt und wird jedes Jahr anders geschmückt.

Im November beginnt auch das große Truthahn-Sterben; denn Truthahnbraten ist das traditionelle Weihnachtsessen in Amerika. In den Familien ist Weihnachten hauptsächlich ein Geschenktag. Die Kinder finden ihre Geschenke am Morgen des 25. Dezember. Auch hier kutschiert der Santa Claus mit einem Rentierschlitten durch die Luft und wirft die Gaben durch den Kamin in die Häuser.

Um aber den Santa Claus unserem technischen Zeitalter anzupassen, lässt man ihn in vielen Städten im Hubschrauber über die Dächer brausen. Weihnachtsbäume hat man in fast allen Häusern; teils echt, teils aus Plastik. Sie werden so bunt wie möglich geschmückt. Richtige Kerzen sind allerdings im ganzen Land wegen Feuergefahr verboten.

In einem so riesigen Land wie Amerika bestehen viele Gegensätze nebeneinander, und so gibt es auch neben all den künstlichen und aufgeputzten Bäumen einen echten, uralten, der zum „Weihnachtsbaum der Nation" ernannt worden ist. Es ist ein Mammutbaum in Kalifornien. Hundert Meter ist er hoch, er hat einen Stamm von zwölf Meter Umfang, und sein Alter beträgt etwa dreitausend Jahre. Zu Weihnachten werden dort Gottesdienste abgehalten.

Und wie ist es in der übrigen Welt, in Afrika, in Indien, in China?

Es gibt ganze Erdteile mit überwiegend nicht-christlichen Religionen; dort weiß man natürlich nichts von Weihnachten. Aber überall da, wo christliche Auswanderer oder Missionare hingekommen sind, wird auch Weihnachten gefeiert. Natürlich immer mit den Bräuchen, die in ihrer Heimat üblich waren.

Tilde Michels

Ostern – das höchste Fest aller Christen

Zur Geschichte des Osterfestes

Das Osterfest macht den Kern der Botschaft des christlichen Glaubens deutlich. Durch die Auferstehung erscheinen Leben und Wirken Jesu im neuen Licht. Denn durch seine Auferstehung hat er den Tod überwunden, die Allmacht Gottes bewiesen und den Menschen die Hoffnung auf ewiges Leben gegeben. Seit dem 2. Jahrhundert wird dieses älteste Fest des Kirchenjahres begangen, damals war es gleichzeitig Anlass, diejenigen zu taufen, die sich zum Christentum bekehren wollten. Auferstehung und Teilhabe an der Gemeinschaft mit Jesus Christus durch die Taufe gelten auch heute noch als die beiden zentralen Inhalte des Festes. Der Name „Ostern" geht vermutlich auf die germanische Frühlingsgöttin Ostara zurück, die mit der aufsteigenden Sonne neues Leben spendet. Gleichermaßen wird Christus zum „Licht der Welt", symbolisiert durch das Anzünden der Osterkerzen in der dunklen Kirche. Da Ostern immer auf den Sonntag nach dem ersten Frühlingsvollmond fällt, variiert der Termin um fünf Wochen zwischen dem 22. März und dem 25. April.

Zum Sinn des Osterfestes

Es gibt eine zweifache Sinngebung des Osterfestes: eine volkstümliche, deren Symbolik um die aus der winterlichen Starre wiederbelebte Natur im Zyklus des Jahres kreist, und eine christlich-religiöse Bedeutung, deren Symbolik auf der Auferstehung den Sieg des menschgewordenen Gottes über die Mächte des Todes vergegenwärtigt. Beide Sinnstiftungen gehören zur Osterzeit, sowohl die natürlichen Lebenszeichen (knospende Zweige, keimende Samen, Eier, Feuer, Wasser ...) als auch die österliche Nachdenklichkeit.

Osterbräuche

Das österliche Brauchtum entstammt vorwiegend vorchristlichen Kulturepochen. Seine bunte Vielfalt – Osterfeuer, Osterräder, Ostereier, Osterhasen, Osterkerzen, Osterwasser usw.- will erinnern an den Fortbestand des Lebens im wiederkehrenden Kreislauf des Jahreszyklus und will der Freude über Leben spendende und schaffende Gaben der Natur Ausdruck geben. Bei vielen Bräuchen sind die Angaben über die Entstehung vielschichtig.

Freundschaft hab ich dir versprochen
Und noch nie mein Wort gebrochen,
Zum Zeichen meiner Treu,
Schenk ich dir ein
Osterei.

Vorschlag:
Fertigt in den Ethikstunden vor dem Osterfest bunte mit Ostersymbolen bemalte Grußkarten an. Schreibt das oben stehende Gedicht dazu, und bemalt dann ein mitgebrachtes, ausgeblasenes Ei und verschenkt beides.

▶ *Informiert euch bei älteren Verwandten/Bekannten darüber, welche Osterbräuche in ihrer Kindheit aktuell waren. Lasst euch den Sinn erklären und tauscht euch darüber im Unterricht aus.*

Ostern in anderen Ländern

Griechenland

Das religiöse Jahr wird in Griechenland durch das Osterfest geprägt. Deshalb wird streng gefastet, um die Leidenschaft zu zähmen und das Herz zu reinigen. Am Palmsonntag werden die Kirchen mit Palmblättern und -zweigen geschmückt; nach dem Gottesdienst werden diese mit nach Hause genommen und als Gewürz und gegen Motten verwendet. Zu Ostern selbst läuten drei Tage lang die Glocken; nach dem Mitternachtsgottesdienst am Ostersonnabend nehmen alle Kirchgänger eine brennende Kerze mit nach Hause. Dort sitzen sie mit Freunden und Verwandten, singen Lieder und essen am Spieß geröstetes Lamm, das mit Herz und Leber, Knoblauch, Zwiebeln und Petersilie, Salz und Pfeffer gefüllt ist.

Russland

Am Karfreitag wird nachmittags Christus symbolisch begraben: ein Tuch, auf dem das Begräbnis aufgestickt ist, wird in der Mitte der Kirche mit Blumen bedeckt. In der Nacht von Ostersamstag auf -sonntag zieht die Gemeinde mit vielen Kerzen vor die Türen der Kirche. Dort wird das Evangelium in mehreren Sprachen gelesen; danach werden die Türen geöffnet und die Gläubigen rufen: „Christus ist auferstanden, er ist wahrhaft auferstanden." Zugleich wird ein Feuerwerk abgebrannt.

England

In England werden Ostereier zwar geschmückt, bemalt und verschenkt, aber nicht versteckt – dementsprechend kennen die meisten Engländer auch keine Osterhasen. Die Engländer beginnen die Passionszeit, also die Fastenwochen vor Ostern, mit einem Pfannkuchenessen in der Kirche am Dienstag vor dem Aschermittwoch. Direkt vor dem Osterwochenende werden die Kirchen, zur Erinnerung an den Garten Gethsemane, mit Pflanzen geschmückt. Der gekreuzigte Christus wird mit einem Tuch bedeckt, das am Ostersonnabend in einer Kerzenandacht wieder entfernt wird. Osterhöhepunkt ist der Gottesdienst mit Weihrauch und Glockenläuten am Ostersonntag.

Spanien

In Spanien ist die Kreuzigung Jesu wichtiger als seine Auferstehung: in der „Semana Santa", der heiligen Karwoche, sind überall Prozessionen mit maskierten Priestern zu sehen. Zu Ostern wird in einigen Dörfern ein „Judas", eine Strohpuppe, gehängt. Am Ostersonntag um fünf Uhr beginnt die Stierkampfsaison. Und für die Kinder gibt es statt bemalter Eier türkis und orange gefärbte Küken.

aus Mitteldeutsche Allgemeine

Geburtstag

Irenes Geburtstag

Karin Gündisch

Irene hat Geburtstag. Irene wohnt seit einem Monat in Astrids Straße. An einem Ende der Straße wohnt Astrid, am anderen Ende wohnt Irene, und die Straße ist nicht lang.

Irene hat Astrid zur Geburtstagsfeier nicht eingeladen. Astrid ist sehr traurig. Vielleicht lädt sie mich zum nächsten Geburtstag ein, denkt Astrid.

Rita ist eingeladen. Rita weiß aber nicht, wo Irene wohnt, und darum kommt sie zu Astrid. Astrid begleitet Rita und zeigt ihr, wo Irene wohnt. Als Rita im Tor verschwunden ist, geht Astrid nach Hause. Irenes Mutter kommt auf die Straße und ruft Astrid. Astrid tut so, als ob sie nichts hört, und beginnt zu laufen. Dicke Tränen kollern über ihre Backen. Astrid wischt die Tränen rasch weg, denn sie will ja gar nicht weinen.

Ich mach' mir überhaupt nichts daraus, dass Irene mich nicht eingeladen hat. Warum sie aber Rita eingeladen hat, versteh' ich nicht, sagt Astrid zu ihrer Mutter.

▶ *Spielt die Situation nach. Welche Gedanken bewegen die drei Mädchen und die Mutter?*

▶ *Wie wäre das Problem zu lösen?*

Die Torte

Eugen Roth

Ein Mensch kriegt eine schöne Torte,
Drauf stehn in Zuckerguss die Worte:
„Zum heutigen Geburtstag Glück!"
Der Mensch isst selber nicht ein Stück,
Doch muss er in gewaltigen Keilen
Das Wunderwerk ringsum verteilen.
Das „Glück", das „heu", der „Tag" verschwindet,
Und als er nachts die Torte findet,
Da ist der Text nur mehr ganz kurz.
Er lautet nämlich nur noch ..."burts"....
Der Mensch, zur Freude jäh entschlossen,
Hat diesen Rest vergnügt genossen.

Früher gratulierte man sich zum Geburtstag, weil man böse Geister abwehren wollte, die sich an der Schwelle zum neuen Lebensjahr an die Person heranwagten. In der Gesellschaft von Verwandten und Freunden glaubte man sie besser abwehren zu können.

▶ *Welche Bedeutung haben Geburtstage für euch?*

Einschulung

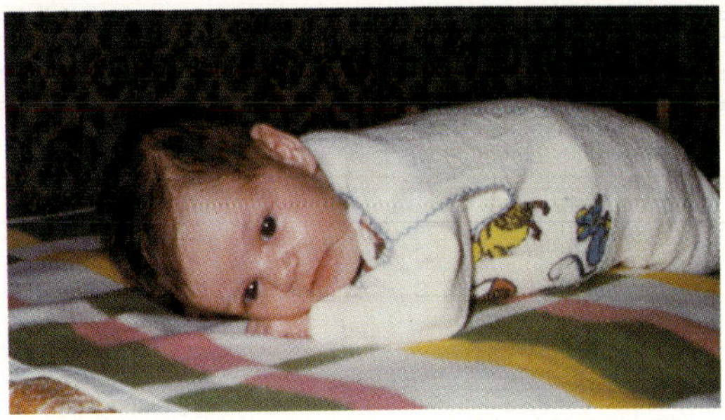

Das bin ich, Lukas. Da war ich gerade mal 4 Wochen alt. Keiner wusste damals, was wohl aus mir einmal werden würde. Später im Kindergarten habe ich immer davon geträumt endlich in die Schule gehen zu dürfen. Mein Bruder hat stets und ständig versucht mich beim Taschengeld über die Ohren zu hauen. Außerdem wollte ich meine Comics selbst lesen. Also, die Schule musste her. Als Schüler stellt man doch etwas dar. Ich dumme Nuss habe wirklich geglaubt, dass man den Baum der Zuckertüten gießen muss, damit sie ordentlich wachsen

Dann rückte der Tag aller Tage näher. Heute weiß ich auch, warum ich um das Schlafzimmer meiner Eltern einen Bogen machen sollte (Tüte im Bett!). Nun liegen die vier Grund-Jahre hinter mir, einigermaßen ist alles gut gelaufen, wenn man von dem Loch im Kopf absieht, das ich bekam, als ich vom Kirschbaum stürzte, und den gebrochenen Arm vom Fahrradcrash nicht beachtet. Seit Beginn des neuen Schuljahres gehe ich nicht mehr in die „Baby"schule. Eine Zuckertüte gab es diesmal nicht, dafür aber

- eine neue Schule
- keinen Hort mehr
- einen weiteren Schulweg
- neue Lehrer
- neue Fächer
- viele andere Klassenkameraden.

Und bei den älteren Schülern ist man wieder der Kleine, doch das geht nach einem Jahr auch vorbei. Mein bester Freund Sebastian ist an meiner Seite geblieben, genau wie meine Plüschraupe Daisy, die damals in der Zuckertütenspitze steckte und schon etwas abgegriffen ausschaut. Wir erobern jetzt gemeinsam die neue Schule. Mal sehen, welche Arbeitsgemeinschaften so angeboten werden ...

- *Was hat sich mit dem Tag der Schuleinführung in eurem Leben geändert? Schreibt auf, wie ihr den Beginn der 5. Klasse erlebt habt!*
- *Gebt Ratschläge, wie ihr eventuell auftretende Probleme in den Griff bekommen könnt.*
- *Wodurch unterscheiden sich die neuen Lehrer und Methoden von denen der Grundschule?*

Der Einstieg ins Erwachsenenleben

Im persönlichen Leben spielt der Übergang vom Kind zum Erwachsenen eine bedeutende Rolle. Aber kann man diesen Höhepunkt auf einen Tag festlegen?

Vier Schüler berichten von ihren unterschiedlichen Eindrücken:

Alexandra – Firmung

Nachdem ich mit 9 Jahren schon zur Heiligen Erstkommunion geführt worden war, stand nun meine Firmung bevor

Das Wort Firmung heißt Stärkung. Sie findet zur Pfingstzeit statt. An diesem Tag soll man als katholischer Christ den „Heiligen Geist" empfangen. Man soll sich zu seinem Glauben tapfer bekennen, andere zu diesem Glauben führen und ihn auch selbst verstehen. Zitat: „Das Feuer der Liebe soll in ihnen brennen." Die Aufgabe des Christen ist es, mit großer Freude die Wiederkehr des Herren zu erwarten. Im Firmunterricht wird man auf die Firmung vorbereitet. Dieser Unterricht beginnt ca. ein Jahr vor der Firmung. Dort liest man Glaubensbücher, bekommt Geschichten erzählt und das richtige Lesen der Bibel beigebracht. In einigen dieser Stunden geht man aber auch in die Kirche und betet. Kurz bevor die Firmung stattfindet, wird allen Firmlingen der Ablauf der Feierlichkeit erklärt. Während der Vorbereitungszeit bekamen wir immer wieder erläutert, dass es wichtig sei, jeden Sonntag in die Kirche zu gehen, was mir natürlich nicht besonders gefiel. Der Tag, an dem die Firmung stattfinden sollte, war nun da. Ich war ein bisschen aufgeregt, denn der Bischof sollte kommen. Die Firmlinge gingen in die Kirche und setzten sich auf ihre Plätze rechts vom Altar. Unsere Verwandten saßen auf der anderen Seite. Die Feier begann mit einem Gebet und Orgelmusik. Der Bischof zog feierlich in die Kirche ein. Am Altar stehend breitete er die Hände über die Firmlinge aus und rief den „Heiligen Geist" auf sie herab. Danach wurde jeder einzeln mit seinem Namen aufgerufen. Jeder Firmling hat einen Firmpaten, der hinter ihm stand, als er vor den Bischof trat. Der Firmpate hat ähnliche Aufgaben wie ein Taufpate. Er soll dem Firmling Schutz gewähren und ihm beim Eintritt ins Erwachsenenleben helfen. Dieser Firmpate muss allerdings selbst katholisch sein. Ob er ein Verwandter oder Bekannter ist, spielt hierbei aber keine Rolle. Nachdem der Firmling also an den Altar herangetreten ist, legt der Bischof ihm seine Hand auf, salbt seine Stirn mit Chrisam und spricht dabei die Worte: „Sei besiegelt durch die Gabe Gottes, den ‚Heiligen Geist'." Nun hat der Firmling den „Heiligen Geist" empfangen, außerdem bekam er ähnlich zur Taufe einen Namen, den er sich selbst aussuchen konnte. Mein Firmname ist „Maria". Zum Schluss spricht der Bischof das Dankgebet und spendet allen Firmlingen und Anwesenden den Segen. Der Chrisam, den der Bischof auf die Stirn des Firmlings salbt, besteht aus einer Mischung von Olivenöl und Balsam. Er wird am Gründonnerstag vom Bischof feierlich geweiht. Das Schlussgebet des Bischofs lautete: „Komm, Heiliger Geist, erfülle die Herzen deiner Gläubigen und entzünde in ihnen das Feuer deiner Liebe." Nach dem Festakt in der Kirche ging ich mit meiner Familie essen. Zu Hause wurde ich beglückwünscht und bekam einige Geschenke. Wir tranken gemeinsam Kaffee, und danach gingen alle meine Gäste nach Hause. Die Firmung war eigentlich kein größeres Fest, welches ausgiebig gefeiert wurde. Von der Messe in der Kirche war ich schon beeindruckt. Ich war stolz, dass ich einem „echten" Bischof gegenübergestanden hatte. Außerdem rückt man auch für ein paar Minuten in den Mittelpunkt der ganzen Feier. In dem Moment, als ich vor dem Bischof stand und gesalbt wurde, dachte ich: „Mensch, jetzt bist du auch erwachsen." Aber ansonsten hat sich an meinem normalen Alltag durch die Firmung nichts Gravierendes geändert.

René – Konfirmation

Konfirmation (lat. Befestigung) bedeutet in der evangelischen Kirche die feierliche Aufnahme der jungen Christen zwischen dem 14. und 16. Lebensjahr in die Gemeinde der Erwachsenen. Nach dem Glaubensbekenntnis der Konfirmanden folgt die Einsegnung und Zulassung zum ersten Abendmahl. In der 7. und 8. Klasse hatte ich Konfirmandenunterricht, dort bereitete der Pfarrer unsere Gruppe auf das Erwachsenenleben vor. Wir sprachen über Jesus und seine Taten, über die Gebote und deren Inhalt, und wir beteten auch. Außerdem lasen wir in der Bibel, sangen Lieder, sprachen über Verhaltensweisen in der heutigen Zeit. Regelmäßig hatten wir den Gottesdienst zu besuchen. Das war schon manchmal lästig. Vor der Konfirmation hatten wir eine kirchliche Prüfung vor der Gemeinde in der Kirche. Da mussten wir zeigen, was wir gelernt hatten. Als dieser Gottesdienst beendet war, und ich frei durchatmen konnte, fühlte ich mich gut. Ich hatte die erste „Prüfung" meines Lebens bestanden. Schon Wochen vor dem großen Ereignis herrschte in meiner Familie ein ziemliches Gehetze. Es wurden Sachen gekauft und der gastronomische Ablauf organisiert. Ich war immer ungeduldiger und konnte es kaum noch erwarten. Alle nahen Verwandten und Bekannten wurden eingeladen. Dann war es endlich so weit. Um 8 Uhr hieß es aufstehen, ich war jedoch durch die Aufregung und den Lärm der Vorbereitungen schon viel früher munter. Um 10 Uhr mussten wir in der Kirche sein. Die Zeit wollte einfach nicht vergehen. Der Gottesdienst begann mit einem Lied, damit schaffte man eine feierliche Stimmung. Die Konfirmanden wurden nach vorn gerufen. In der Gruppe fühlte ich mich wohl. Einige von uns wurden jetzt noch getauft. Alle Augen und Kameras waren auf uns gerichtet. Der Pfarrer hielt seine Predigt, von der ich aber nichts mitbekam. Trotzdem spürte man Feier und Besinnlichkeit. Dann wurden wir in kleinen Gruppen nach vorn gebeten, knieten nieder, wurden gesegnet, erhielten unseren Konfirmationsspruch. Ich bekam den meiner gerade verstorbenen Großmutter. Er lautet: „So sagt GOTT: Wenn ihr von ganzem Herzen nach mir fragt, lasse ich mich von euch finden." (Jerem. 23, 13 f.) Nach der Kirche ging ich mit meiner Familie essen. Weitere Gäste trafen ein, und es gab das eigentlich schönste – die Geschenke. Der ganze Aufwand fand nur für mich statt. Gefeiert wurde bis in die Nacht hinein. Ich fühlte mich schon erwachsenser, aber geht das von einem Tag zum anderen? Ist man irgendwann überhaupt richtig erwachsen? Erst wenn ich von anderen Erwachsenen akzeptiert werde, kann ich mich auch so fühlen. Es war ein einmaliges Erlebnis und alle, die jegliche Feier mit Familie und Freunden ablehnen, kann ich nur bedauern.

Monika – Jugendweihe

Da ich keiner Religion angehöre und lieber nur meinem eigenen Ich vertraue, aber trotzdem nach Hilfen auf meinem Weg ins Erwachsenendasein suchte, wollte ich an der Jugendweihe teilnehmen. Unsere Gruppe setzte sich aus ca. 45 Leuten zusammen, die ähnlich wie ich dachten. Im Verlauf der 8. Klasse trafen wir uns regelmäßig zu den Jugendstunden. In der ersten besprachen wir den Ablauf und danach war Disco angesagt. Gemeinsam besuchten wir ein Planetarium, um in die Sterne zu schauen, wir fuhren unter die Erde und besichtigten bei glühender Hitze das Schaubergwerk eines stillgelegten Kalistollens. Auch an Sport und Kultur wurde gedacht. Wir erlebten die Premiere des Musicals „Jesus Christ Superstar" (Einfach toll!) und kletterten auf den Rücken der Pferde, um auch aus dieser Position das Leben kennen zu lernen. Wir hatten viele neue Eindrücke und Kenntnisse zu verarbeiten. Der Höhepunkt war dann die Feierstunde zu Pfingsten. Eröffnet und begleitet wurde sie von einer Streichinstrumentengruppe. Ein Festredner gab uns gute Ratschläge mit auf den Weg, ein Jugendweiheteilnehmer hielt eine Dankrede. Uns wurden Urkunden und kleine Geschenke überreicht. Es herrschte eine ganz feierliche Atmosphäre, die sogar noch von unseren Fotos ausgeht. Auch bei der danach folgenden Feier im Familienkreis stand ich im Mittelpunkt, was mich unheimlich stolz machte, der ganze Aufwand wegen mir! Es war toll, die Verwandtschft mal wieder versammelt zu sehen und mit ihnen reden zu können. So richtig erwachsen fühle ich mich noch nicht, aber ich habe in diesem Jahr viel dazugelernt.

▶ *Was kannst du über die Jugendweihe in deinem Bekanntenkreis berichten?*

Keine

Firmung,

Konfirmation,

Jugendweihe!

Was nun?

Sabine – Familienfeier ohne Feierstunde

Konfirmation und Kommunion hatte ich nicht, weil meine Eltern und ich keiner Religion angehören. Sie überließen mir die Entscheidung, ob Jugendweihe oder nicht. Ich wollte sie nicht, weil mir der ganze Zirkus drumherum zu blöd war. Aber feiern, feiern wollte ich schon, schließlich stehe ich auch auf Geschenke und als erwachsen wollte ich ebenfalls gelten. Wir bestimmten also einen Samstag im Mai, bestellten Plätze in einer Gaststätte, luden Verwandte und Freunde ein und legten uns neue Garderobe zu. In dieser Zeit wurde ich oft nach meinen Plänen für die Zukunft befragt, aber davon hatte ich nur eine vage Vorstellung. Richtig erwachsen ist man doch erst, wenn man schon eine Weile im Berufsleben steht, solche Erfahrungen braucht man einfach dafür. Ich sehe mich als Jugendlicher, auf den man sich verlassen kann, der aber in Entscheidungssituationen noch den Rat der Eltern benötigt. Die Feier war ziemlich anstrengend und gar nicht gesund, weil man mit vielen etwas Alkoholisches trinken sollte, man ist doch kein Kind mehr! Am nächsten Tag hatte ich aber die Kopfschmerzen.

Jugendweihe

▶ *Wie schätzen die Jugendlichen ihre Feier ein? Wie denken sie über das Erwachsenwerden? Stellt eure Ansichten dar!*

Versteckte Wörter

G	W	I	O	P	R	T	B	H	E	R	B	S	T	O	I	U	T	R	E	U	W	S	G	Y	F	X	C
F	E	G	G	F	D	S	H	J	K	N	V	C	X	S	K	L	A	S	S	E	N	A	R	B	E	I	T
D	I	F	B	V	C	O	X	G	E	S	C	H	E	N	K	F	G	O	H	Q	S	A	D	F	T	G	H
S	H	H	C	F	G	M	J	W	H	Y	V	B	Y	Ü	Ä	J	K	N	L	T	S	Ü	U	C	E	V	J
A	N	X	X	T	H	M	Ä	C	F	V	M	G	V	J	U	G	E	N	D	W	E	I	H	E	D	F	H
K	A	L	E	N	D	E	R	C	R	X	Ä	F	R	R	M	V	T	T	Z	Z	M	Ä	R	H	G	Ä	J
Ü	C	Ö	V	H	S	R	D	V	D	F	N	A	Q	W	A	R	Ä	A	J	Z	J	B	G	X	R	V	K
Ö	H	Ü	Ö	A	S	D	T	A	G	E	B	U	C	H	D	M	Z	G	F	N	O	L	Ä	V	F	T	L
D	T	Y	B	M	F	G	R	R	W	I	H	L	S	C	H	U	L	E	I	N	F	Ü	H	R	U	N	G
X	E	M	J	U	H	K	I	Q	F	E	G	E	N	E	U	J	A	H	R	Ä	H	T	T	Z	R	X	M
Y	N	U	L	T	Z	R	U	I	O	R	M	N	P	F	Ü	V	L	Ö	M	Ö	X	E	F	G	L	U	B
N	X	R	Ö	T	E	S	P	O	R	T	N	Z	B	V	K	G	E	B	U	R	T	U	M	C	A	X	N
I	Ä	R	B	E	J	Z	T	R	H	A	O	E	H	R	J	X	G	F	N	S	F	D	G	O	U	Z	V
K	B	T	E	R	H	O	L	U	N	G	I	N	G	F	H	V	C	V	G	G	T	M	H	M	B	C	H
O	X	Z	V	T	N	S	M	R	K	J	M	V	B	R	M	B	V	X	G	M	D	J	G	P	K	V	O
L	Y	P	C	A	B	T	V	B	U	C	H	V	Z	U	C	K	E	R	T	Ü	T	E	L	U	K	B	B
A	Q	O	F	G	F	E	T	G	W	D	F	G	W	Q	Y	D	V	B	N	M	Ü	W	A	T	D	V	B
U	Z	I	Z	L	J	R	O	U	Z	V	S	T	U	N	D	E	N	P	L	A	N	L	I	E	D	J	Y
S	P	B	F	E	R	N	S	E	H	E	R	X	C	B	C	X	V	B	N	M	K	P	O	R	X	N	S

▶ *Hier habt ihr noch einmal je 15 Begriffe waagrecht und senkrecht, die im vorausgegangenen Kapitel vorgekommen sind. Findet sie heraus und erläutert sie kurz.*

Wahrsagespiel am Luciatag (13.12.)

Von alters her glauben die Menschen, dass man am Luciatag ein wenig in die Zukunft sehen kann. Deshalb werden an diesem Tag auch verschiedene Wahrsagespiele gespielt.

Besonders gern spielen die schwedischen Kinder das Lichterorakel. Dazu setzen sie einen kurzen Docht in eine Walnusshälfte und gießen die Nussschalen voll Wachs. Jedes Kind wählt darauf eine Nussschale und kennzeichnet sie am Rand mit seinem Zeichen. Hierauf werden die Nussschalen vorsichtig in eine große Schüssel mit Wasser gesetzt und die Lichter angezündet.

Die Nussschalen schwimmen darauf hin und her, und die Kinder beobachten sie genau. Denn sie verraten ihnen, wer mit wem im nächsten Jahr besonders eng befreundet sein oder sogar ein Liebespaar wird. Das deuten sie aus den Bewegungen der Schiffchen in der Schüssel, je nachdem, wie die Nussschalen sich näher kommen, zusammenstoßen oder auseinander treiben.

Das Verhältnis von Mensch und Natur

Die Schönheit der Natur

Die Schönheit der Natur

- Stellt kurz eine Reihenfolge zur Schönheit dieser Bilder auf!
- Überlegt, weshalb ihr manche Bilder als „schön" empfunden habt – manche dagegen überhaupt nicht „schön" fandet.
- Diskutiert nun, wie wichtig euch eine schöne Natur ist.
- Welchen Einfluss kann Natur auf unser allgemeines Wohlfühlen haben?
- Vergleicht nun eure Vorstellungen mit der Wirklichkeit um euch herum.
- In welchen Bereichen können wir unsere Umwelt selbst schöner gestalten – wo ist uns dies allerdings eher nicht möglich?

SCHÖN BLÜMELEIN

Robert Schumann 1810-1856

Robert Reinick 1805-1852

Natur als Lebensquelle für den Menschen

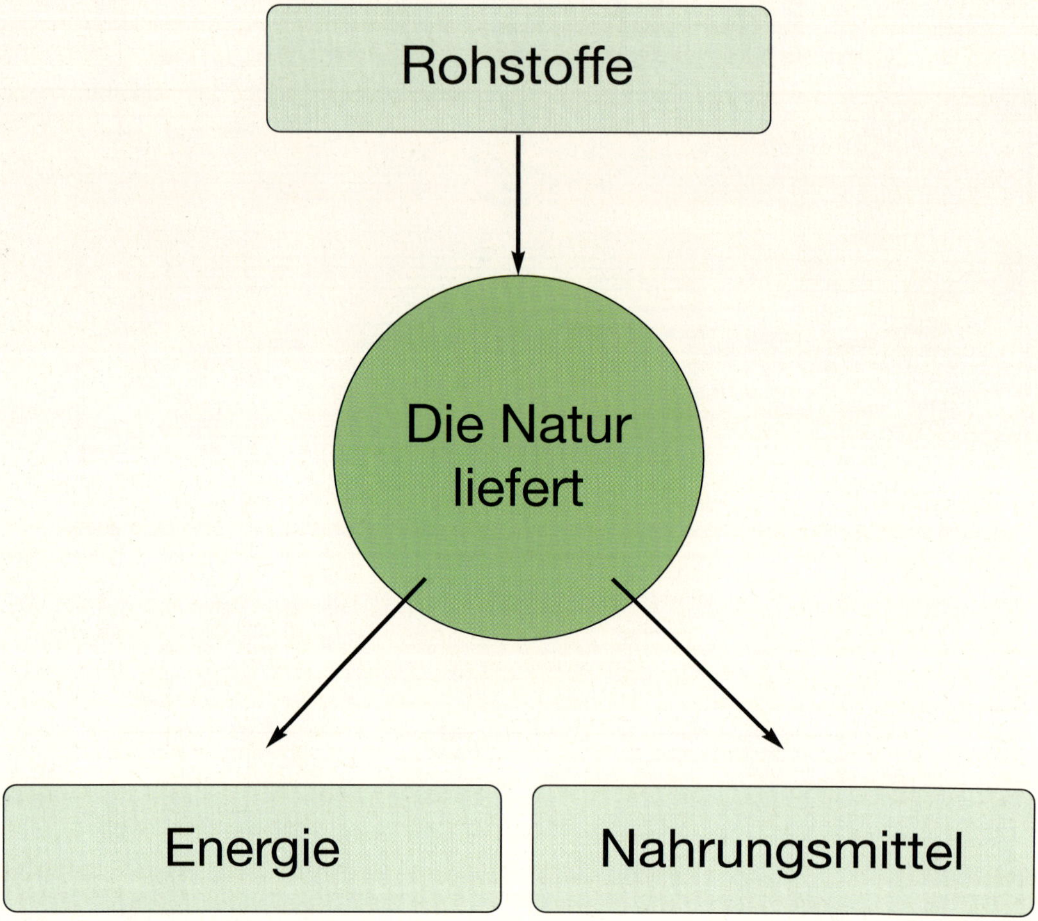

- Übertragt diese Skizze in euer Heft!
- Ergänzt nun, welche Rohstoffe uns die Natur liefert – welche Nahrungsmittel wir aus der Natur täglich verwenden und welche Energie wir gewinnen.
- Notiert ferner, welche Berufe für diesen Zusammenhang bedeutsam sind.
- Jeder kann jetzt in einem abschließenden Satz für sich selbst die Bedeutung der Natur zusammenfassen.

Die Natur als Nahrungsquelle

- ▶ *Welche Nahrungsmittel könnt ihr auf den Bildern erkennen?*
- ▶ *Findet heraus, welche weiteren Nahrungsmittel uns die Natur liefert.*
- ▶ *Diskutiert den Bibelspruch „Macht euch die Erde untertan!"*

Die Natur als Rohstoffquelle

<u>Wie nutzen wir den Wald?</u>

aus Holz stellen wir Möbel her

Heizmaterial

Papierherstellung

Weihnachtsbäume

Baumaterial

....

....

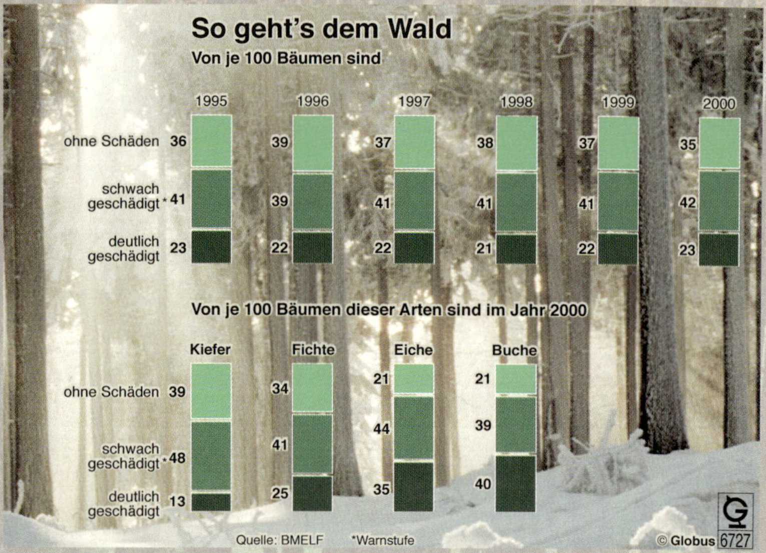

- *Ergänzt die obige Liste!*
- *Der Wald liefert aber nicht nur Holz zur Verarbeitung. Welche weiteren Produkte liefert der Wald dem Menschen? (Denkt aber nicht nur ans Essen!)*
- *Schreibt für euch selbst auf, welche Bedeutung der Wald für euch hat. Ihr könnt hierbei an eigene Erlebnisse und Begegnungen denken. Auch könnt ihr überlegen, was geschehen würde, wenn es den Wald nicht mehr geben würde.*

Natur als Energiequelle

Den größten Anteil unter den erneuerbaren Energien hatte bisher die Wasserkraftnutzung in Sachsen. Zur Zeit betragen die maximale elektrische Gesamtleistung etwa 55 Megawatt (MW) und die erzeugte elektrische Arbeit jährlich etwa 250 Gigawattstunden (Gwh). Laut einer Studie des Bundesforschungsministeriums (BMFT) ist aber damit die ökologisch maximal erreichbare Strommenge schon fast ausgeschöpft.

In naher Zukunft wird unter den erneuerbaren Energien die Windenergie den größten Beitrag leisten.

1997 wurden in Sachsen mit fast 100 MW etwa 150 GWh Strom erzeugt. Bis 2005 könnte die aus Windkraft erzeugte elektrische Arbeit auf 1000-1500 GWh anwachsen. Eine Steuerung der Standorte von Windkraftanlagen ist u.a. aus Gründen des Landschaftsschutzes vorrangig mit Hilfe der Regionalplanung erforderlich.

Bei Senkung der Produktionskosten wird die Stromerzeugung aus Sonnenlicht langfristig erheblich an Bedeutung gewinnen. Die zur Verfügung stehenden Flächen auf Dächern und an Fassaden sind sehr groß. Dort können auch Sonnenkollektoren zur Warmwasserbereitung und zur Heizungsunterstützung installiert werden.

Einen westlichen Beitrag insbesondere zur Wärmebereitstellung können aber in Zukunft auch die Biomasse (im weiteren Sinn) und die nachwachsenden Rohstoffe wie Holz und Stroh leisten. Dafür stehen in Sachsen ca. 450 000 t/a Getreidestroh (20 % des Aufkommens) und etwa 100 000 t/a Durchforstungsholz zur Verfügung.

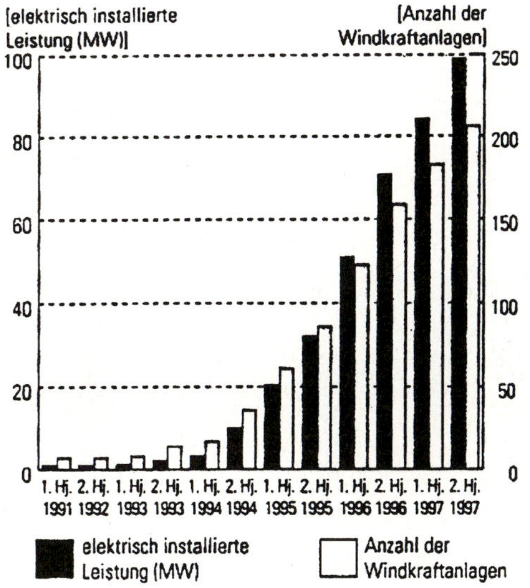

Anzahl und Leistung der errichteten Windkraftanlagen in Sachsen

- *„Natur als Energiequelle": Stellt in eurem Heft zusammen, welche Bereiche der Energiegewinnung hierzu gehören!*
- *Diskutiert, weshalb es in früheren Zeiten nicht aktuell war, über die Folgen der Energiegewinnung nachzudenken.*
- *Stellt Gründe zusammen, weshalb es heute so schwer ist, erneuerbare Energien einzusetzen.*

Wasserkraftwerk Klingenberg

Das Wasserkraftwerk Klingenberg gehört schon seit 1914 zu den Stromlieferanten. 1908 begannen die Bauarbeiten für die Talsperre, die vor allem als Trinkwasserspeicher für die ständig wachsende Bevölkerung im nahen Dresden und Freital dienen sollte.

Die Wilde Weißeritz wird hier gestaut. Durch einen Ablaß in der Staumauer fließt das Wasser in die Turbine. Danach wird es durch Rohrleitungen in die Kraftwerke nach Dorfhain und Tharandt und anschließend in das Wasserwerk Dresden-Coschütz geschickt.

Die beiden über 80 Jahre alten Francisturbinen im Wasserkraftwerk Klingenberg sind gut erhalten und arbeiten noch heute einwandfrei. Lediglich die elektronische Schalt- und Steuerungseinrichtung wurde Mitte der achtziger Jahre erneuert. Das Original, eine Schalttafel aus Marmor mit schönen messinggefaßten Instrumenten, ziert den Maschinensaal nun als Schmuckstück. Ebenso wie im Wasserkraftwerk Rabenauer Grund sind auch hier die ursprünglich eingebauten 2-Phasen-Generatoren noch unverändert in Betrieb. Spezielle Transformatoren nehmen die Umwandlung in eine 3-Phasen-Wechselspannung (Drehstrom) vor.

Staumauer Talsperre Klingenberg

▶ *Erläutert, weshalb die Wasserkraft zu den erneuerbaren Energieträgern gehört, Steinkohle jedoch nicht.*

Bedrohung des Menschen durch die Natur

Naturkatastrophen

Hochwassersituation an der Neiße im Jahre 1995

Waldbrände sind schwer zu bekämpfen

Naturkatastrophen – Konfrontation des Menschen mit Naturgewalten

Nach dem Erdbeben auf Taiwan vom 22.9. 1999

Seit Menschengedenken offenbaren sich die zerstörerischen Kräfte der Natur in Form von Überschwemmungen, Vulkanausbrüchen, Orkanen, Waldbränden, Erdbeben und Flutwellen. Katastrophen und Gefahren sind Teil unseres Lebens. Sie werden weiterhin eine Bedrohung darstellen, Menschenleben kosten und Zerstörung bringen. Diese Risiken können gegenwärtig nicht auf Null reduziert werden. Deshalb lautet die grundlegende Frage: Wie kann verhindert werden, dass diese Naturereignisse immer größere Katastrophen auslösen?

Die Antwort ist bekannt: Die zerstörerischen Auswirkungen natürlicher Phänomene können nur ausgeschaltet, verringert oder eingedämmt werden, wenn Städte, Siedlungen, Infrastrukturen und Häuser sicherer gebaut werden.

Fest steht, dass das Ausmaß der Katastrophen von Menschenhand gemacht ist. „Nicht die Kugel tötet, sondern die Wunde." Erdbeben und Stürme töten nicht; das Einstürzen von Häusern und Gebäuden ist die Haupttodesursache. Naturkatastrophen an sich nehmen nicht zu, und dies wird auch in Zukunft erwartet. Aber man geht davon aus, dass die Folgen von Naturkatastrophen komplexer und schwerwiegender werden. Es wird mehr Katastrophen mit verschiedensten Wirkungen geben, die für die Gesellschaft insgesamt negative Folgen haben. Würde heute, im Zeitalter der Globalisierung, ein Erdbeben ein Finanzzentrum wie Tokio oder Kalifornien weitgehend zerstören, so wirkte sich dies auch auf Volkswirtschaften von Ländern aus, die sehr weit entfernt sind.

- ▶ *Stellt zusammen, welche „Naturkatastrophen" von Menschenhand mitverursacht worden sind.*
- ▶ *Was meint der Autor, wenn er sagt, das Ausmaß der Katastrophen sei von Menschenhand gemacht?*
- ▶ *Diskutiert, inwiefern die Folgen von Naturkatastrophen komplexer und schwer wiegender sind.*

Mitschuld des Menschen

Naturkatastrophen sind nicht immer völlig „natürlich". Einerseits wirken die Kräfte der Natur in einer Umwelt, die Tag für Tag von den Menschen verändert wird. Überschwemmungen werden durch Abholzungen immer verheerender, die globale Erwärmung wird durch den unkontrollierten Ausstoß von Treibhausgasen vorangetrieben. Andererseits werden Naturkatastrophen in Zukunft gleichzeitig immer mehr technologische Katastrophen auslösen oder verstärken. So können durch Überschwemmungen chemische Fabriken und durch Erdbeben gefährdete Anlagen zerstört werden.

Allerdings ist die Eindämmung von Katastrophen möglich und machbar. Zwar lässt sich ein Erdbeben, Orkan oder Vulkanausbruch nicht verhindern, aber wir können die wissenschaftlichen Kenntnisse und das technologische Know-how, das heute schon besteht, einsetzen, damit Häuser und Brücken Erdstößen und Stürmen besser standhalten; wir können Frühwarnungen vor Vulkanausbrüchen einführen und verbreiten sowie die entsprechenden Maßnahmen auf solche Warnungen hin kollektiv organisieren. In welchem Maße eine Gesellschaft dieses Wissen tatsächlich umsetzt, hängt von ihren sozialen, kulturellen, politischen, wirtschaftlichen und sogar religiösen Besonderheiten ab.

Leben retten dank Information

Die Prävention von Katastrophen beginnt mit einem besseren Verständnis der Risiken. Es muss bestimmt werden, wie die Verteilung von Naturereignissen in Bezug auf Zeit, Raum und Stärke aussieht beziehungsweise in welchem Maße Menschen und Infrastrukturen betroffen sind. Auf Grundlage einer solchen Erhebung können Schutzmaßnahmen getroffen werden, wie Einschränkung der Bodennutzung, angemessene Baukonstruktionen und Umweltmanagement. Gleichzeitig müssen Mess- und Warnsysteme installiert und Notfallpläne aufgestellt werden. Die grundlegende Maßnahme bleibt jedoch die Unterweisung und Information der Öffentlichkeit. Zahlreiche Fälle zeigen, dass Verluste von Menschenleben und materielle Schäden bei Katastrophen erheblich verringert werden können, wenn bessere Warnsysteme angewandt und Vorbeugemaßnahmen getroffen werden. Über 300 000 Menschen starben im November 1970 in Bangladesch durch einen Wirbelsturm, weil die Warnsysteme nicht richtig genutzt wurden und die Bevölkerung nicht informiert war. Im Mai 1985 kamen aufgrund besserer Vorhersage und entsprechender Warnung bei einem Zyklon derselben Stärke weniger als 10 000 Menschen ums Leben. Ebenso konnten 1991 die 30 000 Menschen, die in der Umgebung des Mount Pinatubo auf den Philippinen lebten, rechtzeitig vor dessen Ausbruch informiert und evakuiert werden. Die Bevölkerung der Stadt Armero in Kolumbien hatte 1985 weniger Glück, als der Ausbruch des Vulkans Nevado del Ruiz, der eine durchaus vergleichbare Stärke aufwies, innerhalb weniger Minuten 25 000 Menschen das Leben kostete.

Badaoui Rouhban
ist Ingenieur und Leiter der Abteilung
Katastrophenverhütung bei der UNESCO

Interview mit Frank Press, dem Ehrenpräsidenten der Akademie der Wissenschaften der USA und „Vater" der Internationalen Dekade für die Verminderung der Folgen von Naturkatastrophen (1990-2000).

Wie kann man Katastrophen begegnen?

Welche Verbindung besteht zwischen dem Umgang mit Naturkatastrophen und potentiellen Katastrophen, die vom Menschen verursacht werden?

Alle diese Desaster führen zu menschlichem Leid und verlangen die Solidarität der internationalen Gemeinschaft. Vielleicht könnten wir uns auf das Ziel verständigen, im neuen Jahrhundert gegen jede Form von menschlichem Leid vorzugehen. Allerdings sind diese potentiellen Katastrophen unterschiedlich, mit verschiedenen Ursachen und Lösungen, und sie betreffen Nationen ganz unterschiedlich. Deshalb wird es schwierig sein, zu einer weltweiten Absprache über so komplexe Probleme zu gelangen. Möglicherweise wäre es lohnender, die verschiedenen Katastrophenarten zunächst getrennt zu behandeln.

Die Prävention von Katastrophen ruft nach der Zusammenarbeit vieler Wissenschaftszweige sowie des öffentlichen und des privaten Sektors. Wie kann dies am besten erreicht werden?

Zunächst muss eine Organisationsstruktur aufgebaut werden. Wenn sie einmal vorhanden ist, muss ein Strategieplan oder eine Art Organigramm die Rollen festlegen, welche die Spezialisten der verschiedenen Disziplinen, der öffentliche und der private Sektor übernehmen. Zurzeit sind alle auf die eine oder andere Weise aktiv, aber sie arbeiten nicht wirklich zusammen. Man trifft sich und tauscht Informationen aus – im übrigen mehr über Katastrophenhilfe als über Vorausplanung und Prävention.

Elektronische Post, weltweit zugängliche Datenbanken, computergestützte Lernprogramme und „virtuelle Teams", die Weiterentwicklungen unbürokratischer Arbeitsgruppen – dies sind einige Möglichkeiten, mit denen die Zusammenarbeit vorangetrieben und die Effizienz bei der Lösung komplexer Probleme gesteigert werden kann.

- ▶ *Notiert die Forderungen, die Frank Press hier aufstellt.*
- ▶ *Bei welchen Forderungen sind wir direkt oder selbst angesprochen?*
- ▶ *Was ist also von uns selbst zu tun?*

Ist es möglich, Naturkatastrophen vorherzusagen?

	räumlich	zeitlich		
		langfristig (Jahre)	mittelfristig Monate oder Wochen	kurzfristig (Tage oder Stunden)
Erdbeben	ja	ja/beinahe	nein	nein
extreme klimatische Ereignisse	ja	nein	nein	ja
Flutkatastrophen	ja	nein	nein	ja/beinahe
Waldbrände	ja	nein	nein	nein/beinahe
Erdrutsche	ja	ja	ja	ja/beinahe
Überschwemmungen	ja	nein	nein	ja
Vulkanausbrüche	ja	ja	ja	nein/beinahe

Wie gehen wir mit unserer Umwelt um?

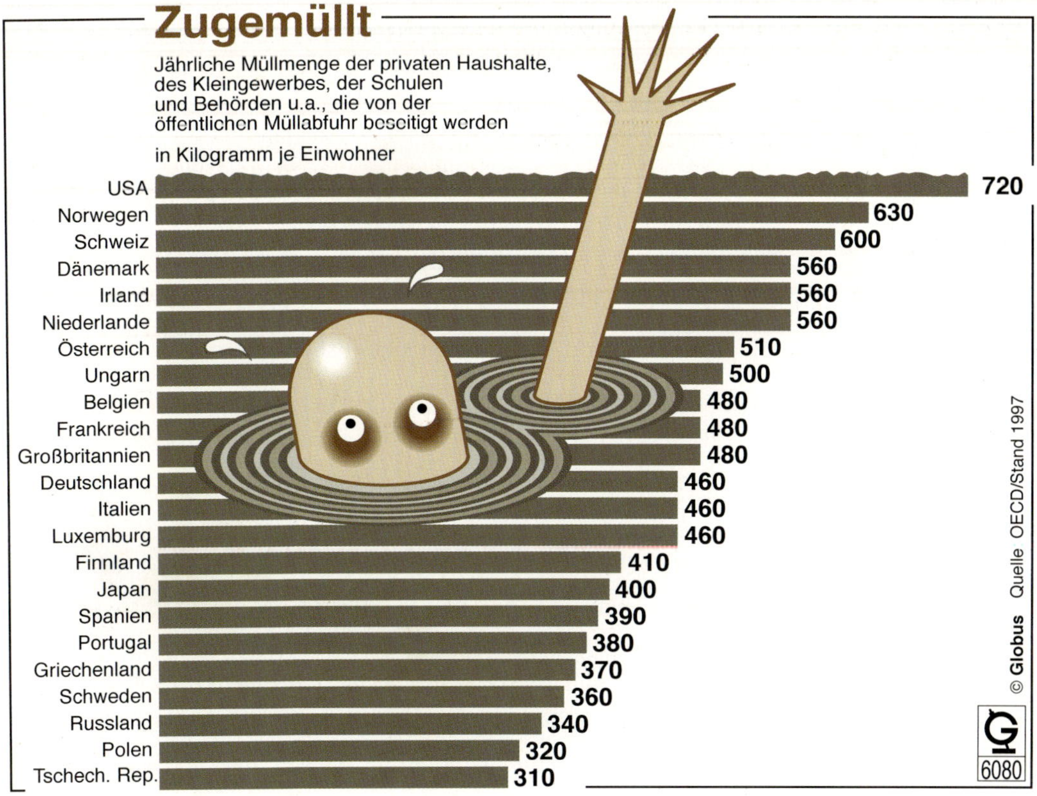

Grundsätze der Abfallwirtschaft

Die erfolgreiche Entwicklung des Freistaates Sachsen zu einem modernen Industriestandort erfordert eine zukunftsweisende Abfallwirtschaft, die gleichzeitig auf Ressourcenschonung, Umweltverträglichkeit und Sicherheit der Entsorgung abzielt und dabei bezahlbar bleibt.

Die Sicherstellung einer in jeder Hinsicht umweltschonenden Entsorgung von Siedlungs- und Industrieabfällen, um damit nachfolgende Generationen vor unabsehbaren ökologischen und ökonomischen Problemen zu bewahren, stellt die Akteure allerdings vor große Herausforderungen.

Erste Priorität hat die Vermeidung von Abfällen. Dazu zählen alle Maßnahmen, die die Abfallentstehung vollständig oder teilweise verhindern oder Schadstoffgehalte von Abfällen verringern. Die Bürger können durch ihr Konsumverhalten (z.B. Verzicht auf aufwendig verpackte Produkte, Bevorzugung langlebiger Produkte, Kauf von Mehrwegverpackungen) und durch Eigenkompostierung dazu beitragen, dass Abfälle vermieden werden. In Gewerbe und Industrie helfen folgende Maßnahmen, Abfälle zu vermeiden:

- verstärkter Einsatz schadstoffarmer Roh-, Hilfs- und Betriebsstoffe,
- Kreislaufführung von Produktionsresten und Hilfsstoffen,
- Sekundärrohstoffeinsatz,
- Produktoptimierung (Lebensdauer, Mehrwegfähigkeit, Verwertbarkeit),
- Errichtung von Rücknahme- und Verwertungssystemen.

Die Pflicht zur Verwertung von Abfällen ist einzuhalten, soweit dies technisch möglich und wirtschaftlich zumutbar ist und wenn die Beseitigung nicht die umweltverträglichere Lösung darstellt. Eine Ablagerung unbehandelter Restabfälle ist im Hinblick auf zukünftige Generationen nicht länger vertretbar. Deshalb sind Restabfälle vor ihrer Ablagerung so zu behandeln, dass von ihnen auch zukünftig keine Gefährdungen für die Umwelt ausgehen.

- ▶ *Erklärt mit euren eigenen Worten die Grundsätze der Abfallwirtschaft. In welchen Bereichen betreffen sie direkt euer Leben?*
- ▶ *Diskutiert, was ihr selbst machen könnt.*

Abfallvermeidende Maßnahmen sind insbesondere

- das abfallarme Gewinnen und Aufbereiten von Rohstoffen sowie das abfallarme Herstellen, Verarbeiten und Verteilen von Erzeugnissen,
- die Erhöhung der Gebrauchsdauer und der Haltbarkeit sowie die Verbesserung der Reparaturfreundlichkeit der Erzeugnisse,
- die Steigerung der Mehrfachverwendung von Produkten,
- die Entwicklung und Anwendung umweltschonender Verfahren zur Vermeidung und Verwertung von Abfällen und Reststoffen,
- die Verminderung des Schadstoffgehalts in Abfällen sowie die bevorzugte Nutzung abfallarm erzeugter Gebrauchs- und Investitionsgüter.

(Staatsministerium für Umwelt und Landesentwicklung, Freistaat Sachsen)

- ▶ *Versucht, diese Maßnahmen an Beispielen zu erklären. Ihr könnt zunächst von eurem eigenen Erfahrungsbereich ausgehen. Folgende Hinweise als Fragen sollen euch dabei helfen:*
- ▶ *Warum trinken wir in Sachsen z.B. Mineralwasser und Bier, das einen sehr weiten Weg hinter sich hat? (Energieaufwand beim Transport, LKW-Schlangen auf den Straßen, Luftverschmutzung)*
- ▶ *Weshalb trinken wir immer noch Cola u.ä. aus Dosen und Plastikbechern? (Müllproblem, Rohstoffe)*
- ▶ *Früher trug man z.B. eine Uhr jahrzehntelang und freute sich darüber. Heute werden billige Uhren sofort durch neue ersetzt, wenn sie nicht mehr funktionieren. Wie viele Schulranzen aus Plastik habt ihr schon „verbraucht“? Was geschah mit den alten Schulranzen? Haben eure Eltern noch ihre Lederranzen? Wie viele Füller und Stifte habt ihr schon „verbraucht“? Was geschah mit den alten?*
- ▶ *In welchen Bereichen sind wir bereit, unser bisheriges Verhalten zu verändern? Wo fällt es besonders schwer?*
- ▶ *In welchen Bereichen werden wir von der Werbung zu einem Konsumverhalten gedrängt, das der Umwelt schadet?*

Auswirkungen der Wassernutzung

Die Elbe – Prüfstein europäischer Umweltpolitik

In unserer jüngsten Vergangenheit war die Elbe ein Schicksalsstrom besonderer Art zwischen Ost und West.

Nach der Wende hat der Fluss diese Bedeutung, wenn auch in ganz anderer Art, nicht verloren:

Die Elbe ist zum Prüfstein für die Zusammenarbeit der Umweltpolitik in Europa geworden.

Für den Freistaat Sachsen hat die Sanierung der Elbe und ihrer Nebenflüsse höchsten politischen Vorrang, ja, ist sogar lebenswichtig. Etwa eine Million der Einwohner Sachsens erhalten aus dem Uferfiltrat der Elbe gewonnenes Wasser. Allein daraus wird schon deutlich, weshalb die Elbe-Sanierung zum Hauptfeld der sächsischen Gewässerschutzpolitik erklärt wurde.

Das wieder vereinigte Deutschland hat schon im Oktober 1990 seinen ersten internationalen Vertrag mit den Partnern Tschechoslowakei und Europäische Gemeinschaft zur Schaffung der Internationalen Kommission zum Schutz der Elbe (IKSE) geschlossen. Damit wurde dem hohen Anspruch der Freiheit – nämlich der Verantwortung – zunächst einmal entsprochen.

Der Freistaat Sachsen ist in starkem Maße von seinem Oberlieger, der CSFR, abhängig. Was der Elbe und ihren Nebenflüssen Moldau und Eger und ihren Einzugsgebieten auf ihren langen Wegen durch das Böhmische Becken und seinen Randgebirgen aufgeladen und zugemutet wird, bringt der Strom als problemhafte Fracht durch das Landschaftsschutzgebiet Sächsische Schweiz bis zu den Elbe-Wasserwerken in Dresden, Meißen, Riesa und Torgau.

Die hochgradige Belastung der Elbe und ihrer Nebenflüsse beeinträchtigt die Nutzung des Elbewassers für die Trinkwasseraufbereitung und als Bewässerungswasser für die Landwirtschaft. Auch die Fischerei wurde in Teilen zum Erliegen gebracht.

▶ *Welche Möglichkeiten könnte ein Fluss, der nicht belastet ist, für Natur und Mensch bieten? Weshalb wird die Elbe als Prüfstein europäischer Umweltpolitik angesehen?*

Der Zustand unserer Flüsse

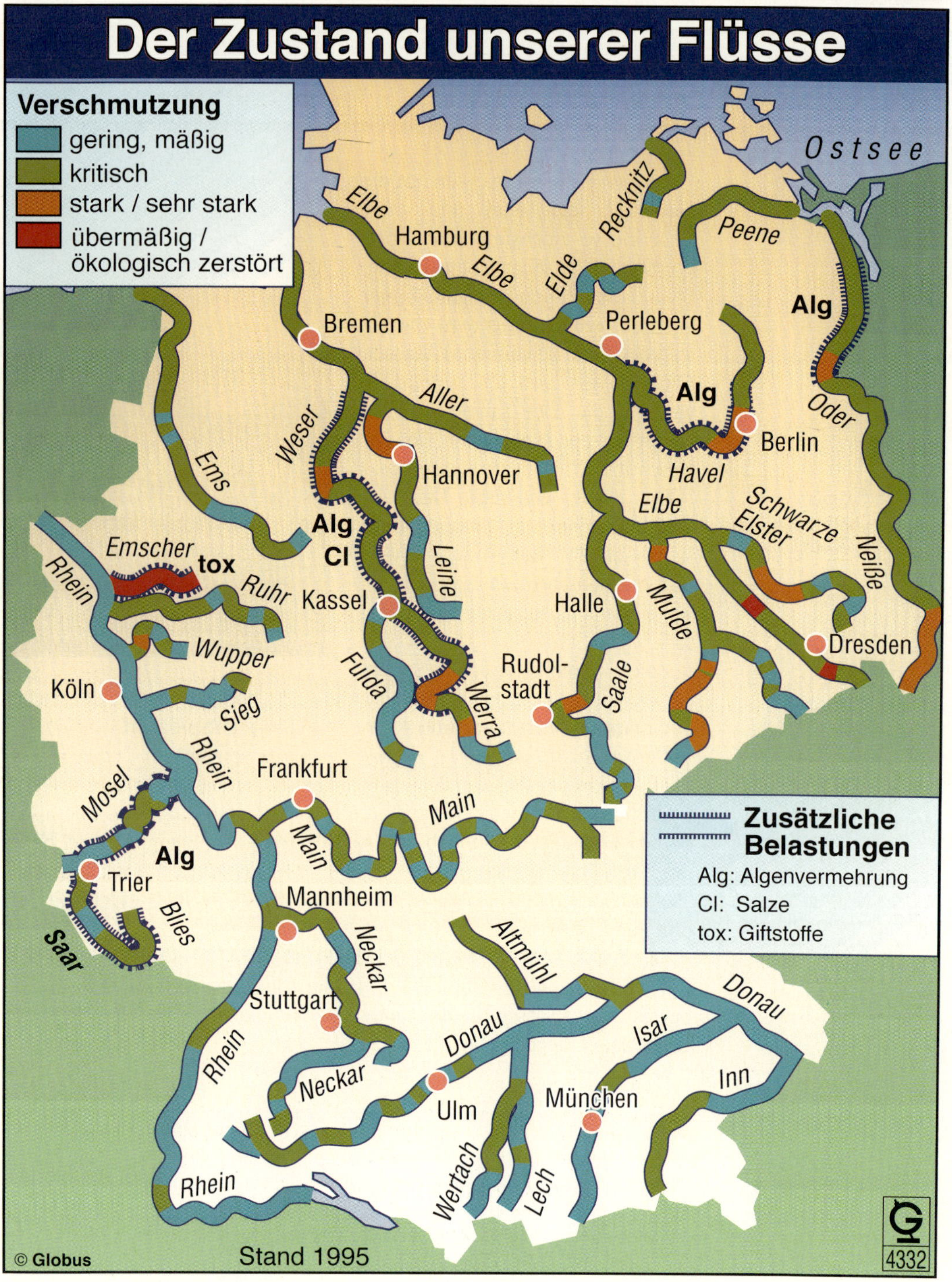

Energieeffizienzklasse

Wie können wir mit Energiequellen und Rohstoffen vernünftig umgehen?

Heute kann jeder soviel Energie verbrauchen, wie er will. Energie ist billig und bequem zu haben. Wen kümmert es daher, wenn Energie nutzlos verschwendet wird. Haben wir denn nicht Überkapazitäten (es ist mehr Energie da, als genutzt wird) bei den Energie-Erzeugern, den Kraftwerken? Das ist richtig, aber die Energie-Rohstoffe Gas, Erdöl, Stein- und Braunkohle, ja selbst Uranerze, sind nur in einer begrenzten Menge vorhanden. Zur Bildung der fossilen Brennstoffe Kohle, Öl und Erdgas waren ein paar Millionen Jahre nötig. Wir nutzen seit Jahrzehnten so große Anteile dieser begrenzten Energie-Rohstoffmenge, dass spätere Generationen im Vergleich zu heute wohl nur noch kümmerliche Reste zur Verfügung haben. Bei Fortsetzung dieser Energieverschwendung wird Erdöl in wenigen Jahrzehnten weitgehend aufgebraucht sein, Kohle in wenigen Jahrhunderten. Dabei ist Erdöl ein wichtiger Rohstoff der Chemie (Herstellung von Medikamenten, Kunststoffen, Textilien) und damit viel zu schade für die Verbrennung im Rahmen der Energieerzeugung. Es drohen also nicht nur Energievorräte zu Ende zu gehen, sondern auch bedeutende Möglichkeiten zur Erzeugung künstlicher Wirk-, Gebrauchs- und Baustoffe. Wir leben also auf Kosten unserer Nachkommen. Das „Nach uns die Sintflut"-Denken spüren wir heute schon. Die Wälder sind erkrankt. Bäume sterben. Tiere verschwinden für immer. Das Grundwasser ist belastet. Hier ließe sich noch vieles aufzählen. Nur die „Ewig-Gestrigen" begreifen es nicht. Umdenken ist notwendig. Wir müssen Verantwortung für heute und die Zukunft tragen. Wir müssen die Umwelt erhalten, die Rohstoffvorräte schonen, die Energie sinnvoll nutzen und nicht nutzlos verschwenden.

- ▶ *Haltet fest, woran in diesem Text Kritik geübt wird.*
- ▶ *Stellt euch vor, ihr wollt ein neues Auto kaufen. Welche Dinge sind für euch dabei besonders wichtig? Diskutiert den Aspekt „Benzinverbrauch".*
- ▶ *Beobachtet euren Umgang mit der Heizung in der Schule und zu Hause. Ist die Heizungsanlage auf dem neuesten Stand? Wie oft wird die Heizung von einem Fachmann (früher Schornsteinfeger) kontrolliert?*
- ▶ *Was sind Sonnenkollektoren? Wie funktionieren sie?*
- ▶ *Was versteht man unter Photovoltaik?*

Vorschläge:

- Nur Zimmer stetig heizen, in denen man sich aufhält. Andere Zimmer dürfen kühler sein. Kurz und kräftig lüften, statt lang und nur durch einen Spalt. Folgende Raumtemperaturen reichen aus: Wohnzimmer 20-21 Grad Celsius, Küche 18, Kinderzimmer 20-21. Schlafzimmer 16-18, Bad 23 (bei Benutzung), Flur 15, Garage ungeheizt.

- Beim Einkauf elektrischer Geräte (z.B. Waschmaschine) die Eltern auf energiesparende Systeme aufmerksam machen. –

Ausbeutung von Energiequellen und Rohstoffen

Vernünftige und unvernünftige Nutzung

Petra und ihre Haare

Eine Umfrage entwerfen zum Wasser- und Energieverbrauch

Jeden Tag wäscht Petra ihre Haare. Das muss unbedingt so sein, denn sonst fühlt sie sich unwohl. Das Shampoo geht natürlich nicht so schnell aus den Haaren, klebt ja sonst. So fließt ganz schön viel Wasser durch die Leitung, warmes Wasser natürlich.

- ▶ *Wieviel Wasser braucht Petra für ihre tägliche Haarwäsche?*
- ▶ *Rechnet auch die Energiekosten für die Erwärmung des Wassers aus.*
- ▶ *Versucht die unterschiedlichen Positionen in einem Rollenspiel darzustellen.*
- ▶ *Duschen oder ein Vollbad nehmen? Was ist energiesparender?*

Schumi & Co – diese Energieverschwender!

Was passiert, wenn Schumacher und seine Konkurrenten ihre Runden drehen? Stellt einmal zusammen, welche Rohstoffe bei einem einzigen Rennen verbraucht werden! Denkt dabei auch an die Zuschauer, die oft von weither angereist kommen, um ihre Lieblinge zu sehen.

- ▶ *Habt ihr die Aufgabe gemacht? Mit welchem Ergebnis? Weshalb ärgern wir uns, wenn wir über diese Probleme nachdenken sollen? Wie reagieren wir? Welche anderen Freizeitaktivitäten müssten wir jetzt auch noch kritisch unter die Lupe nehmen?*
- ▶ *Diskutiert, ob man bestimmte umweltschädigende Sportarten und Freizeitaktivitäten einschränken sollte.*

Weshalb verspritzen die bloß den schönen Sekt?

Verstädterung

Haben Landschaften Einfluss auf unser Leben?

Dresden-Hauptbahnhof 1925

Dresden heute – Striezelmarkt auf dem Altmarkt

- *Vergleicht die Verkehrssituation um 1925 mit der von heute. Wo liegen die wesentlichsten Unterschiede?*
- *Notiert euch, was die Zunahme des Verkehrs für den einzelnen und seine Tagesplanung bedeuten kann. Ergänzt weitere Nebenfolgen, die durch die Zunahme besonders des Individualverkehrs entstanden sind.*
- *Diskutiert, ob ihr mit dieser Entwicklung einverstanden seid oder nicht. Vergleicht eure Argumente!*
- *Versucht nun die Frage der Überschrift zu erörtern. Inwiefern hängt also unsere Lebensgestaltung von unserer Umwelt ab?*

Verstädterung oder „Macht endlich das Licht aus!"

Dämmern am Morgen

Das natürliche Dämmerlicht weicht in vielen Regionen Europas dem Kunstlicht der Städte.

Der Strand ist schwarz wie die kalifornische Nacht. Er scheint von unzähligen Punkten besprenkelt, die wie dicke Regentropfen auf dem Sand sitzen. Doch die Luft ist trocken. Es ist kein Regen gefallen, und es ist diesmal auch keine Ölpest, die ein zerplatzter Tanker an das Ufer geworfen hat. Der schwarze Saum am mondänen Küstenstreifen bewegt sich mit tausend kleinen Beinchen. Streng genommen sind es sogar Flossen, die da über den Sand wuseln. Sie gehören dem Nachwuchs der Meeresschildkröte. Die Weibchen haben die Eier vor vielen Monaten mühsam im Sand vergraben, jetzt sind, im Schutz der Nacht, zeitgleich die Jungen geschlüpft. Wie von einem magischen Kompass gesteuert, huschen die Minipanzer über den Sand. Sie laufen um ihr Leben – direkt ins offene Meer.

Das grandiose Naturschauspiel lockt Greifvögel und Tierfilmer gleichermaßen in Scharen. Doch seit einigen Jahren ist die Schildkröten-Show gestört. Mehrfach wurde beobachtet, dass die kleinen Flitzer komplett die Richtung verfehlten. Am Strand bei Fort Lauderdale liefen 95 Prozent der frisch aus dem Ei geschlüpften Karettschildkröten, auf unerklärliche Weise irregeleitet, in die entgegengesetzte Richtung, immer Kurs Stadtmitte. Was war los, was hatte die Schildkrötenbabies umgepolt? Der Fehler im Navigationssystem ist inzwischen gefunden: Die hell beleuchtete Landseite hat die Tiere irritiert und ins Leere laufen lassen. Offenbar orientierten sie sich bei ihrer nächtlichen Wanderung am Mond- und Sternenlicht, das, vom Wasser reflektiert, einen zarten Schimmer aufs Meer wirft, während das Festland in tiefes Dunkel getaucht ist. So war es immer gewesen. Doch die immer hellere Stadtsilhouette und eine grell ausgeleuchtete Küstenstraße hatten die Lichtproportionen umgekehrt, die kleinen Schildkröten krochen in den Tod.

Seit dem Massensterben von Fort Lauderdale gilt die Meeresschildkröte als Kronzeugin für ein Umweltphänomen von wachsender Brisanz, das die Amerikaner „Light pollution" nennen, Lichtverschmutzung. Die Welt ist im etzten Jahrhundert immer heller geworden. Die Beleuchtung unserer Städte frisst sich förmlich in Landschaft und Himmel, Lichterozeane durchlöchern die Finsternis. Nirgends sieht das eindrucksvoller aus als von oben. Auf Satellitenbildern erscheint der in die Nacht getauchte Teil der Erdkugel mit Lichtpunkten durchsetzt. Europa und Nordamerika sind deutlich überbelichtet. Richtig

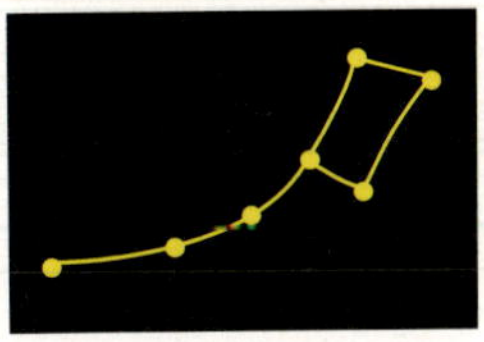

Sternzeichen
Kleiner Wagen

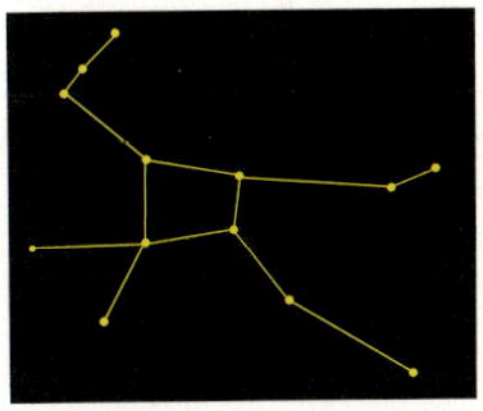

Sternzeichen
Herkules

dunkel ist es nur noch in abgelegenen Wüstenregionen und in den immer kleiner werdenden Oasen der tropischen Regenwälder.

Das Licht, der Beginn allen Lebens, universeller Zeitgeber für Mensch, Tier und Pflanze, ist zur Geißel der Natur geworden, zur neuen Umweltplage. Mit ihr droht eines der schönsten Bilder zu verschwinden: Die Sterne, viel besungenes „Brautkleid des Himmels", sind nur noch an wenigen Plätzen der Erde in ihrer ganzen Pracht sichtbar. Längst sind die professionellen Astronomen abgewandert. „Sein Kind an die Hand nehmen und mit ihm gemeinsam in den nächtlichen Sternenhimmel blicken – nichts kann diese Inspirationsquelle ersetzen", sagt David Simon, der Regionaldirektor der Vereinigung der amerikanischen Nationalparke. Simon gehört zu den Kämpfern für die Dunkelheit: „Wenn wir den Sternenhimmel nicht einmal über unseren Nationalparken richtig sehen können, dann sagt das genug darüber, was wir auf diesem Kontinent angerichtet haben." Seine Forderung. Macht endlich das Licht aus!

Seit die Erde hellgeworden ist, haben sich die Lebensbedingungen vieler Tiere dramatisch verändert. Milliarden von Insekten und Vögeln sind seither in die tödliche Lichtfalle gegangen. Jeder abendliche Spaziergänger kennt das Phänomen: Um den milchigen Schein einer Straßenlaterne kreist und summt ein geflügelter Schwarm in rauschhaftem Bann. Doch der ekstatische Tanz der Insekten endet meistens tödlich.

Tödliche Vogelfallen

- Am angestrahlten und mit roten Warnlichtern für Flugzeuge bestückten, 169 Meter hohen Washington-Monument wurden während des Vogelzugs in eineinhalb Stunden 576 Vögel getötet.
- Etwa 20 000 Vögel fanden in einer Nacht an einem mit Flugzeug-Warnfeuern ausgerüsteten Fernsehturm in Wisconsin den Tod. Eine weitere Nacht an dem über 300 Meter hohen Bauwerk forderte 15 000 Opfer.
- An eine beleuchtete Bohrplattform in der Nordsee prallten in einer Nacht mit starkem Vogelzug massenweise Tiere, obwohl noch vor ihrer Ankunft die Deckbeleuchtung ausgeschaltet wurde. Mindestens 2500 Vögel starben.
- Am Leuchtturm bei Sulina an der Donaumündung wurden am Morgen nach einem heftigen Sturm 4000 tote Wachteln gefunden.
- In Stichproben wurden an sieben Tagen und Nächten von September bis Mai am 300 Meter hohen Fernsehturm in Illinois 486 tote Vögel aufgesammelt, die zu 51 Arten gehörten.
- In der Flamme des abgefackelten Gases einer schottischen Bohrplattform verbrannten in einer einzigen Nacht Hunderte von Sturmschwalben.

Sehnsucht

Es schienen so golden die Sterne,
Am Fenster ich einsam stand
Und hörte aus weiter Ferne
Ein Posthorn im stillen Land.

Joseph von Eichendorff

- *Erläutert die Folgen, die „Licht", wie es hier beschrieben wird, für die Tiere haben kann.*
- *Organisiert mit eurer Klasse – wohl auch in Begleitung einiger Eltern – eine Nachtwanderung. Beobachtet den Himmel und die Natur um euch herum. Wenn ihr in den Wald geht, so solltet ihr vorher Kontakte mit dem Förster aufnehmen.*

Verstädterung

In der Bundesrepublik Deutschland bewohnen in den Verdichtungsräumen ca. 45 % der Gesamtbevölkerung nur 7 % der Landesfläche.

Unter Verstädterung versteht man eine weltweite Entwicklung, die unter dem Einfluss der Industrialisierung im 19. Jahrhundert einsetzte und bei immer stärkerer Herausbildung des tertiären Wirtschaftssektors in der Gegenwart weiterwirkt.

Kennzeichen dieser Entwicklung sind:

1. Zunahme der Anzahl städtischer Siedlungen
2. Wachstum der städtischen Siedlungen nach Bevölkerungszahl und Raum
   (z.B. räumliches Wachstum durch Umstrukturierung ehemals ländlicher Siedlungsgebiete)
3. überproportionales Wachstum der städtischen gegenüber der ländlichen Bevölkerung
4. Verstärkung der städtischen Funktionen (z.B. Viertelsbildung, Citybildung)

- *Diskutiert die Vor- und Nachteile der Verstädterung für unser tägliches Leben.*
- *Sammelt Berichte von älteren Menschen (befragt z.B. eure Großeltern oder ältere Nachbarn) über Veränderungen von Städten bzw. Dörfern. Lasst euch berichten, wie man früher gelebt hat (z.B. Schulweg, Freizeitgestaltung ...) und vergleicht dies mit eurem heutigen Leben.*
- *Versucht herauszufinden, was den Menschen damals wichtig war (welche Werte bedeutsam waren) und vergleicht mit unseren heutigen Vorstellungen von einem guten Leben.*

Vorschlag für ein kleines Projekt:

Besorgt euch einen Stadtplan eurer Stadt oder eures Kreises und untersucht das Verhältnis von Straßen, Bauten, Grünflächen, auf denen ihr z.B. spielen oder Sport treiben könnt.

Sollte euch eure Stadt nicht gefallen, so ändert den Stadtplan um und überlegt euch, ob es Möglichkeiten gäbe, eure Wünsche einzubringen. (In manchen Städten gibt es z.B. Jugendparlamente).

Oder ein anderer Vorschlag:
Entwerft eine Phantasiestadt nach euren Wünschen und Bedürfnissen.

Diskutiert, weswegen viele Menschen sich geradezu danach sehnen, einen Garten mit Datsche zu besitzen.

Was kann Artenvielfalt für uns persönlich bedeuten?

Oder: „Erhaltung von Biodiversität wird das Thema des neuen Jahrtausends!"

aus einem Interview:

Miersch: Biodiversität wird das Thema des 21. Jahrhunderts.

natur & kosmos: Ist Artenschutz wichtiger als Umweltschutz?

Miersch: Die technische Reinhaltung der Umwelt wird in den nächsten Jahren verwirklicht sein. Man kann die Wasserqualität verbessern, verschmutzte Luft säubern. All das ist reversibel. Artentod aber nicht. Es geht darum, endlich zu erkennen, dass es wichtig ist, Optionen offen zu halten. Bis heute haben wir nicht richtig begriffen, dass Biodiversität für die Menschheit immens wichtige Zukunftsoptionen enthält.

Maxeiner: Die Natur hat einen ungeheuren Wert, weil unendliches Wissen in ihr steckt. Um dieses Wissen irgendwann nutzen zu können, müssen wir die Artenvielfalt möglichst erhalten. Es gibt ja dafür nicht nur Beispiele aus der Bionik. Mittlerweile versuchen etwa Soziologen aus dem Zusammenspiel in Ökosystemen Lehren für das Management in Unternehmen zu ziehen. Wir wollen zeigen, dass nicht Energie oder Müll die harten Umweltthemen der Zukunft sind, sondern Biodiversität.

natur & kosmos: Also gut, ganz anthropozentrisch gefragt: Wo spielt Biodiversität in Ihrem persönlichen Umfeld eine Rolle?

Miersch: Biodiversität bedeutet für mich ein Stück Lebensqualität. Sie beginnt schon in dem winzigen Gärtchen hinter meiner Wohnung mitten in der Stadt, dort konnte ich – ohne danach zu suchen – über 50 Tierarten beobachten. Die Hälfte davon waren Wirbeltiere, vom Zaunkönig bis zum Steinmarder. Es gefällt mir sehr, dass es inmitten der menschlichen Zivilisation noch immer etwas gibt, was wir Menschen zwar beeinflussen, aber nicht kontrollieren können.

Maxeiner: Naturerlebnisse können Menschen für ihr ganzes Leben prägen. Mein Vater arbeitete in der Forstwirtschaft, ich war viel mit ihm im Wald unterwegs. Ich erinnere mich, als sei es gestern gewesen, als wir einmal eine Wildkatze beobachteten. Es war ein wirklich wunderbarer und aufregender Augenblick.

- ▶ *Vorschlag für eine Umfrage:*
  Stellt einen Fragebogen zusammen über die Kenntnisse der Pflanzen und Tiere in eurer Umgebung, über die Gefährdung von Pflanzen und Tieren und über die Einstellung zu diesem Thema.
- ▶ *Stellt zusammen, welche Pflanzen in eurer unmittelbaren Umgebung existieren. im Gespräch mit Gärtnern oder auch euren Großeltern solltet ihr herausfinden, ob es früher noch andere Pflanzen gegeben hat. Die bedrohte Vielfalt im Tierreich könnt ihr mit Hilfe eurer Biologielehrerin nachprüfen.*
- ▶ *Die Übersicht auf S. 194 soll euch helfen, die Bedeutung dieser Entwicklung zu verstehen. Wenn ihr euch näher mit diesem Thema beschäftigen wollt, so solltet ihr folgende CD-Rom für die Schule anschaffen lassen:* **Rote Listen auf CD-ROM**

Überlebenskampf

Kein Platz für Tiere

Die Vielfalt der in Europa heimischen Tierwelt ist stark bedroht. Dafür verantwortlich ist der Mensch. Wo er sich ausbreitet, haben Tiere keinen Platz mehr. Durch landwirtschaftliche Monokulturen, Zersiedlung der Landschaft und Flussbegradigungen werden zunehmend die Rückzugsgebiete der Wildtiere zerstört. Zusätzlich greift der Einsatz von Insektenvertilgungsmitteln in der Landwirtschaft empfindlich in die sensible Nahrungskette der Natur ein: Mit den Insekten wird eine wichtige Nahrungsgrundlage für viele Tiere vernichtet. Aus diesem Grund ist unter anderem das Überleben einer Vielzahl von Fledermausarten – zum Beispiel in Deutschland – gefährdet. In Luxemburg ist über die Hälfte der heimischen Säugetierarten in die Kategorien „gefährdet", „stark gefährdet" und „vom Aussterben bedroht" eingestuft. Die zweithöchste Gefährdungsrate von Säugetieren der hier aufgeführten Länder weist das dicht besiedelte und hoch industrialisierte Deutschland auf.

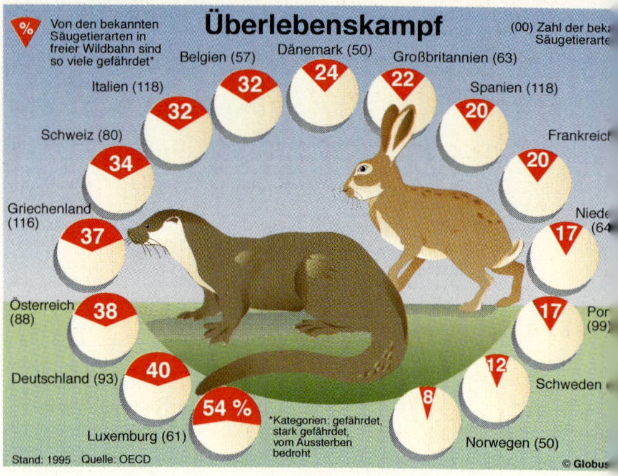

Interview mit dem Ökologen Prof. J. Reichholf

SPIEGEL: Ökologen sagen ein Massensterben voraus, vergleichbar mit dem Dinosterben vor 65 Millionen Jahren. Wie schlimm steht es denn wirklich um die biologische Vielfalt?

Reichholf: Da muss man unterscheiden: In den Tropen und Subtropen sind die Befürchtungen nicht übertrieben. Der Tropenwald ist im 20. Jahrhundert etwa zur Hälfte abgeholzt worden. Da hat es mit Sicherheit erheblichen Artenschwund gegeben. Die Arten in den Tropen und Subtropen sind viel empfindlicher als diejenigen in unseren Breiten. Der große Panda zum Beispiel ist hochgradig von den Bambusbeständen im Südwesten Chinas abhängig, weil er sich von ihnen ernährt. Das Überleben der Waldgiraffe Okapi hängt ausschließlich von der Größe der Regenwaldflächen im Kongogebiet ab. Solche Tiere sind Spezialisten und daher sehr gefährdet.

SPIEGEL: Und in Deutschland?

Reichholf: Bei uns ist die Situation anders. Nur wenige Arten sind vom Aussterben bedroht – schon deshalb, weil praktisch alle Tiere und Pflanzen, die es bei uns gibt, auch anderenorts vorkommen. Seit der Wiedervereinigung haben wir allerdings für einige Tiere eine besondere Verantwortung. Vom Rotmilan zum Beispiel leben 50 Prozent des Weltbestandes bei uns. Auch unsere Seeadler-Bestände haben mit rund 300 Brutpaaren internationale Bedeutung. Solche Arten haben natürlich Priorität. Insgesamt hat uns die Wiedervereinigung ohnehin in eine sehr glückliche Situation gebracht: Die Artenzahl nimmt bei uns in fast allen Lebensräumen zu. Vor allem in den Städten können wir über die Entwicklung nur staunen.

SPIEGEL: Ausgerechnet die Städte sind Inseln der Artenvielfalt?

Reicholf: Ja, eine verrückte Situation. In den Städten leben heute mehr Arten als im Umland. Der Artenreichtum steigt sogar mit zunehmen-

der Größe der Städte. In Berlin brüten etwa zwei Drittel aller Vogelarten, die bei uns als Brutvogelarten vorkommen. Im Stadtgebiet von Nürnberg kommen fast doppelt so viele wild wachsende Pflanzenarten vor wie auf gleich großen Flächen der Umgebung.

SPIEGEL: Welche Gründe gibt es für diese Entwicklung?

Reichholf: Schauen Sie sich mal eine Stadt von oben an. Zwischen den Häusern wechseln sich Grünflächen mit Baumgruppen und kleinen Gewässern ab. Diese strukturelle Vielfalt kommt vor allem vielen Vögeln sehr entgegen – was die Naturschützer übrigens häufig nur schwer akzeptieren können.

SPIEGEL: Das Land gilt ihnen immer noch als Ort der intakten Natur.

Reichholf: Eine vollkommen irrige Vorstellung. Rund 50 Prozent der Gesamtfläche werden bei uns von der Landwirtschaft genutzt – und dort gibt es riesige Probleme. Ich behaupte, dass die Landwirtschaft in Mitteleuropa weit über 90 Prozent des Artenschwundes verursacht hat. Auch global gehen 80 Prozent des Artenschwundes auf das Konto der Bauern.

SPIEGEL: Was macht die Landwirtschaft zum Artenkiller?

„Jedes dritte der 15 Millionen deutschen Rinder frisst Futter aus Südamerika – das ist absurd"

Reichholf: Sie hat ursprünglich reich strukturierte Flächen vereinheitlicht, um ihre Maschinen einsetzen zu können. Außerdem benutzen die Bauern viel zu viel Dünger. Vor allem der auf die Felder ausgebrachte Stickstoff ist zum Erstickstoff geworden. Alle Arten, die auf nährstoffarme Verhältnisse angewiesen sind, werden verdrängt. Dadurch schwindet die pflanzliche Vielfalt und in einer Kaskade von Folgewirkungen die Vielfalt der Insekten und schließlich der Säugetiere.

SPIEGEL: Der wahre Exodus der Arten vollzieht sich aber nicht in Europa, sondern in der Dritten Welt, wo die Landwirtschaft weit weniger intensiv betrieben wird.

Reichholf: Die europäisch geprägte Landwirtschaft ist längst auf Südamerika, Australien und teilweise auch Afrika und Asien übertragen worden. Vor allem die Rinderwirtschaft hat einen immensen Flächenbedarf. Kostbare Lebensräume wie tropische Regenwälder oder Savannen gehen so verloren. In Südamerika sind Flächen von der Größe Mitteleuropas in Rinderweiden umgewandelt worden.

SPIEGEL: Offenbar besteht Bedarf für das Fleisch der Tiere.

Reichholf: Im Prinzip ist gegen die Rinderhaltung auch nichts einzuwenden. Die Rinderwirtschaft müsste jedoch auf die Kapazität des jeweiligen Landes heruntergeführt werden. Ein Drittel der rund 15 Millionen Rinder Deutschlands frisst Futter, das auf südamerikanischen Flächen wächst, die dafür abgeholzt werden mussten. Das ist absurd.

SPIEGEL: Warum eigentlich müssen die Menschen den zukünftigen Schwund der Arten fürchten?

Reichholf: Eine sehr schwierige Frage. Artenschutz wird sehr von Emotionen getragen. Bei den Sachargumenten richtet sich das Interesse zurzeit auf die kommerzielle Nutzbarkeit genetischer Information ...

SPIEGEL: ... deren Bedeutung aber oft übertrieben wird, weil es so schön wäre, damit den Artenschutz rechtfertigen zu können ...

Reichholf: Das stimmt leider. Dennoch: Niemand kann heute abschätzen, welche Möglichkeiten im Erbgut der schier unendlichen Vielfalt von Lebewesen stecken.

SPIEGEL: Was kann getan werden, um Artenschutz attraktiv zu machen?

Reichholf: Wir müssen versuchen, die Menschen wieder an die Natur heranzuführen. Es kann nicht angehen, dass bei uns kein Kind mehr einen Vogel aufziehen oder eine Pflanze abpflücken darf. Das sind die Erlebnisse, die Kinder und Jugendliche prägen. Das Verhältnis der Deutschen zur Natur ist ohnehin gestört. Alles, was der Mensch verändert, gilt als Katastrophe. Das ist idiotisch. Eine solche Trennung zwischen Mensch und Natur zeigt geistige Begrenztheit. Nehmen Sie wieder das Beispiel Stadt: Wenn ein Uhu einen alten Baum bewohnt, finden das alle toll. Wenn er jedoch in einer modernen Werkhalle sitzt, dann gilt der Uhu gleich als irre.

SPIEGEL: Das klingt nicht gerade sehr hoffnungsvoll. Welche Chancen geben Sie der Vielfalt im kommenden Jahrhundert?

Reichholf: Prinzipiell bin ich Optimist. Die Vielfalt ist zu retten. Als Evolutionsbiologe glaube ich einfach zu sehr an das, was den Menschen als Art geformt hat. Es ist Teil der menschlichen Natur, die anderen Lebewesen zu respektieren. das wird auch in 50 Jahren noch so sein ...

SPIEGEL: ... wenn wir Eisbär und Tiger nur noch im Zoo bestaunen können?

Reichholf: Ich wünsche es mir nicht. Aber möglicherweise werden wir Arten wie den Tiger nur noch im Zoo erhalten können, immerhin in so großen Gehegen, dass sie den Verhältnissen heutiger Tigerreservate in Indien gleichen. Viel größere Probleme sehe ich bei den Kleintieren, den Amphibien, Reptilien und Insekten, von denen ein großer Teil heute nicht einmal bekannt ist.

- *Gefahren für die Artenvielfalt in den Tropen und Subtropen und in Deutschland – worin besteht der Unterschied?*
- *Inwiefern ist die Rolle der Landwirtschaft bei der Erhaltung der Artenvielfalt problematisch? Was müsste sich ändern? Aber: Welche Interessen stehen dahinter?*
- *Erläutert die Bedeutung des Fleischbedarfs. Diskutiert mögliche Folgen und Lösungen für dieses Problem.*
- *Beschreibt euer momentanes Verhältnis zur Natur.*

Ozon – notwendig und schädlich

(1) Natürliche Verteilung: unter Einfluss des Menschen:

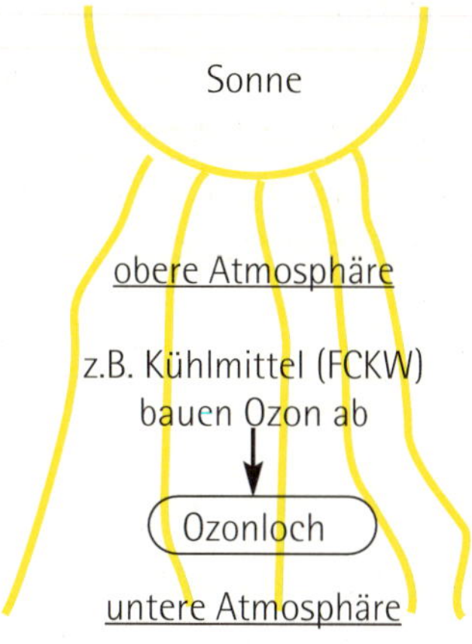

ZUR INFORMATION:

- Eine erhöhte UV-Strahlung erhöht beim Menschen das Risiko an Hautkrebs oder grauem Star zu erkranken; auch wird das Immunsystem geschwächt. Pflanzen können Zellschäden erleiden und ihr Wachstum kann behindert werden.

(2) Natürliche Verteilung: untere Atmosphäre — unter Einfluss des Menschen: untere Atmosphäre

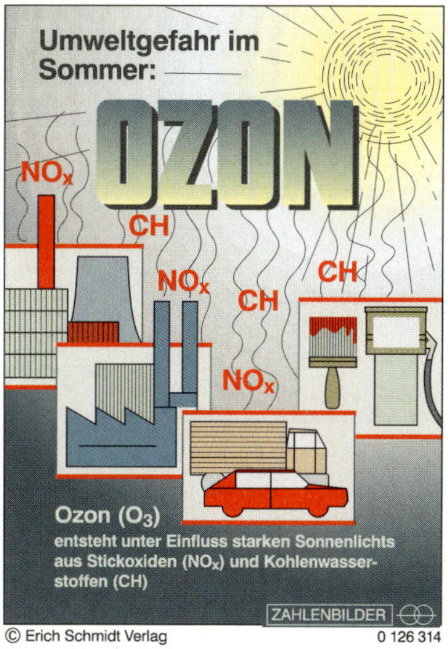

 0 126 314

ZUR INFORMATION:

- Ozon wirkt ätzend auf die Atemwege des Menschen und schädigt Pflanzen.

Tierhaltung

Ein Blick ins Branchenverzeichnis einer deutschen Großstadt

Tierärzte

Tierärztlicher Notdienst Tel. [redacted] 7 65 74 77

(insgesamt 36)

Zoo-Markt finkbeiner
Über 10 000 Artikel auf 2000 qm kaum schlagbar in Preis & Qualität
Vögel – Fische – Nager
Alles für Hunde- und Katzenbesitzer
Durchgehend Mo–Fr 9→19 u. DoFr→20, Sa 8→16
[redacted] ☎ [redacted] 96 91 70

DAS AQUARIUM ...die ganze Welt der Aquaristik!
Schwarenbergstraße 150 - [redacted] - Tel. [redacted]/ 46 48 31

Zoo-Fachzentrum
Schwieberdinger Straße 230
[redacted]
Telefon [redacted]/98 09 98-0
KÖLLE ZOO®
Herz und Verstand für Tiere

(insgesamt 14

Tierpräparationen

Baumann F. (Vaih) Hopfauer Str. 39 .... 7 35 29 23

Döring, Frank
Hohenheimer Atelier f. Dermoplastik
Steckfeldstr. 11 A, [redacted]
Fax u. Tel. [redacted] 45 73 73

Farrokhpur, Hajir, Biologe
Urbanstr. 49 A, [redacted]
Handy [redacted] Tel. [redacted] 2 26 49 43

Tierärztliche Kliniken

Dachswald – Klinik
– Tierärztliche Klinik für Kleintiere –
(bisher Schelmen Tierklinik)
[redacted]
Robert-Leicht-Straße 157
Tel. [redacted] - 679 670

Ernst E. Dr. (N) Birkenwaldstr. 214 .... 2 56 64 09
.... Fax 2 57 87 90

Schneider-Haiss M. Dr. Fachtierarzt Tierärztl. Klinik f. Kleintiere Mo Di Do Fr 9-10 u. 15.30-19.00 Uhr Mi 11-13 nachm. n. Termin Sa 11-12 Uhr
Karl-Heinrich-Käferle-Str. 2, [redacted]
Telefon [redacted] 8 68 88

Tierklinik am Hasenberg
Dr. med. vet. W. Sinzinger — S. Sinzinger
Fachtierarzt für Chirurgie — Tierärztin
[redacted] · Hasenbergstraße 80
Fax [redacted] 6 37 38-22 · ☎ [redacted] **6 37 38-0**

Tierheilbehandlung

Dontscheff G. (Krt) Tachenbergstr. 61 .... 8 38 53 53

Hufklinik [redacted] Dr. Hiltrud Straßer
[redacted]
Tel. + Fax [redacted] 8 76 58

Jäger, Sonja Biologische Tierpraxis
Akupunktur, Sonographie, Labor
Studienberatung für Schulungszentrum Stgt. für angewandte Naturheilkunde
Fritz-Reuter-Str. 22, [redacted]
Tel. [redacted] 65 37 94, 85 85 07

Tierheilpraxis am Seewald Heilpraktikerin Charlotte Demisch- Noch
(Krt) Ulrich-von-Hutten-Str. 15 .... 8 38 74 11

Veres, Monika Tel. [redacted] 2 57 64
Tierheilpraktiker
Bühleichenweg 10, [redacted]

Tierschulen

Pet-Care (N) Mönchhaldenstr. 123 A 6 77 08 01
.... Fax 6 77 08 53

Tierbestattungen

TIEBA Kremierung
Die würdevolle Tierbestattung — Inh. W. Rupff
Tel. [redacted] 946601 — Fax [redacted]/946604
[redacted] — Th.-Heuss-Str. 28

Tierfriedhof animalia
(W) Elisabethenstr. 26 .... 0 17 12 01 13 79

Tierbedarf

s. a. Zoohandlungen

Cannstatter Heimtierlädle
[redacted] Wörishofener Str. 9 .... 5 09 16 00
Fressnapf Tierbedarf GmbH
(Vaih) Vischerstr. 1/1 .... 9 01 80 75
HEIMTIERLAND WEST
(W) Unter dem Birkenkopf 14 .... 65 05 05
KATZE & Kunst (W) Johannesstr. 31 /A 6 15 31 29
Kwetkus [redacted] Filderbahnstr. 48/1 .... 7 19 99 97
Schoell-Markt [redacted] Filderhauptstr. 48 ...... 4 57 00 89
Sillenbucher Tiernahrung GbR
[redacted] Tuttlinger Str. 26 .... 4 79 73 99
Tiernahrung + Zubehör Heiner's Fresstöpfle Ronald und Andrea Hofmann [redacted] Epplestr. 20 A 76 58 67
Zierfische Malawise-Cichliden Artur Nold
(W) Gutbrodstr. 8 .... 6 33 16 32

ZOO-MARKT Finkbeiner [redacted]
Riesen-Fachmarkt in Preis & Qualität
Mo-Fr 9-19, Do Fr bis 20, Sa 8-16 - [redacted]
Benzstr. 4, Gewerbegeb. [redacted]

Tierheime u. -pensionen

CareRoyal GmbH TierHotel+TierNahrung
[redacted]
Fax [redacted] 56 66 Tel. [redacted] 55 55

Hellbach, Hunde und Katzenpension
Ittinghäuser Str. 45, [redacted]
Fax 7 28 66 14 Tel. 72 46 26, 7 28 95 41

Katzenpension Julia
[redacted] Fax [redacted] 3 45 96 Tel. [redacted] 6 00 81

Katzenpension Stubentiger 69 70 20

► *Schreibt euren ersten Eindruck zu diesen Adressen nieder. Stellt Vermutungen an über das Tier als Handelsware und als Haustier in seiner Bedeutung für den Menschen.*

Massentierhaltung

Die Mär vom guten Putenfleisch

Viele Verbraucher glauben, dass Pute gesünder ist als andere Fleischsorten. Doch das ist ein Irrtum, und auch der Horror in den Mastanlagen wird verschwiegen.

Durch die schummrige Beleuchtung wirkt das wogende Meer weißer Vogelleiber mit den rosaroten Hälsen und Köpfen fast surrealistisch. Ein Ventilator surrt im Hintergrund, schafft es aber nicht, die beißende Luft hinauszupusten. Als sich das Auge an die Beleuchtung gewöhnt hat, werden nach und nach die gespenstischen Details deutlich: Viele Puten kauern mit eingeknickten Beinen im eigenen Kot, andere liegen wie tot im Stroh, mit deutlich sichtbaren Geschwüren am Leib.

Etwa eine halbe Stunde dauert der unangemeldete Besuch des „Undercover Teams" des Tierschutzvereins „Arche 2000". Insgesamt 21 Geflügelhöfe in ganz Deutschland haben die Tierschützer in Nacht- und Nebelaktionen besucht, „stets gewaltfrei", wie die Projektleiterin und Tierärztin Christina Sultan betont. In allen besuchten Mastanlagen konnten die Arche-Leute ähnlich abstoßende Verhältnisse dokumentieren.

Dieser Horror hat schlimme Folgen für Mensch und Tier. Denn die enge Haltung führt zu Krankheiten, Salmonellenbefall und übermäßiger Gabe von Medikamenten. Zusätzlich vollgepumpt mit Wachstumsbeschleunigern, vegetieren die Turboputen vor sich hin. Ihr Fleisch landet dann auf dem Teller des Verbrauchers. Doch damit nicht genug. Anders als den Deutschen seit Jahren an den Metzgertheken suggeriert wird, ist Putenfleisch ganz und gar nicht gesünder als anderes Fleisch. Weder beim Cholesterin noch beim tierischen Eiweiß tut es sich besonders hervor.

Dabei waren es gerade die gestiegenen Qualitätsansprüche der Fleischesser, die dem Truthahn in Deutschland eine unglaubliche Karriere beschert haben. Schweinepest, Rinderwahn, Hormone in Kälbern und Salmonellen in Hühnchen hatten die Verbraucher schockiert und verunsichert. Die Putenindustrie wusste die Situation geschickt zu nutzen. Mit großem Marketingaufwand pries sie ihr Fleisch als die gesunde, bekömmliche und saubere Alternative. Die Kampagne hatte Erfolg. Der milde Geschmack und die zarte Konsistenz ohne viel Sehnen kamen vor allem bei der jungen, gesundheits- und schlankheitsbewussten Generation an.

Sieben Millionen Turboputen gibt es in Deutschland. Und jedes Jahr werden es mehr. Der Pro-Kopf-Verbrauch von Putenfleisch ist in den letzten Jahren um rund 85 Prozent gestiegen, von 2,6 Kilogramm 1990 auf über 4,8 Kilogramm 1999. Heute gehen jedes Jahr mehr als 25 Millionen Puten – inklusive der importierten Tiere – als Wurst oder Fleisch bei uns über die Theken. *Thomas Höller*

- *Äußert euch spontan zu diesem Bericht über Massentierhaltung. Gegen welche Wertvorstellungen wird hier verstoßen?*
- *Diskutiert, wie man sich sinnvoll ernähren kann, ohne auf Produkte dieser Art angewiesen zu sein. Sammelt verschiedenes Informationsmaterial zum Thema „gesunde Ernährung". Hierzu könnt ihr sicher auch eure Biologielehrerin fragen.*

Was sagt das Tierschutzgesetz?

„Wer ein Tier hält, betreut oder zu betreuen hat, muss dem Tier angemessene artgemäße Nahrung und Pflege sowie eine verhaltensgerechte Unterbringung gewähren, darf das artgemäße Bewegungsbedürfnis eines Tieres nicht dauernd und nicht so einschränken, dass dem Tier vermeidbare Schmerzen, Leiden oder Schäden zugefügt werden."

So fordert es §2 des Deutschen Tierschutzgesetzes, das 1972 von allen Parteien einstimmig verabschiedet wurde.

Ein Überblick über die Struktur der „Legehennen" – Haltung in Deutschland

Die Hennenhaltung in Deutschland stellt den Prototyp der industriellen Wirtschaft dar. Diese ist gekennzeichnet durch
- regionale Konzentration (besonders auf Niedersachsen)
- Großbestandshaltungen („Massentierhaltungen")
- Hybridzüchtungen
- Hochleistungsfutter
- hohen Einsatz von Medikamenten
- vollautomatischen Anlagen zur Haltung und Fütterung
- großen agrarindustriellen Unternehmen mit eigenen Futtermittelwerken, Brütereien, Aufzuchtbetrieben, Schlacht- und Verarbeitungsbetrieben und eigene Vermarktung.

Sichtbare Schäden an Legehennen durch die Käfighaltung

- Gliedmaßen- und Flügelverletzungen,
- abgebrochene Federn, vor allem im Halsbereich,
- das Gefieder ist durch die ständige Reibung an den Gitterstäben oder Käfiggenossinnen und durch gegenseitiges Federpicken lückenhaft und unansehnlich,
- gerötete Hautstellen,
- geschwollene Fußballen, bedingt durch den ständigen Aufenthalt auf schrägem Drahtgitterboden,
- Verletzungen der Artgenossinnen auf Grund der Enge in den Käfigen.

Die Legeleistung von durchschnittlich 246 Eiern je Huhn und Jahr ist kein Beweis für das Wohlbefinden und die Beschwerdefreiheit der Legehennen, sondern das Ergebnis einer ausgeklügelten Zucht und Fütterung. Hier liefert die Verhaltensforschung bessere Hinweise.

Das Leiden der Hennen in der Käfighaltung

Verhaltensforscher belegen, dass die seit etwa 6000 Jahren domestizierten „Haushühner" noch über das gesamten Verhaltensspektrum ihrer Urahnen, der Bankiva-Hühner, verfügen:

- Hühner haben ein starkes Bewegungsbedürfnis. 50% des Tagesablaufs verbringen sie mit Scharren und Picken zur Futtersuche. Als Fluchttier kommen dazu Laufen, Flattern und Fliegen.
- Sie zeigen sogenanntes Komfortverhalten wie Räkeln, Strecken der Glieder, Gefiederputzen, Staubbaden.
- Zum Legeverhalten gehören Schutzsuchen, Nestbau und Ruhen im Nest.

Alternativen zur Käfighaltung:

Freilandhaltung: Maximal 7 Tiere pro Quadratmeter im Stall. Die Tiere haben tagsüber jederzeit Zugang zu einem zum größten Teil bewachsenen Freiauslauf, in dem jeder Henne eine Fläche von 10 m^2 zusteht.

Bodenhaltung: 7 Hühner pro Quadratmeter im Stall und mindestens ein Drittel des Stallbodens eingestreut.

Die **Volierenhaltung,** bei der die Tiere im Gegensatz zur Bodenhaltung auch nach oben ausweichen können, da im gesamten Raum Sitzstangen und höher gelegene Nestplätze angebracht sind, ist in Deutschland nicht verbreitet und nur aus der Schweiz bekannt.

Die Produktion des einzelnen Eies wäre höchstens drei Pfennige teurer. Wären Sie nicht bereit, diesen Mehrpreis zu zahlen, wenn Sie wissen, dass dadurch den Legehennen Leid und Qualen erspart bleiben?

Was können Sie tun?

Kaufen Sie keine Eier aus der Käfighaltung.

Fragen Sie beim Einkauf nach Eiern aus Freiland- oder Bodenhaltung.

Erkundigen Sie sich, wo Sie Eier direkt beim Bauern kaufen und die Tierhaltung besichtigen können.

Erklären Sie sich bereit, etwas mehr Geld für Eier auszugeben, wenn diese nicht von Hennen aus der Käfighaltung stammen.

Machen Sie Bekannte und Verwandte auf die Missstände in der Legehennenhaltung aufmerksam.

Protestieren Sie bei Politikern (Landtags- und Bundestagsabgeordneten) gegen die Käfighaltung von Legehennen.

Fordern Sie die Europäische Kommision auf, die Kennzeichnung von Eiern entsprechend ihrer Herkunft verpflichtend vorzuschreiben. Die Anschrift: Kommision der Europäischen Union, Rue de la Loi 200, 1049 Brüssel, Belgien.

- ▶ Welche Parteien stehen sich bei diesem Konflikt gegenüber? Welche Interessen haben sie jeweils?
- ▶ Untersucht beim Einkauf, ob es überall Eier aus Bodenhaltung gibt! Sprecht mit dem Ladenbesitzer oder Filialleiter!
- ▶ Der Verbraucher wird gefragt, ob er bereit sei, einen Mehrpreis zu zahlen, wenn er weiß, dass dadurch Legehennen Leid und Qual erspart bleiben. Was meint ihr dazu?

Elke Heidenreich, Autorin, Talkmasterin und Journalistin, nimmt die bizarren Auswüchse der Beziehung von Menschen zu Tieren aufs Korn.

Lieben wir Tiere?

Natürlich lieben wir Tiere. Wer Tiere hasst, beweist ein gestörtes Verhältnis zur Natur, und wer will sich dazu schon bekennen! Warum aber ist dann die Natur in einem so desolaten Zustand wie noch nie? Warum warnen Forscher davor, dass die Erde zugrunde geht, weil wir immer mehr Lebensräume von Tieren und damit immer mehr Tiere ausrotten und so letztlich sogar unseren eigenen Lebensraum gefährden?

Lieben wir Tiere? Ja, natürlich: die kuscheligen, die niedlichen, Hund und Katze, das Pandabärchen und den stolzen Löwen. Wir füttern das Eichhörnchen mit Nüssen und lassen den Igel im Garten unter eigens aufgehäuften Laub- bergen überwintern. Hätte die Ratte nicht diesen langen, nackten Schwanz, vor dem wir uns ekeln, sondern so ein nettes Puschelchen wie das Eichhörnchen – wir wären entzückt. Wir halten exotische Vögel in Käfigen und verfolgen die sanften, klugen Stadttauben mit unnachgiebigem Hass. Spinnen, Quallen, Schlangen, Krokodile – nein, die zählen wir auch nicht zum Kapitel Tierliebe.

Lieben wir nun Tiere? Schon kommen wir ins Grübeln und stellen fest: Wir lieben sehr selektiv, und wie immer bei der Liebe sagt sie mehr über den Liebenden als über den, die, das Geliebte aus. Wir Deutschen haben rund 20 Millionen Heimtiere bei uns zu Hause. Wir betrachten im Zoo Tiere hinter Gittern, wir sehen an den Stehsärgen für Rinder und Schweine, an Legebatterien, an Tiertransporten auf der Autobahn vorbei, wir betreten lieber kein Schlachthaus, wir erfreuen uns immer noch daran, wenn Dompteure in heruntergekommenen Zirkussen elende Raubtiere dazu zwingen, uns artfremde Mätzchen vorzuturnen. Wir essen fast jeden Tag Fleisch, wir tragen Pelze, wir schätzen Gänsestopfleber und kaufen Taschen aus Krokodilleder.

Kakerlaken. Silberfische. Fliegen. Haie. Kraken. Hyänen. Aasgeier. Käfer. Wo fangen wir an, Leben zu achten und zu schützen, wo hören wir auf mit unserer Zuneigung, unserer Verantwortung, letztlich. mit unserer Moral? Der moralische Mensch teilt sich die Welt hübsch ein in das, was er achtet, und das, was er ächtet.

- *Beschreibt eure erste Reaktion auf die Frage: „Lieben wir Tiere"!*
- *Was hat sich in eurer Einschätzung zu diesem Thema geändert, nachdem ihr diesen Artikel gelesen habt?*

Achtung vor dem Leben – verantwortlicher Umgang mit der Natur oder

Wie können wir die Zukunft sichern?

In den letzten Jahren hat sich sowohl in Deutschland als auch in vielen anderen Ländern ein neues Bewusstsein für den Schutz unserer Umwelt entwickelt. Umschrieben wird das neue, diesem Bewusstsein zugrunde liegende Konzept mit dem Begriff der „nachhaltigen Entwicklung". Was bedeutet „nachhaltige Entwicklung"? Durch eine nachhaltige Entwicklung sollen die natürlichen Lebensgrundlagen und damit auch die sozialen und wirtschaftlichen Lebensbedingungen aller Menschen langfristig gesichert werden. Ein ausgewogenes Verhältnis soll entstehen aus dem „Schutz der natürlichen Lebensgrundlagen", einer „stabilen wirtschaftlichen Entwicklung" und einer „gerechten Verteilung der Lebenschancen". Ein entscheidender Gedanke dabei ist es, die positiven Errungenschaften unserer Zeit auch für künftige Generationen zu sichern und diesen einen Gestaltungsspielraum zu garantieren.

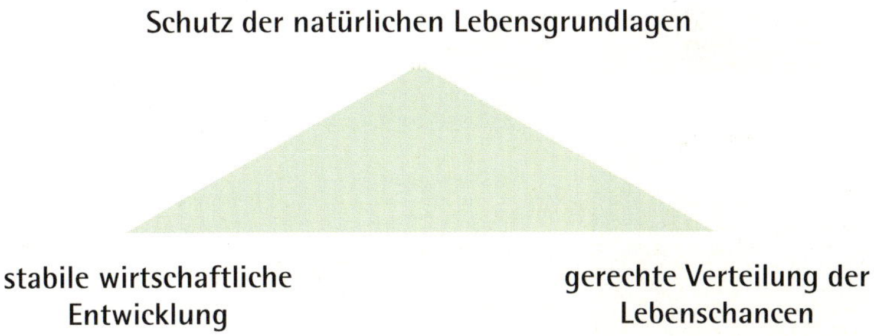

- *Versucht mit Hilfe von Beispielen zu klären, was „nachhaltige Entwicklung" bedeutet.*
- *Erklärt euch gegenseitig, was es bedeutet, an zukünftige Generationen zu denken.*

Blick auf die Elbe und den Kurort Rathen

Forderungen einer nachhaltigen Entwicklung

1. Die Schätze der Erde (natürliche Ressourcen) dürfen nicht schneller verbraucht werden, als sie sich erneuern können. Außer dem Menschen müssen sie auch anderen Teilen der Natur (z.B. als Lebensraum für Tiere, zum Erosionsschutz, zur Erhaltung des Klimas) zur Verfügung stehen.

2. Es dürfen nicht mehr Schadstoffe freigesetzt werden, als Boden, Wasser und Luft aufnehmen können, ohne langfristig geschädigt zu werden.

3. Wir müssen so handeln, dass Gefahren und unvertretbare Risiken für Menschen und Umwelt weder heute noch künftig entstehen.

4. Die Umwelt als Zusammenspiel vieler lebendiger Systeme (z.B. Wald) sowie unbelebter Systeme (z.B. Klima) muss Zeit haben, sich auf menschliche Eingriffe einzustellen. Verändern wir Umweltbedingungen zu schnell, droht ein Zusammenbruch der natürlichen Systeme.

Das bedeutet:

Wir müssen jetzt und in Zukunft

- Rohstoffe einsparen,
- den Verbrauch nicht erneuerbarer Rohstoffe deutlich verringern,
- erneuerbare Energien (Wind, Wasser, Sonne) verstärkt nutzen bzw. nachwachsende Rohstoffe zur Energieerzeugung einsetzen (Holz, Ölpflanzen u.a.),
- die Verwendung nachwachsender Rohstoffe an deren natürlicher Regenerationsrate ausrichten,
- den Flächen-, Wasserverbrauch sowie das Verkehrsaufkommen so reduzieren, dass Langzeitschäden ausgeschlossen werden können,
- Großrisiken mit unabsehbaren Folgen weitgehend vermeiden,
- die Umwelt so wenig wie möglich mit Schadstoffen belasten,
- Tier und Pflanzenarten vor dem Aussterben bewahren.

Zugleich müssen sich langfristig unsere Lebensstile und unsere Konsumgewohnheiten ändern. Solche Veränderungen können aber nicht einfach „von oben" verordnet und durchgesetzt werden. Sie sind vielmehr das Ergebnis eines Prozesses, der sich vor allem von unten entwickeln muss und für den Politik die geeigneten Rahmenbedingungen setzen sollte.

„Wasser ist zum Waschen da"

Wenn der Beduine mit Kamel
nach Ägypten zieht braucht er kein Öl,
aber ab und zu mal Wasser,
denn er kommt sonst nie zu Nasser.[1]
Oder wenn man auf der Autobahn
mit dem Auto fährt, was braucht man dann?
Wasser den Motor zu kühlen
und zu Haus' braucht man's zum Spülen.
Man braucht es ebenfalls
wenn auch selten mal am Hals …

Wasser ist zum Waschen da, falleri und fallera
auch zum Zähneputzen kann man es benutzen.
Wasser braucht das liebe Vieh, fallera und falleri
Selbst die Feuerwehr benötigt Wasser sehr.

Ohne Wasser gibt's kein Paddelboot,
keine Ölsardinen auf dem Brot
und am Strand der Riviera
wär es heute schon viel leerer.
Auch die Wasserspülung wär'n wir los,
in der Wasserleitung wüchse Moos
und Hawai die Südseeinsel
wär ein öder Palmenpinsel.
Ja selbst der Wasserfloh
quälte uns dann irgendwo.

Wasser ist zum Waschen da, falleri und fallera
wenn man es nicht hätt,
wär stets die Milch zu fett.

Einmal Baden jährlich das muss sein,
früher war'n die Menschen nicht so rein,
denn zur Zeit des Alten Fritzen,
da genügte schon das Schwitzen.

Ohne Wasser kann es nicht mehr geh'n
wenn wir auch mal bis zum Hals drin steh'n
Doch kein Mensch kann so tief sinken
und das Wasser einmal trinken.
Das weiß doch jeder Tor
nur der Wein schmeckt nicht nach Chlor.

Wasser ist zum Waschen da, falleri und fallera
auch zum Zähneputzen kann man es benutzen.
Wasser braucht das liebe Vieh, fallera und falleri.
Selbst die Feuerwehr benötigt Wasser sehr.

Auch bei manchen Füßen würde man's begrüßen …

[1] *Nasser = ehemaliger ägyptischer Staatspräsident*

- ▶ *Ordnet die Funktionen des Wassers wie sie in dem alten Hit der „Perheiros" vorkommen dem unteren Schema zu.*
- ▶ *Setzt euch mit den einzelnen Funktionen auseinander!*
- ▶ *Wenn auch einige von euch jetzt beschließen, aus Umweltgesichtspunkten das Waschen radikal einzuschränken, solltet ihr den letzten Vers nicht übersehen.*

Wasser

Hygiene und Haushalt

Waschen (aber nicht nur Füße und Hals)
………………………………………
………………………………………

Technische Gesichtspunkte

………………………………………
………………………………………

Wasser als Lebensmittel

Beduine
Kamel
Vieh

Freizeit und Wasser

………………………………………
………………………………………

Wasser als Lebensraum

Wasserfloh
Moos
Ölsardine

Umweltgesichtspunkte?

………………………………………
………………………………………
………………………………………

Leben Sie müllarm?
Ein Test.

1. Kaufen Sie mit Tasche oder Korb ein?
   Weisen Sie überflüssige Verpackungen wie z.B. Plastiktüten zurück?

2. Kaufen Sie alle Getränke in Mehrwegflaschen
   z.B. in der Schule, beim Ausflug, im Urlaub?

3. Achten Sie beim Gerätekauf auf
   - die Notwendigkeit?
   - den geringen Energie- und Wasserverbrauch?
   - die Reparaturfreundlichkeit?
   - vollständiges Recycling?

4. Vermeiden Sie Sondermüll, also Waren, die bei Herstellung, Gebrauch, Verbrennung und Deponie Umweltprobleme verursachen, z.B.
   - Getränkeflaschen mit Bleikappen
   - FCKW-haltige Spraydosen
   - unnötig scharfe Putzmittel, schadstoffhaltige Farben, Lacke, Holzschutzmittel, Klebstoffe
   - Schädlings- und Unkrautvernichtungsmittel?
     > Reste davon zur Schadstoffsammlung!

5. Sortieren Sie alle unvermeidbaren wiederverwertbaren Stoffe aus dem Restmüll?
   - organische Küchen- und Gartenabfälle >>> Kompost
   - Pappe, Papier >>> grüne Tonne
   - Glas >>> Container
   - unvermeidbares Aluminium >>> Alu-Sammelstelle
   - bestimmte Kunststoffabfälle >>> Kunststoffsammelstelle
   - Altmetalle >>> Schrott
   - defekte oder alte Elektrogeräte >>> an Bastler
   - alte Kleider >>> Altkleidersammlung oder Flohmarkt

▶ *Testet euch selbst!*
Ihr könnt aus diesen Fragen auch eine Umfrage entwickeln.

Problem Entsorgung

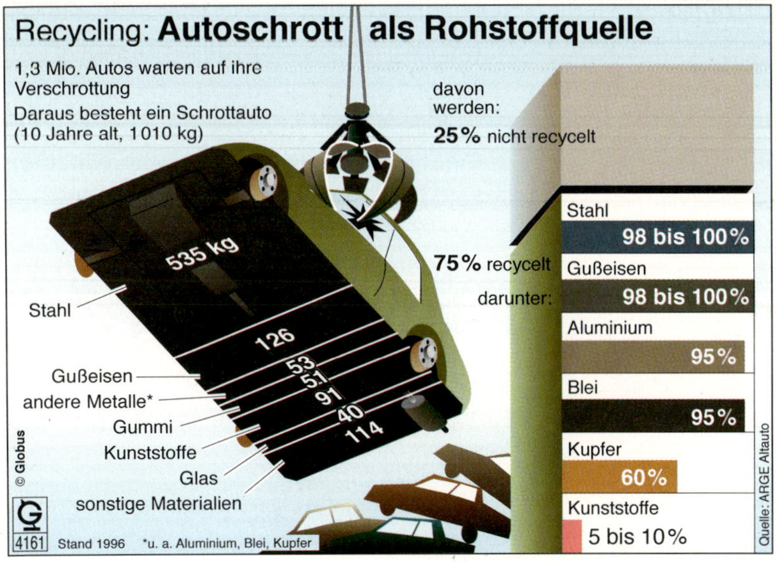

Bei der Verschrottung der heute rund 2 Millionen Altautos jährlich fallen rund 63 000 Tonnen problematische Stoffe, zum Beispiel Bremsflüssigkeit, Schmierfette, Motoröl und Scheibenwischwasser, an. Hinzu kommen 400 000 Tonnen Shreddermüll, wie Kunststoffe, Reifen und Glas.

- *Autofirmen sollen die alten Autos zurücknehmen und entsorgen.*
- *Diskutiert, ob die Verbraucher (die Käufer) bereit sein werden, dafür einen höheren Preis für das Auto zu zahlen.*

- *Wie kann man den (ehemaligen) Halter dieses Fahrzeugs ermitteln? Setzt euch damit auseinander, was mit ihm zu geschehen hat. Begründet eure Meinung.*

Müll- und Abfallvermeidung - echter Umweltschutz

Wie wir Müll vermeiden können

- Statt Plastiktüten Taschen oder Netze mitnehmen.
- Getränke nur in Mehrwegflaschen kaufen – keine Dosen!
- Unnötig große Verpackungen einfach im Geschäft lassen; die Verkäufer darüber informieren und sie auffordern, die Hersteller dazu zu bewegen, Waren umweltbewusster zu verpacken.
- In der Schule den Hausmeister auffordern, Milch und Kakao in Glasflaschen zu verkaufen.
- Eure Brote nicht in Plastik oder Aluminium-Folien einpacken, sondern „Butterbrot-Papier" verwenden.

So sortieren wir Abfall

Wenn wir Abfall sortieren, verringert sich die Energie- und Rohstoffverschwendung und die Müllberge wachsen langsamer. Im Müll sind nämlich Stoffe enthalten, die man wiederverwerten kann: Textilien, Papier, Pappe, Glas, Metalle, und Kunststoffe.

- Müll trennen - also mehrere Behälter aufstellen.
- Sondermülle (Lösungsmittel, Öle, Farben und andere Chemikalien bei Sonder-Müllstellen abgeben.

▶ *Erkundigt euch, ob eure Chemie- und Biologielehrer gefährliche Stoffe sachgerecht entsorgen.*

Moderne Abfallsortieranlage

Wie können wir in der Schule Energie sparen?

- Im Winter kurz und kräftig lüften. Energieverluste entstehen, wenn die Fenster immer ein bisschen geöffnet sind.
- Die Wärme nie durch das Öffnen der Fenster regulieren, sondern den Hausmeister einschalten.
- Darauf achten, dass das Licht nicht unnötig brennt. In Pausen und nach Schulschluss ausschalten.

Auf dem Schulweg Energie sparen

- Habt ihr einen kurzen Schulweg, so könnt ihr laufen oder das Fahrrad benutzen. Es ist das umweltfreundlichste Verkehrmittel - macht zudem auch noch fit!
- Wenn das Wetter schlecht ist solltet ihr öffentliche Verkehrsmittel benutzen.
- Sollte es die nicht geben, könnten eure Eltern Fahrgemeinschaften gründen.

▶ *Überlegt, wie wir im Bereich „Körperpflege" Müll vermeiden können! Diskutiert mit euren Lehrerinnen und Lehrern, welche Umweltprobleme bei Lippenstiften, Lidschatten, Wimperntusche, Nagellack, Deos und Haarshampoos mit sich bringen.*

▶ *Was sollten wir beim Kauf von Schulmäppchen, Schultaschen, Füller, Patronen, Kulis und Tintentod beachten?*

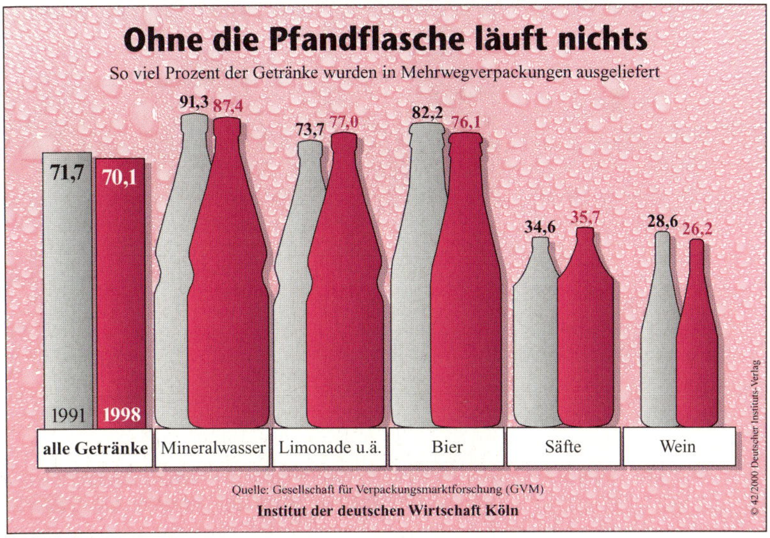

▶ *Diskutiert, weshalb manche von uns Pfandflaschen ablehnen.*

▶ *Ein hohes Pfand auf Dosen? Was meint ihr dazu?*

Sparsamer Umgang mit Energie und Wasser – im Haushalt und in der Schule

Süßwasser ist Mangelware

Kaum jemand weiß, dass Süßwasser Mangelware ist. Das mag auch an der trügerischen blauen Farbe liegen, die einen Großteil der Weltkarte bedeckt. Dabei wird Folgendes übersehen: 97,5% des Wassers auf unserem Planeten ist Salzwasser, und das Süßwasser – die übrigen 2,5% – ist nur zu einem geringen Teil nutzbar. 70% davon befinden sich nämlich in gefrorenem Zustand in den Eiskappen der Antarktis und Grönlands, und nahezu der gesamte Rest ist in Form von Bodenfeuchtigkeit vorhanden oder aber liegt für eine Nutzung in zu tiefen Grundwasserschichten. Insgesamt ist nur 1% des Süßwassers, also 0,007% des Wassers auf der Erde, einfach zu erschließen.

Im Laufe der Jahrhunderte haben Bevölkerungswachstum und menschliches Tun dieser wertvollen Ressource empfindlich geschadet. Zwischen 1900 und 1995 hat sich der Wasserverbrauch mehr als versechsfacht, und er steigt auch weiterhin doppelt so stark wie das Bevölkerungswachstum. Dieses Missverhältnis hat das Risiko einer Verknappung vervielfacht.

■ *Unesco-Kurier Nr. 2/1999. S. 12*

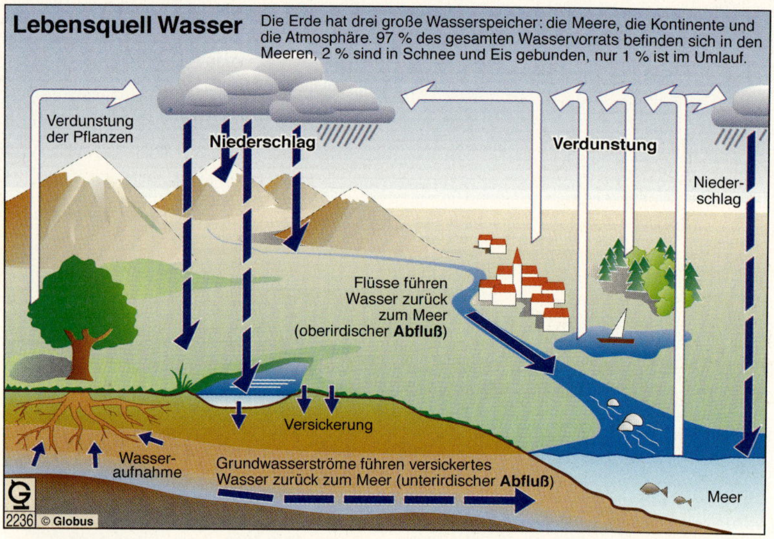

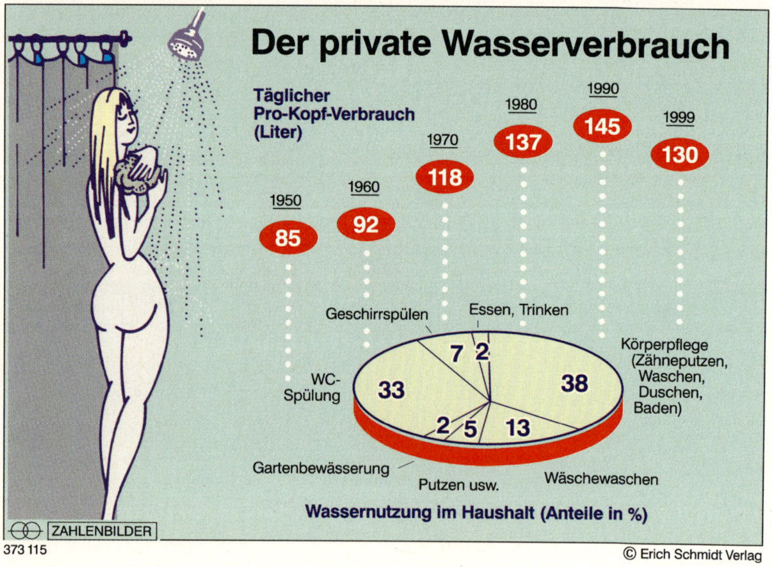

► *Untersucht, in welchen Bereichen wir Wasser sparen können! Wo liegen Grenzen? Wo treffen wir auf Verschwendung?*

Artgemäßer Umgang mit Tieren

Wenn wir ein Haustier wollen, müssen wir folgende Fragen beantworten:

1. Welches Tier kann ich auf Grund meiner Wohnverhältnisse aufnehmen?
2. Habe ich genug Zeit und Geduld, mich mit meinem Tier zu beschäftigen?
3. Gestattet es die Hausverwaltung, ein Tier zu halten?
4. Ein Tier wird mehrere Jahre leben. Sind die nächsten Jahre für uns überschaubar, so dass wir gleichermaßen gut für ein Tier sorgen können?
5. Sind alle Familienmitglieder mit einem Tier als Hausgenossen einverstanden?
6. Ein Tier wird – je nach Temperament – seine Art ausleben. Bin ich bereit, für eine gute Erziehung zu sorgen, damit das glückliche Miteinander lange hält?
7. Ist man bereit, ein krankes Tier zu pflegen, auch wenn sich die Krankheit länger hinzieht und von unangenehmen Nebenerscheinungen wie Erbrechen und Durchfall begleitet ist?
8. Bringe ich das Geld für die unbedingt erforderlichen Schutzimpfungen und Tierarztkosten bei Erkrankungen auf?
9. Ist die Unterbringung und Versorgung des Tieres im Urlaub geregelt oder baut man darauf, dass, wenn man das Tier vor der Urlaubsreise aussetzt, sich schon jemand darum kümmern wird?

   Das Aussetzen bedeutet den sicheren Tod für das Tier und wird hart bestraft!

Wenn nur eine dieser Fragen nicht zufriedenstallend beantwortet werden kann, so ist es besser, vorläufig auf ein Tier zu verzichten, bis alle Voraussetzungen erfüllt sind.

- *Diskutiert, welche dieser Fragen besonders schwer positiv zu beantworten sind.*
- *Prüft, weshalb alle Fragen zufriedenstellend beantwortet werden sollten.*
- *Leitet ausgehend von diesen Fragen Verhaltensregeln ab!*

Was bedeutet „artgerechte Haltung"?

Beispiel Hund

Der Hund, ist das älteste Haustier des Menschen, seine Domestikation begann vor ca. vierzehntausend Jahren. Sämtliche heute existierenden Hunderassen gehen auf denselben Stammvater zurück, nämlich den Wolf. Es gibt verschiedene Theorien darüber, warum unsere Vorfahren Wölfe zu Haustieren domestizierten, sicher ist jedoch, dass schon früh die verschiedenen Vorteile und Nutzen erkannt wurden, die ein solcher Begleiter hat. Nicht nur, dass die Hunde das Annähern von feindlichen Menschen oder Tieren durch ihr feines Gehör und ihren Geruchssinn frühzeitig ankündigten, sie wurden auch zu nützlichen Helfern bei der Jagd.

Für die artgerechte Haltung eines Hundes sollte auf Folgendes geachtet werden:

a) Was braucht der Hund?
Der Hund benötigt einen Fressnapf, eine Wasserschale, Schlafkorb, Haarbürste, Halsband, Leine, Spielzeug.

b) Schlafplatz
Als Schlafplatz dient ein leicht zu reinigender, zugfreier, ungestörter Platz in der Wohnung. Am besten ein flacher Korb mit einer Decke oder mit einem Kissen samt waschbarem Überzug. Auf keinen Fall darf der Hund ständig auf Steinboden liegen; Erkältungskrankheiten können die Folge sein.

c) Baden
Der Hund soll nur dann mit einem milden Spezialshampoo gereinigt werden, wenn er stark verschmutzt ist. Jedes Wasserbad entfettet die Hundehaare, die dann um so schneller wieder Schmutz aufnehmen.
Manche Hauterkrankungen sind Folgeerscheinungen eines zu häufigen Badens. Genauso schädlich für Fell und Haut des Hundes ist das ständige Tragen sogenannter Hundekleider und -schuhe.

d) Auslauf

Der Hund als Lauftier verspürt immer den Drang, herumzurennen. Deshalb braucht er viel Bewegung während des Spaziergangs und muss einmal täglich auch mal herumtoben können. Dadurch werden Muskeln und Organe gekräftigt; der Hund ist widerstandsfähiger und ausgeglichener. Bei zu wenig Auslauf kommt es häufig zu ungesundem Übergewicht und bei älteren Hunden zu Herzmuskelschäden. Damit der Hund sein „großes"und „kleines" Geschäft machen kann, sollte er etwa viermal täglich ausgeführt werden. Man muss dem Tier draußen seine Zeit gönnen, damit es ausgiebig schnuppern und sein Revier markieren kann. Auf keinen Fall darf der Hund sein „Geschäft" auf Kinderspielplätzen, z.B. im Sandkasten oder auf Bürgersteigen erledigen. Das ist unhygienisch und stellt ein Ärgernis für die Mitmenschen dar. Passiert trotz aller Vorsichtsmaßnahmen das „Malheur" dennoch mal auf dem Bürgersteig, so kann man das „große Geschäft" z.B. mit einer kleinen Schaufel in einer Plastiktüte verstauen.

- *Prüft, welche Hunde man sich in einer Stadtwohnung anschaffen kann, um diesen Anforderungen zu genügen.*

- *Überlegt euch nun ähnliche Bedingungen für die artgerechte Haltung z.B. einer Katze, eines Meerschweinchens, von Kanarienvögeln, von Goldfischen u.ä.*
- *Informieren solltet ihr euch zuerst über die Lebensbedürfnisse und Lebensgewohnheiten dieser Tiere.*
- *Diskutiert, inwiefern sich eure Haltung zu Haustieren verändert hat.*

Einen weiteren Schwerpunkt unserer Auseinandersetzung mit artgemäßem Umgang bei Tieren bietet das Thema „Zoo":

- *Wenn möglich, so solltet ihr einen Zoo in eurer Nähe besuchen und schauen, wie es diesen Tieren geht.*
- *Sammelt Argumente, die für die Beibehaltung von Zoos sprechen – stellt nun Argumente zusammen, die dagegen sprechen.*

Anhang zu den Bibelstellen

Die folgenden Bibelzitate sind aus: Die Bibel Altes und Neues Testament - Einheitsübersetzung Herder Verlag Freiburg - 1980 Katholische Bibelanstalt Stuttgart

Seite 395
Die Geburt Jesu: LK 2, 1-14

2 In jenen Tagen erließ Kaiser Augustus den Befehl, alle Bewohner des Reiches in Steuerlisten einzutragen. _Dies geschah zum erstenmal; damals war Quirinius Statthalter von Syrien. _Da ging jeder in seine Stadt, um sich eintragen zu lassen.

[4]So zog auch Josef von der Stadt Nazaret in Galiläa hinauf nach Judäa in die Stadt Davids, die Bethlehem heißt; denn er war aus dem Haus und Geschlechts Davids. [5]Er wollte sich eintragen lassen mit Maria, seiner Verlobten, die ein Kind erwartete. [6]Als sie dort waren, kam für Maria die Zeit ihrer Niederkunft, 7und sie gebar ihren Sohn, den Erstgeborenen. Sie wickelte ihn in Windeln und legte ihn in eine Krippe, weil in der Herberge kein Platz für sie war.

[8]In jener Gegend lagerten Hirten auf freiem Feld und hielten Nachtwache bei ihrer Herde. [9]Da trat der Engel des Herrn zu ihnen, und der Glanz des Herrn umstrahlte sie. Sie fürchteten sich sehr, [10]Der Engel aber sagte zu ihnen: Fürchtet euch nicht, denn ich verkünde euch eine große Freude, die dem ganzen Volk zuteil werden soll: [11]Heute ist euch in der Stadt Davids der Retter geboren; er ist der Messias, der Herr. [12]Und das soll euch als Zeichen dienen: Ihr werdet ein Kind finden, das, in Windeln gewickelt, in einer Krippe liegt. [13]Und plötzlich war bei dem Engel ein großes himmlisches Heer, das Gott lobte und sprach:

[14] Verherrlicht ist Gott in der Höhe, / auf Erden ist Friede / bei den Menschen seiner Gnade.

Seite 98
Die Heilung eines Blinden bei Jericho: Mk 10, 46-52

[46]Sie kamen nach Jericho. Als er mit seinen Jüngern und einer großen Menschenmenge Jericho wieder verließ, saß an der Straße ein blinder Bettler, Bartimäus, der Sohn des Timäus. [47]Sobald er hörte, daß es Jesus von Nazaret war, rief er laut: Sohn Davids, Jesus, hab Erbarmen mit mir! [48]Viele wurden ärgerlich und befahlen ihm zu schweigen. Er aber schrie noch viel lauter: Sohn Davids, hab Erbarmen mit mir! [49]Jesus blieb stehen und sagte: Ruft ihn her! Sie riefen dem Blinden und sagten zu ihm: Hab nur Mut, steh auf, er ruft dich. [50]Da warf er seinen Mantel weg, sprang und lief auf Jesus zu. [51]Und Jesus fragte ihn: Was soll ich dir tun? Der Blinde antwortete: Rabbuni, ich möchte wieder sehen können. [52]Da sagte Jesus zu ihm: Geh! Dein Glaube hat dir geholfen. Im gleichen Augenblick konnte er wieder sehen, und er folgte Jesus auf seinem Weg.

Seite 100
Der Sturm auf dem See: Mt 8, 23-27

[23]Er stieg in das Boot, und seine Jünger folgten ihm. [24]Plötzlich brach auf dem See ein gewaltiger Sturm los, so daß das Boot von den Wellen überflutet wurde. Jesus aber schlief. [25] Da traten die Jünger zu ihm und weckten ihn; sie riefen: Herr, rette uns, wir gehen zugrunde! [26]Er sagte zu ihnen: Warum habt ihr solche Angst, ihr Kleingläubigen? Dann stand er auf, drohte den Winden und dem See, und es trat völlige Stille ein. [27]Die Leute aber staunten und sagten: Was ist das für ein Mensch, daß ihm sogar die Winde und der See gehorchen?

Seite 102
Jesus im Haus des Zöllners Zachäus: LK 19, 1-10

19 Dann kam er nach Jericho und ging durch die Stadt. [2]Dort wohnte ein Mann namens Zachäus; er war der oberste Zollpächter und war sehr reich. [3]Er wollte gern sehen, wer dieser Jesu sei, doch die Menschenmenge versperrte ihm die Sicht; denn war klein. [4]Darum lief er voraus und stieg auf einen Maulbeerfeigenbaum, um Jesus zu sehen, der dort vorbeikommen mußte. [5]Als Jesus an die Stelle kam, schaute er hinauf und sagte zu ihm: Zachäus, komm schnell herunter! Denn ich muß heute in deinem Haus zu Gast sein. [6]Da stieg er schnell herunter und nahm Jesus freudig bei sich auf. [7]Als die Leute das sahen, empörten sie sich und sagten: Er ist bei einem Sünder eingekehrt. [8]Zachäus aber wandte sich an den Herrn und sagte: Herr, die Hälfte meines Vermögens will ich den Armen geben, und wenn ich von jedmand zu viel gefordert habe, gebe ich ihm das Vierfache zurück. [9]Da sagte Jesus zu ihm: Heute ist diesem Haus das Heil geschenkt worden, weil auch dieser Mann ein Sohn Abrahams ist. [10]Denn der Mensch ist gekommen, um zu suchen und zu retten, was verloren ist.

Seite 104
Das Mahl: Mk 14, 22-25

[22]Während des Mahls nahm er das Brot und sprach den Lobpreis; dann brach er das Brot, reichte es ihnen und sagte: Nehmt, das ist mein Leib. [23]Dann nahm er den Kelch, sprach das Dankgebet, reichte ihn den Jüngern, und sie tranken alle daraus. [24]Und er sagte zu ihnen: Das ist mein Blut, das Blut des Bundes, das für viele vergossen wird. [25]Amen, ich sage euch: Ich werde nicht mehr von der Frucht des Weinstocks trinken bis zu dem Tag, an dem ich von neuem davon trinke im Reich Gottes.

Seite 106 – 107
Die Verhandlung von Pilatus: MK 15, 1-15

15 Gleich in der Frühe faßten die Hohenpriester, die Ältesten und die Schriftgelehrten, also der ganze Hohen Rat, über Jesus einen Beschluß: Sie ließen ihn fesseln und abführen und liferten ihn Pilatus aus: [2]Pilatus fragte ihn: Bist du der König der Juden? Er antwortete ihm: Du sagst es. [3]Die Hohenpriester brachten viele Anglagen gegen ihn vor. [4]Da wandte sich Pilatus wieder an ihn und fragte: Willst due denn nichts dazu sagen? Sieh doch, wie viele Anklagen sie gegen dich vorbringen. [5]Jesus aber gab keine Antwort mehr, so daß Pilatus sich wunderte.

[6]Jeweils zum Fest ließ Pilatus einen Gefangenen frei, den sie sich ausbitten durften. [7]Damals saß gerade ein Mann namens Barabbas im Gefängnis, zusammen mit anderen Aufrührern, die bei einem Aufstand einen Mord begangen hatten. [8]Die Volksmenge zog (zu Pilatus) hinauf und bat, ihnen die gleiche Gunst zu gewähren wie sonst. [9]Pilatus fragte sie: Wollt ihr, daß ich den König der Juden freilasse? [10]Er merkte nämlich, daß die Hohenpriester nur aus Neid Jesus an ihn ausgeliefert hatten. [11]Die Hohenpriester aber wiegelten die Menge auf, lieber die Freilassung des Barabbas zu fordern. [12]Pilatus wandte sich von neuem an sie und Fragte: Was soll ich dann mit dem tun, den ihr den König der Juden nennt? [13]Da schrien sie: Kreuzige ihn! [14]Pilatus entgegnete: Was hat er denn für ein

Verbrechen begangen? Sie schrien noch lauter: Kreuzige ihn! [15]Darauf ließ Pilatus, um die Menge zufriedenzustellen, Barabbas frei und gab den Befehl, Jesus zu geißeln und zu kreuzigen.

Die Verspottung Jesu durch die Soldaten:
MK 15, 16-20a

16 Die Soldaten führten ihn in den Palast hinein, das heißt in das Prätorium, und riefen die ganze Kohorte zusammen. [17]Dann legten sie ihm einen Purpurmantel um und flochten einen Dornenkranz; den setzten sie ihm auf [18]und grüßten ihn: Heil dir, König der Juden! [19]Sie schlugen ihm mit einem Stock auf den Kopf und spuckten ihn an, knieten vor ihm nieder und huldigten ihm. [20a]Nachdem sie so ihren Spott mit ihm getrieben hatten, nahmen sie ihm den Purpurmatel ab und zogen ihm seine eigenen Kleider wieder an.

Die Kreuzigung: MK 15, 20b-32

20b Dann führten sie Jesus hinaus, um ihn zu kreuzigen. [21]Einen Mann, der gerade vom Feld kam, Simon von Zyrene, den Vater des Alexander und des Rufus, zwangen sie, sein Kreuz zu tragen. [22]Und sie brachten Jesus an einen Ort namens Golgote, das heißt übersetzt: Schädelhöhe. [23]Dort reichten sie ihm Wein, der mit Myrrhe gewürzt war; er aber nahm ihn nicht. [24]Dann kreuzigten sie ihn. Sie warfen das Los und verteilten seine Kleider unter sich und gaben jedem, was ihm zufiel. [25]Es war die dritte Stunde, als sie ihn kreuzigten. [26]Und eine Aufschrift (auf einer Tafel) gab seine Schuld an: Der König der Juden. [27]Zusammen mit ihm kreuzigten sie zwei Räuber, den einen rechts von ihm, den andern links. [28] [29]Die Leute, die vorbeikamen, verhöhnten ihm, schüttelten den Kopf und riefen: Ach, du willst den Tempel niederreißen und in drei Tagen wieder aufbauen? [30]Hilf dir doch selbst, und steig herab vom Kreuz! [31]Auch die Hohenpriester und die Schriftgelehrten verhöhnten ihn und sagten zueinander: Anderen hat er geholfen, sich selbst kann er nicht helfen. [32]Der Messias, der König von Israel! Er soll doch jetzt vom Kreuz herabsteigen, damit wir sehen und glauben. Auch die beiden Männer, die mit Ihm zusammen gekreuzigt wurden, beschimpften ihn.

Der Tod Jesu: MK 15, 33-41

33 Als die sechste Stunde kam, brach über das ganze Land eine Finsternis herein. Sie dauerte bis zur neunten Stunde. [34]Und in der neunten Stunde rief Jesus mit lauter Stimme: Eloi, Eloi, lema sabachtani?, das heißt übersetzt: Mein Gott, mein Gott, warum hast du mich verlassen? [35]Einige von denen, die dabeistanden und es hörten sagten: Hört, er ruft nach Elija! [36]Einer lief hin, tauchte einen Schwamm in Essig, steckte ihn auf einen Stock und gab Jesus zu trinken. Dabei sagte er: Laßt uns doch sehen, ob Elija kommt und ihn herabnimmt [37]Jesus aber schrie laut auf. Dann hauchte er den Geist aus.

[38]Da riß der Vorhang im Tempel von oben bis unten entzwei.

[39]Als der Hauptmann, der Jesus gegenüberstand, ihn auf diese Weise sterben sah, sagte er: Wahrhaftig, dieser Mensch war Gottes Sohn.

[40]Auch einige Frauen sahen von weitem zu, darunter Maria aus Magdala, Maria, die Mutter von Jakobus dem Kleinen und Joses, sowie Salome; [41]sie waren Jesus schon in Galiläa nachgefolgt und hatten ihm gedient. Noch viele Frauen waren dabei, die mit ihm nach Jerusalem hinaufgezogen waren.

Das Begräbnis Jesu: 15, 42-47

42 Da es Rüsttag war, der Tag vor dem Sabbat, und es schon Abend wurde, [43]ging Josef von Arimathäa, ein vornehmer Ratsherr, der auch auf das Reich Gottes wartete, zu Pilatus und wagte es, um den Leichnam Jesu zu bitten. [44]Pilatus war überrascht, als er hörte, daß Jesus schon tot sei. Er ließ den Hauptmann kommen und fragte ihn, ob Jesus bereits gestorben sei. [45]Als der Hauptmann ihm das bestätigte, überließ er Josef den Leichnam. [46]Josef kaufte ein Leinentauch, nahm Jesus vom Kreuz, wichelte ihn in das Tuch und legte ihn in ein Grag, das in einen Felsen gehauen war. Dann wälzte er einen Stein vor den Eingang des Grabes. [47]Maria aus Magdala aber und Maria, die Mutter des Joses, beobachteten, wohin der Leichnam gelegt wurde.

Seite 111
Die Botschaft des Engels im leeren Grab: MK 16, 1-8

16 Als der Sabbat vorüber war, kauften Maria aus Magdala, Maria, die Mutter des Jakobus, und Salome wohlriechende Öle, um damit zum Grag zu gehen und Jesus zu salben. [2]Am ersten Tag der Woche kamen sie in aller Frühe zum Grab, als eben die Sonne aufging. [3]Sie sagten zueinander: Wer könnte uns den Stein vom Eingang des Grabes wegwälzen? [4]Doch als sie hinblickten, sahen sie, daß der Stein schon weggewälzt war; er war sehr groß. [5]Sie gingen in das Grab hinein und sahen auf der rechten Seite einen jungen Mann sitzen, der mit einem weißen Gewand bekleidet war; da erschraken sie sehr. [6]Er aber sagte zu ihnen: Erschreckt nicht! Ihr sucht Jesus von Nazaret, den Gekreuzigten. Er ist auferstanden; er ist nicht hier. Seht, da ist die Stelle, wo man ihn hingelegt hatte. [7]Nun aber geht und sagt seinen Jüngern, vor allem Petrus: Er geht euch voraus nach Galiläa; dort werdet ihr in sehen, wie er es euch gesagt hat.

Seite 115
Das Gleichnis vom verloren Sohn: Lk 15,11-32

Weiter sagte Jesus: Ein Mann hatte zwei Söhne. [12]Der jüngere von ihnen sagte zu seinem Vater: Vater, gib mir das Erbteil, das mir zusteht. Da teilte der Vater das Vermögen auf. [13]Nach wenigen Tagen packte der jüngere Sohn alles zusammen und zog in ein fernes Land. Dort führte er ein zügelloses Leben und verschleuderte sein Vermögen. [14]Als er alles durchgebracht hatte, kam eine große Hungersnot über das Land, und es ging ihm sehr schlecht. [15]Da ging er zu seinem Bürger des Landes und drängte sich ihm auf; der schickte ihn aufs Feld zum Schweinehüten. [16]Er hätte gern seinen Hunger mit den Futterschoten gestillt, die die Schweine fraßen; aber niemand gab ihm davon. [17]Da ging er in sich und sagte: Wie viele Tagelöhner meines Vaters haben mehr als genug zu essen, und ich komme hier vor Hunger um. [18]Ich will aufbrechen und zu meinem Vater gehen und zu ihm sagen: Vater, ich habe mich gegen den Himmel und gegen dich versündigt. [19]Ich bin nicht mehr wert, dein Sohn zu sein; mach mich zu einem deiner Tagelöhner. [20]Dann brach er auf und ging zu seinem Vater. Der Vater sah ihn schon von weitem kommen, und er hatte Mitleid mit ihm. Er rief dem Sohn entgegen, fiel ihm um den Hals und küßte ihn. [21]Da sagte der Sohn: Vater, ich habe mich gegen den Himmel und gegen dich versündigt; ich bin nicht mehr wert, dein Sohn zu sein. [22]Der Vater aber sagte zu seinen Knechten: Holt schnell das beste Gewand, und zieht es ihm an, steckt ihm einen Ring an die Hand, und zieht ihm Schuhe an. [23]Bringt das Mastkalb her, und schlachtet es; wir wollen essen und fröhlich sein. [24]Denn mein Sohn war tot und lebt wieder; er war verloren und ist wiedergefunden worden. Und sie begannen, ein fröhliches Fest zu feiern.

25Sein älterer Sohn war unterdessen auf dem Feld. Als er
heimging und in die Nähe des Hauses kam, hörte er Musik
und Tanz. 26Da rief er einen der Knechte und fragte, was das
bedeuten solle. 27Der Knecht antwortete: Dein Bruder ist ge-
kommen, und dein Vater hat das Mastkalb schlachten lassen,
weil er ihn heil und gesund wiederbekommen hat. 28Da wurde
er zornig und wollte nicht hineingehen. Sein Vater aber kam
heraus und redete ihm gut zu. 29Doch er erwiderte dem Vater:
So viele Jahre schon diene ich dir, und nie habe ich gegen
deinen Willen gehandelt; mir aber hast du nie auch nur einen
Ziegenbock geschenkt, damit ich mit meinen Freunden ein
Fest feiern konnte. 30Kaum aber ist der hier gekommen, dein
Sohn, der dein Vermögen mit Dirnen durchgebracht hat, da
hast du für ihn das Mastkalb geschlachtet. 31Der Vater ant-
wortet ihm: Mein Kind, du bist immer bei mir, und alles, was
mein ist, ist auch dein. 32Aber jetzt müssen wir uns doch freu-
en und ein Fest feiern; denn dein Bruder war tot und lebt
wieder, er war verloren und ist wiedergefunden worden.

Seite 117
Die Seligpreisungen: Mt 5, 3-12
3Er sagte: Selig, die arm sind vor Gott; / denn ihnen gehört
das Himmelreich.
4Selig die Trauernden; / denn sie werden getröstet werden.
5Selig, die keine Gewalt anwenden; / denn sie werden das
Land erben.
6Selig, die hungern und dürsten nach der Gerechtigkeit; /
denn sie werden satt werden.
7Selig, die Barmherzigen; / denn sie werden Erbarmen finden.
8Selig, die ein reines Herzen haben, / denn sie werden Gott
schauen.
9Selig, die Frieden stiften; / denn sie werden Söhne Gottes ge-
nannt werden.
10Selig, die um der Gerechtigkeit willen verfolgt werden; /
denn ihnen gehört das Himmelreich.
11Selig seid ihr, wenn ihr um meinetwillen beschimpft und
verfolgt und auf alle mögliche Weise verleumdet werdet.
12Freut euch und jubelt: Euer Lohn im Himmel wird groß sein.
Denn so wurden schon vor euch die Propheten verfolgt.

Seite 119
Die Erschaffung der Welt: Genesiss 1,1 – 2,4a
1 Im Anfang schuf Gott Himmel und Erde; 2die Erde aber war
wüst und wirr, Finsternis lag über der Urluft, und Gottes
Geist schwebte über dem Wasser.
3Gott sprach: Es werde Licht. Und es wurde Licht. 4Gott sah,
daß das Licht gut war. Gott schied das Licht von der Finsternis,
5und Gott nannte das Licht Tag, und die Finsternis nannte er
Nacht. Es wurde Abend, und es wurde Morgen: erster Tag.
6Dann sprach Gott. Ein Gewölbe entstehe mitten im Wasser
und scheide Wasser von Wasser. 7Gott machte also das Gewöl-
be und schied das Wasser unterhalb des Gewölbes vom Wasser
oberhalb des Gewölbes. So geschah es, 8und Gott nannte das
Gewölbe Himmel. Es wurde Abend, und es wurde Morgen:
zweiter Tag.
9Dann sprach Gott: Das Wasser unterhalb des Himmels sammle
sich an einem Ort, damit das Trockene sichtbar werde. So ge-
schah es. 10Das Trockene nannte Gott Land, und das angesam-
melte Wasser nannte er Meer. Gott sah, daß es gut war. 11Dann
sprach Gott: Das Land lasse junges Grün wachsen, alle Arten
von Pflanzen, die Samen tragen, und von Bäumen, die auf der
Erde Früchte bringen mit ihrem Samen darin. So geschah es.
12Das Land brachte junges Grün hervor, alle Arten von Pflan-
zen, die Samen tragen, alle Arten von Bäumen, die Früchte
bringen mit ihrem Samen darin. Gott sah, daß es gut war. 13Es
wurde Abend, und es wurde Morgen: dritter Tag.
14Dann sprach Gott: Lichter sollen am Himmelsgewölbe sein,
um Tag und Nacht zu scheiden. Sie sollen Zeichen sein und zur
Bestimmung von Festzeiten, von Tagen und Jahren dienen;
15sie sollen Lichter am Himmelsgewölbe sein, die über die Erde
hin leuchten. So geschah es. 16Gott machte die beiden großen
Lichter, das größere, das über den Tag herrscht, das kleinere,
das über die Nacht herrscht, auch die Sterne. 17Gott setzte die
Lichter an das Himmelsgewölbe, damit sie über die Erde hin
leuchten, 18über Tag und Nacht herrschen und das Licht von
der Finsternis scheiden. Gott sah, daß es gut war. 19Es wurde
Abend, und es wurde Morgen: vierter Tag.
20Dann sprach Gott: Das Wasser wimmle von lebendigen We-
sen, und Vögel sollen über dem Land am Himmelsgewölbe da-
hinfliegen. 21Gott schuf alle Arten von großen Seetieren und
anderen Lebewesen, von denen das Wasser wimmelt, und alle
Arten von gefiederten Vögeln. Gott sah, daß es gut war. 22Gott
segnete sie und sprach: Seid fruchtbar, und vermehrt euch,
und bevölkert das Wasser im Meer, und die Vögel sollen sich
auf dem Land vermehren. 23Es wurde Abend, und es wurde
Morgen: fünfter Tag.
24Dann sprach Gott: Das Land bringe alle Arten von lebendigen
Wesen hervor, von Vieh, von Kriechtieren und von Tieren des
Feldes. So geschah es. 25Gott machte alle Arten von Tieren des
Feldes, alle Arten von Vieh und alle Arten von Kriechtieren auf
dem Erdboden. Gott sah, daß es gut war. 26Dann sprach Gott:
Laßt uns Menschen machen als unser Abbild, uns ähnlich. Sie
sollen herrschen über die Fische des Meeres, über die Vögel des
Himmels, über das Vieh, über die ganze Erde und über alle
Kriechtiere auf dem Land. 27 Gott schuf also den Menschen als
sein Abbild; als Abbild Gottes schuf er ihn. Als Mann und Frau
schuf er sie. 28Gott segnete sie, und Gott sprach zu ihnen: Seid
fruchtbar, und vermehrt euch, bevölkert die Erde, unterwerft
sie euch, und herrscht über die Fische des Meeres, über die Vö-
gel des Himmels und über alle Tiere, die sich auf dem Land re-
gen. 29Dann sprach Gott: Hiermit übergebe ich euch alle Pflan-
zen auf der Erde, die Samen tragen, und alle Bäume mit sa-
menhaltigen Früchten. Euch sollen sie zur Nahrung dienen.
30Allen Tieren des Feldes, allen Vögeln des Himmels und allem,
was sich auf der Erde regt, was Lebensatem in sich hat, gebe
ich alle grünen Pflanzen zur Nahrung. So geschah es. 31Gott
sah alles an, was er gemacht hatte: Es war sehr gut. Es wurde
Abend, und es wurde Morgen: der sechste Tag.

2 So wurden Himmel und Erde vollendet und ihr ganzes
Gefüge. 2Am siebten Tag vollendete Gott das Werk, das er
geschaffen hatte, und er ruhte am siebten Tag, nachdem er
sein ganzes Werk vollbracht hatte. 3Und Gott segnete den
siebten Tag und erklärte ihn für heilig; denn an ihm ruhte
Gott, nachdem er ganze Werk der Schöpfung vollendet hatte.
4aDas ist die Entstehungsgeschichte von Himmel und Erde, als
sie erschaffen wurden.

Seite 122
Genesiss 2, 7-23
Da formte Gott, der Herr, den Menschen aus Erde vom Acker-
boden und blies in seine Nase den Lebensatem. So wurde der
Mensch zu einem lebendigen Wesen.
8Dann legte Gott, der Herr, in Eden, im Osten, einen Garten an
und setzte dorthin den Menschen, den er geformt hatte.
9Gott, der Herr, ließ aus dem Ackerboden allerlei Bäume
wachsen, verlockend anzusehen und mit köstlichen Früchten,
in der Mitte des Gartens aber den Baum des Lebens und den
Baum der Erkenntnis von Gut und Böse.
10Ein Strom entspringt in Eden, der den Garten bewässert;

dort teilt er sich und wird zu vier Hauptflüssen. [11]Der eine heißt Pischon; er ist es, der das ganze Land Hawila umfließt, wo es Gold gibt. [12]Das Gold jenes Landes ist gut; dort gibt es auch Bdelliumharz und Karneolsteine. [13]Der zweite Strom heißt Gihorn; er ist es, der das ganze Land Kusch umfließt. [14]Der dritte Strom heißt Tigris; er ist es, der östlich an Assur vorbeifließt. Der vierte Strom ist der Eufrat.

[15]Gott, der Herr, nahm also den Menschen und setzte ihn in den Garten von Eden, damit er ihn bebaue und hüte. [16] Dann gebot Gott, der Herr, dem Menschen: Von allen Bäumen des Gartens darfst du essen, [17]doch vom Baum der Erkenntnis von Gut und Böse darfst du nicht essen; denn sobald du davon ißt, wirst du sterben.

[18]Dann sprach Gott, der Herr: Es ist nicht gut, daß der Mensch allein bleibt. Ich will ihm eine Hilfe machen, die ihm entspricht.

[19]Gott, der Herr, formte aus dem Ackerboden alle Tiere des Feldes und alle Vögel des Himmels und führte sie dem Menschen zu, um zu sehen, wie er sie benennen würde. Und wie der Mensch jedes lebendige Wesen benannte, so sollte es heißen. [20]Der Mensch gab Namen allen Tieren des Feldes. Aber eine Hilfe, die dem Menschen entsprach, fand er nicht.

[21]Da ließ Gott, der Herr, einen tiefen Schlaf auf den Menschen fallen, so daß er einschlief, nahm eine seiner Rippen und verschloß ihre Stelle mit Fleisch. [22]Gott, der Herr, baute aus der Rippe, die er vom Menschen genommen hatte, eine Frau und führte sie dem Menschen zu. [23]Und der Mensch sprach:

Das endlich ist Bein von meinem Bein/und Fleisch von meinem Fleisch. / Frau soll sie heißen/denn vom Mann ist sie genommen.

Seite 122

Der Fall des Menschen: Genesis 3, 1-24

3 Die Schlange war schlauer als alle Tiere des Feldes, die Gott, der Herr, gemacht hatte. Sie sagte zu der Frau: Hat Gott wirklich gesagt: Ihr dürft von keinem Baum des Gartens essen? [2]Die Frau entgegnete der Schlange: Von den Früchten der Bäume im Garten dürfen wir essen; [3]nur von den Früchten des Baumes, der in der Mitte des Gartens steht, hat Gott gesagt: Davon dürft ihr nicht essen, und daran dürft ihr nicht rühren, sonst werdet ihr sterben. [4]Darauf sagte die Schlange zur Frau: Nein, ihr werdet nicht sterben. [5]Gott weiß vielmehr: Sobald ihr davon eßt, gehen euch die Augen auf; ihr werdet wie Gott und erkennt Gut und Böse. [6]Da sah die Frau, daß es köstlich wäre, von dem Baum zu essen, daß der Baum eine Augenweide war und dazu verlockte, klug zu werden. Sie nahm von seinen Früchten und aß; sie gab auch ihrem Mann, der bei ihr war, und auch er aß. [7]Da gingen beiden die Augen auf, und sie erkannten, daß sie nackt waren. Sie hefteten Feigenblätter zusammen und machten sich einen Schurz. [8]Als sie Gott, den Herrn, im Garten gegen den Tagwind einherschreiten hörten, versteckten sich Adam und seine Frau vor Gott, dem Herrn, unter den Bäumen des Gartens. [9]Gott, der Herr, rief Adam zu und sprach: Wo bist du? [10]Er antwortete: Ich habe dich im Garten kommen hören; da geriet ich in Furcht, weil ich nackt bin, und versteckte mich. [11]Darauf fragte er: Wer hat dir gesagt, daß du nackt bist? Hast du von dem Baum gegessen, von dem zu essen ich dir verboten habe?

[12]Adam antwortete: Die Frau, die du mir beigestellt hast, sie hat mir von dem Baum gegeben, und so habe ich gegessen.

[13]Gott, der Herr, sprach zu der Frau: Was hast du da getan? Die Frau antwortete: Die Schlange hat mich verführt, und so habe ich gegessen. [14]Da sprach Gott, der Herr, zur Schlange: Weil du das getan hast, bist du verflucht / unter allem Vieh und allen Tieren des Feldes. / Auf dem Bauch sollst du kriechen / und Staub fressen alle Tage deines Lebens. [15]Feindschaft setzte ich zwischen dich und die Frau,/zwischen deinen Nachwuchs und ihren Nachwuchs./Er trifft dich am Kopf, / und du triffst ihn an der Ferse.

[16]Zur Frau sprach er:

Viel Mühsal bereite ich dir, sooft du schwanger wirst. / Unter Schmerzen gebierst du Kinder. / Du hast Verlangen nach deinem Mann; / er aber wird über dich herrschen.

[17]Zu Adam sprach er: Weil du auf deine Frau gehört und von dem Baum gegessen hast, von dem zu essen ich dir verboten hatte:

So ist verflucht der Ackerboden deinetwegen. / Unter Mühsal wirst du von ihm essen / alle Tage deines Lebens.

[18]Dornen und Disteln läßt er dir wachsen, / und die Pflanzen des Feldes mußt du essen.

[19]Im Schweiße deines Angesichts / sollst du dein Brot essen, / bist du zurückkehrst zum Ackerboden; von ihm bist du ja genommen. / Denn Staub bist du, zum Staub mußt du zurück.

[20]Adam nannte seine Frau Eva (Leben), denn sie wurde die Mutter aller Lebendigen. [21]Gott, der Herr, machte Adam und seiner Frau Röcke auf Fellen und bekleidete sie damit. [22]Dann sprach Gott, der Herr: Seht, der Mensch ist geworden wie wir; er erkennt Gut und Böse. Daß er jetzt nicht die Hand ausstreckt, auch vom Baum des Lebens nimmt, davon ißt und ewig lebt! [23]Gott, der Herr, schickte ihn aus dem Garten von Eden weg, damit er den Ackerboden bestellt, von dem er genommen war. [24]Er vertrieb den Menschen und stellte östlich des Gartens von Eden die Kerubim auf und das lodernde Flammenschwert, damit sie den zum Baum des Lebens bewachten.

Seite 124

Kain und Abel: Genesis 4, 1-16

4 Adam erkannte Eva, seine Frau; sie wurde schwanger und gebar Kain. Da sagte sie: Ich habe einen Mann von Herrn erworben. [2]Sie gebar ein zweites Mal, nämlich Abel, seinen Bruder. Abel wurde Schafhirt und Kain Ackerbauer.

[3]Nach einiger Zeit brachte Kain dem Herrn ein Opfer von den Früchten des Feldes dar; [4]auch Abel brachte eines dar von den Erstlingen seiner Herde und von ihrem Fett. Der Herr schaute auf Abel und sein Opfer, [5]aber auf Kain und sein Opfer schaute er nicht. Da überlief es Kain ganz heiß, und sein Blick senkte sich. [6]Der Herr sprach zu Kain: Warum überläuft es dich heiß, und warum senkt sich dein Blick?

[7]Nicht wahr, wenn du recht tust, darfst du aufblicken; wenn du nicht recht tust, lauert an der Tür die Sünde als Dämon.

Auf dich hat er es abgesehen, / doch du werde Herr über ihn!

[8]Hierauf sagte Kain zu seinem Bruder Abel: Gehen wir aufs Feld! Als sie auf dem Feld waren, griff Kain seinen Bruder Abel an und erschlug ihn. [9]Da sprach der Herr zu Kain: Wo ist dein Bruder Abel? Er entgegnete: Ich weiß es nicht. Bin ich der Hüter meines Bruders? [10]Der Herr sprach: Was hast du getan? Das Blut deines Bruders schreit zu mir vom Ackerboden. [11]So bist du verflucht, verbannt vom Ackerboden, der seinen Mund aufgesperrt hat, um aus deiner Hand das Blut deines Bruders aufzunehmen. [12]Wenn du den Ackerboden bestellst, wird er dir keinen Ertrag mehr bringen. Ratlos und ruhelos wirst du auf der Erde sein. [13]Kain antwortete dem Herrn: Zu groß ist meine Schuld, als daß ich sie tragen könnte. [14]Du hast mich heute vom Ackerland verjagt, und ich muß mich vor deinem Angesicht verbergen; ratlos und ruhelos werden ich auf der Erde sein, und wer mich findet, wird mich erschlagen. [15]Der Herr aber sprach zu ihm: Darum soll jeder, der Kain erschlägt, siebenfacher Rache verfallen. Darauf machte der Herr dem Kain ein Zeichen, damit ihn keiner erschlage, der ihn finde.

[16]Dann ging Kain vom Herr weg und ließ sich im Land Nod nieder, östlich von Eden.

Glossar

Abt	Vorsteher einer Mönchsgemeinschaft
ambulant	Behandlung, ohne dass der Patient in ein Krankenhaus aufgenommen werden muss
Aquarell	mit Wasserfarben gemaltes Bild
Beichte	Bekenntnis der Sünden, um deren Vergebung zu erlangen
Beichtgeheimnis	die unbedingte Schweigepflicht des Geistlichen über das, was ihm in der Beichte anvertraut wurde
Beichtstuhl	ein besonders abgegrenzter Raum in einer Kirche, in dem der Beichtende vor einem Geistlichen seine Sünden bekennt und um Vergebung bittet
Bischof	ein leitender Geistlicher der christlichen Gemeinden
Chor	hier ein erhöhter Platz in der Kirche vor dem Altar
Clairvaux	ehemaliges sehr berühmtes Kloster in Franreich, 1792 aufgehoben
Diakonin	Pfarrhelferin, Gemeindehelferin
ethisch	eine Lebensführung, die von Verantwortung und Verpflichtung anderen gegenüber bestimmt ist
Firmung	ein Sakrament der katholischen Kirche, das dazu dient, den Glauben zu festigen und durch Handauflegung und Salbung der Stirn empfangen wird - meist durch den Bischof nur einmal im Leben (einige Jahre nach der Erstkommunion) gespendet
Gethsemane	Grundstück am Ölberg östlich von Jerusalem, wo Jesus nach der Überlieferung nach dem Abendmahl betete und gefangen genommen wurde
Gilde	Zusammenschluss von Personen zur Wahrnehmung gemeinsamer Interessen; besonders im Mittelalter als Vereinigung von Handwerkern (Zunft)
Hostie	eine dünne, ungesäuerte, aus Weizenmehl und Wasser gebackenen Brotscheibe, die in der evangelischen Kirche beim Abendmahl und in der katholischen Kirche bei der Kommunion den Gläubigen gereicht wird und den Leib Christi darstellt
Kloster	die von der Außenwelt abgeschlossenen Wohnung von Mönchen und Nonnen, die hier nach ihrer Ordensregel leben

Kolpinggruppe	katholische Jugendgruppe nach ihrem Gründer Adolf Kolping (1813 – 1865)
Konvent	Versammlung der stimmberechtigten Klostermitglieder
kreativ	eigene Ideen in freier Gestaltung umsetzend
Kutte	ein bis auf die Füße reichendes Mönchsgewand
Liturgie	die Form des Gottesdienstes
Messe	Gottesdienst in der katholischen Kirche
ökumenisch	gemeinsames Zusammenwirken aller christlichen Konfessionen
Orakel	(lat.), Weissagung und Enthüllung der Zukunft, des räumlich Entfernten oder des Götterwillens
Passahfest	jüdisches Fest zum Gedenken an den Auszug aus Ägypten
Psalter	ein Buch, das die Psalmen (religiöse Lieder) enthält
Reformation	Wiederherstellung, Erneuerung, Verbesserung, Umgestaltung – u. a. von Martin Luther hervorgerufene Erneuerung der Kirche
Sabbat	der jüdische Ruhetag (Samstag)
Sakrament	ein äußeres Zeichen der Gnade Gottes - in der katholischen Kirche 7 Sakramente: Taufe, Firmung, Eucharistie, Buße, Krankensalbung, Priesterweihe, Ehe - in der evangelischen Kirche 2 Sakramente: Taufe und Abendmahl
Sozialstation	Einrichtung, die den Mitmenschen hilft
Tabernakel	in der katholischen Kirche ein kunstvoll gearbeitetes festes Gehäuse zur Aufbewahrung der geweihten Hostien
Talar	bis zu den Knöcheln reichendes weites schwarzes Amts- oder Festgewand
Thora	das jüdische Gesetz, wie es in den fünf Büchern Mose enthalten ist
Trinitatis	(lat.), Dreifaltigkeitsfest, 1. Sonntag nach Pfingsten
Weihwasser	in der katholischen Kirche: geweihtes Wasser, das zu Segnungen dient und bei der Selbstbekreuzigung verwendet wird

Textquellenverzeichnis

S. 10: Tabakmulti, © dpa
S. 11-12: „Dann gehe ich" - Manfred Mai, Mutmach-Geschichten, Otto Maier Verlag, Ravensburg, 1985, S. 31-36
S. 13-15: „Anna" - Peter Härtling, Beltz Verlag, Weinheim, 1975
S. 16: Fairness - dtv-Lexikon, Band 5, Dt. Taschenbuch Verlag, München, S. 212
S. 23-24: „Das wünsche ich..." - Annedore Schultze, Zeitschrift PZ Nr. 50, Sept. 1987: „Wenn nur die Menschen nicht wären", Bundeszentrale für polit. Bildung, S. 12
S. 24: „Alle sind zufrieden mit mir" - Christine Nöstlinger und Jutta Bauer: Ein und alles © 1992 Beltz Verlag, Weinheim und Basel, S. 14
S. 25: Selber Leben - Helmut Zöpfl, Mitteilungsblatt für d. Freundeskreis d. weltweiten Kinderhilfe e.V. (Selbstverlag), Kühlenbergstr. 25, 97078 Würzburg, 21. Jg. März 1993, Nr. 1, S. 10
S. 26: „Rechte und Pflichten in der Familie" - Bundeszentrale f. pol. Bildung, Zeitschrift Pz Nr. 52, März 1988, Bonn, S. 7
S. 30: „Klassenordnung" - 2. Jahrbuch der Kinderliteratur, hrsg. von J. Gelberg, © 1973, 1990 Beltz Verlag, Weinheim und Basel, S. 110
S. 32: „Aus der Straßenverkehrsordnung" - Zeichen u. Regeln, Eine Fibel für Verkehrsteilnehmer des Innenministeriums Baden-Württemberg, 1992
S. 33: „Sturzgefahr, Achtung aufgepasst" - Faltblätter „So werden Kinder sattelfest"; © ADAC-Zentrale, Abt. VEA, Am Westpark 9, München
S. 38: „Zum Nachdenken" von Günther Weber - Löwensteiner Cartoonservice, Erwachsenenbildung, Verlag Rissen, Iserbag, Hamburg, 1992, Heft 4, S. 24
S. 41: „Zum Schluss sollen..." - Silvia Lichem von Löwenbourg, Das neue Buch der Etikette, © 1987 Droemer Knaur, München, S. 41
S. 43-44: Christine Nöstlinger und Jutta Bauer, „Ein und alles" © 1992 Beltz Verlag Weinheim und Basel, S. 152
S. 46: „Ein neues Gesetz" - Christine Nöstlinger und Jutta Bauer, „Ein und alles", a.a.O.
S. 47-48: „Stefan und Katrin sahen nicht gerade" - Wilfried Pioch, „Die neue Kinderbibel", Illustration Eva Bruchmann, © 1989, Agentur des Rauhen Hauses, Hamburg
S. 50: „Die Gebote der Papuas" - Christian Keysser, „Lehret alle Völker", Neuendettelsau 1960, S. 9
S. 53-54: „Jugenkriminalität" - Informationen und Bausteine für Unterricht und außerschulische Jugendarbeit, Landesarbeitsstelle Aktion Jugendschutz NRW, Köln
S. 55: „Die Schule im Schlaraffenland" - Franz Bauer, Lesebuch 5, © Diesterweg Frankfurt, S. 73
S. 57-62: „Jugendkriminalität" - a.a.O.
S. 72: „Ein Besuch in einer kathol. Kirche" - Winfried Pioch, aus: Meine Welt, mein Glaube, mein Leben (Vorbereitungsmappe zur Konfirmation - Arbeitsbogen 15), © Agentur des Rauhen Hauses, Hamburg Norderstedt, 1984
S. 73: „Ein Besuch in einer ev. Kirche" - aus: Den Glauben leben, Herder Verlag, Freiburg 1988
S. 74: „Wenn ich einmal allein bin" - Frieder Gadesmann, Heinz Grosch u.a., „Das Leben suchen 7/8, Diesterweg, Frankfurt a. Main 1984, S. 5
„Ein Schüler betet, ein Junge, ein Landwirt" - W. Pioch, „Meine Welt, mein Leben, mein Glauben a.a.O.
S. 75: „Der betende Gaukler" - H. Halbtas,

„Der Sprung in den Brunnen, Nacherzählung nach einer frz. Legende", Patmos-Verlag, Düsseldorf 1981

S. 76: „Sonntags in die Kirche" – Hans-Martin Lübking, Kursbuch Konfirmation, Patmos Verlag, Düsseldorf 1995, S. 25 (Text gekürzt)

S. 88: Alle Bilder und Grafiken aus: „Diakonie in der Region Riesa", Hersg.: Diakonisches Werk Kreisverein Riesa e.V., Hohe Str. 9, 01587 Riesa

S. 92: „Wusstest du schon dass..." – Werbematerial der EKD, aus: Kursbuch Konfirmation, a.a.O.

S. 95: „Es begab sich..." – Hans-Martin Lübking, Kursbuch Konfirmation, a.a.O.

S. 98-99: „Ein Blinder am Straßenrand" – Text: Regine Schindler, aus: „Mit Gott unterwegs", Illustrationen: Stepan Zavrel, © 1996 by bohem press, Zürich

S. 100-101: „Ängstliche Jünger" – Eleonore Beck/ Paul König: „Meine Bilderbibel, Ein Buch über Gott und den Menschen", Friedrich Bahn Verlag, Neukrichen-Vluyn/ Verlag Butzon&Bercker, Kevelaer 5. Auflage 1994

S. 102-103: „Bei Zachäus" – Wilfried Pioch, „Die neue Kinderbibel", Agentur des Rauen Hauses Hamburg, 4. Auflage 1993

S. 106-109: Text: Regine Schindler, „Mit Gott unterwegs", a.a.O.

S. 110: „Die letzte Woche..." – aus: Kursbuch Religion, Neuausgabe 7/8, Diesterweg Verlag, Frankfurt, 1991, S. 72

S. 111: Wilfried Pioch, „Die neue Kinderbibel", a.a.O.

S. 114: „Erklärungen zum Text..." – Otto Knoch, aus: „Wer Ohren hat, der höre" © Verlag Katholisches Bibelwerk, Stuttgart, S. 72

S. 115: „Das Gleichnis vom verlorenen Sohn" – Eleonore Beck/ Paul König: „Meine Bilderbibel, a.a.O.

S. 116: Gesine Zabe: „Die Acht Seligpreisungen der Bergpredigt", Marbach

S. 119: „Die Geschichte von den ersten sieben Tagen" – Text: Regine Schindler, „Mit Gott unterwegs", a.a.O.

S. 121: „Da formte ... vom Mann ist sie genommen" – aus: „Ich entdecke die Welt der Bibel" (Altes Testament), © 1987 by Ravensburger Buchverlage Otto Maier GmbH, Ravensburg; © 1985 by Editions Gallimard

S. 122: Text: Regine Schindler, „ Mit Gott unterwegs", a.a.O.

S. 124: Text: Regine Schindler, „Mit Gott unterwegs" a.a.O.

S. 128: „Der bestrafte Ehrgeiz des Mondes" – Jüdische Märchen, Fischer Taschenbuch, Frankfurt am Main, 1976, S. 14

S. 130: Peter Hacks, „Die Blätter an meinem Kalender", Kinderbuchverlag, Berlin

S. 131: „Die 4 Jahreszeiten" – Mascha Kaleko, „Wie's auf dem Mond zugeht", Lothar Blanvalet Verlag GmbH, Berlin 1971

S. 134: „Sonntag" von Rupert Schützbach – aus: Atempausen, hrsg, von Willy Grüninger u. Erwin Brander, Kreuz Verlag, Stuttgart 1978
„Gedicht gegen das zu frühe Aufwachen an Sonntagen" von Rose Nyland – aus: „Was sieht die Ringeltaube", hrsg. von Georg Ticha, Kinderbuchverlag Berlin

S. 135: „Faulenzen" von Josef Reding, aus: „Gutentagtexte", Engelbert-Verlag GmbH&Co. KG, Balve

S. 136: „Trinklied zum Jahresende" von James Krüss, aus: „Der fliegende Teppich", Friedrich Oetinger Verlag, Hamburg 1976

S. 137: „Wozu brauchen wir die Zeit?" – Scott Eagle, aus: „Weißt du, dass die Bäume reden? Weisheit der Inidaner", hrsg. von Käthe Recheis, Herder-Verlag&Co.KG, Wien 1984

S. 139: Statistik oben: Prof. Noelle-Neumann „Allensbacher Jahrbuch der

Demoskopie 1984-1992", K.G.Saur-Verlag, München/New York/London/Paris - Verlag für Demoskopie, Allensbach 1993, Textnachdruck von S. 303
Statisktik unten: Prof. Noelle-Neumann „Allensbacher Jahrbuch der Demoskopie 1993-1997", K.G.Saur-Verlag, München - Verlag für Demoskopie, Allensbach 1997, Textnachdruck von S. 197

S. 143-144: „Tageszeiten im röm. Weltreich" - Inge Linfert: „ Römisches Reich. Alltagsleben in Köln", Römisches-Germanisches Museum, Köln 1975, S. 53-55

S. 145: „Zeitersparnis" - Antoine de Saint-Exupery, „Der kleine Prinz", Karl Rauch Velrag KG, Düsseldorf 1991 (44. Auflage)

S. 150: „Neujahrswünsche" von Gianni Rodari, aus: „Kopfblumen, 7x7 Gedichte für Kinder", Kinderbuchverlag Berlin 1983

S. 154: „Vom Adventskranz" - Mitteldeutsche Allgemeine, 02.12.91

S. 155-156: „Weihnachten im Erzgebirge" - Ingeborg Wingert in: „Eisenacher WM-Tip, Anzeigenblatt Verlag, Eisenach
„Der Adventskalender" - Mitteldeutsche Allgemeine vom 29.11.93

S. 157f: „Wie der Christbaum entstanden ist" - Tilde Michels, „Das alles ist Weihnachten", dtv, München 1983

S. 158: „Gibt es einen Weihnachtsmann?" - aus: „Unter dem Weihnachtsbaum. Die schönsten Weihnachtsgeschichten", Mosaik-Verlag, Hamburg 1961

S. 159: „Weihnachten in anderen Ländern" - Tilde Michels, „Das alles ist Weihnachten", a.a.O.

S. 160: „Zur Geschichte des Osterfestes" - Thomas Schweer, Stefan Braun aus: „Stichwort spezial - Religionen der Welt", Heyne-Verlag, München 1995, S. 362-365
„Zum Sinn des Osterfestes", „Osterbräuche" - Materialdienst des VKR-Niedersachsen, Verlag Beate Christmann Ilsede, Thema: Ostern, Dez. 1990 (Text gekürzt)

S. 161: „Thüringer Osterbräuche", Mitteldeutsche Allgemeine vom 2.4.93

S 162: Karin Gündisch „Irenes Geburtstag" aus: „Geschichten über Astrid", Beltz&Gelberg, Weinheim/Basel 1985
Eugen Roth, „Die Torte" aus: Sämtl. Werke, Hanser-Verlag, München 1977

S. 177: Sächsisches Staatsministerium für Umwelt- und Landesentwicklung, Dresden

S. 178: ESAG Energieversorgung Sachsen Ost AG, Dresden

S. 180-181: B. Rouhban, „Eine Kultur des Vorbeugens", in: Unesco-Kurier

S. 182: Unesco-Kurier

S. 183-185: Sächsisches Staatsministerium für Umwelt und Landespolitik, Dresden

S. 190-191: Natur und Kosmos, März 2000

S. 193: „Biodiversität" - in: Unesco-Kurier

S. 194-196: Interview mit dem Ökologen Pof. J. Reichholf: Spiegel 27.10.97, 52. Jg.

S. 199: „Massentierhaltung" aus: Natur und Kosmos, März 2000

S. 200: „Sichtbare Schäden..." - Deutscher Tierschutzbund

S. 201: „Wir sehen als Alternativen", „Was können Sie tun?" - Deutscher Tierschutzbund

S. 202: „Lieben wir Tiere?" von Elke Heidenreich, in: Natur und Kosmos April 2000

S. 203-204: Umweltbundesamt, Berlin

S. 210: Unesco-Kurier Nr. 2/1999, S. 12

S. 212f: Deutscher Tierschutzbund e.V., Bonn

Bildquellenverzeichnis

S. 10: Bietigheimer Zeitung/ Foto: Kalb
S. 12: Nicole Oesterle
S. 16: UEFA-Cup Rückspiel FC Barcelona-FC Bayern; Alberto Celades setzt über Christian Ziege hinweg; © by WEREK, Gröbenzell
S. 28: Wilhelm Busch, Pusch und Plum 1882
S. 29: H. Wamsler
S. 31: Der Spieltrieb aus: Ursula Lassert, 50 Bildgeschichten für die Sekundarstufe I, Band 2 der Reihe Bergedorfer Kopiervorlagen, 1979 Horneburg/N.E.
S.33: Gefahren vor dir, Faltblätter „So werden Kinder sattelfest", ADAC-Zentrale, Abt. VEA, Am Westpark, München
S. 34: Radler und Fußgänger, Broschüre „Rad fahren auf Nr. sicher", Klaus Lorenz, Karlsruhe, Innenministerium Baden-Württemberg, Aug. 1992
S. 35: „Rad fahren auf Nr. sicher", siehe S. 34
S. 38: Löwensteiner Cartoon Service 1215, Stauber
S. 39: © dpa
S. 41: aus: Umgang mit Menschen, Adolf Sommerauer, Kilfel Verlag, Wuppertal, © 1973, Schriftenmissionsverlag Gladbeck, 3. Aufl., S. 8; Quelle: Zeitbild Bavaria, München
S. 43: „Bei den Hottentotten" aus: Christine Nöstlinger/Jutta Bauer, Ein und alles © 1992 Beltz Verlag, Weinheim und Basel
S. 44: Christine Nöstlinger/Jutta Bauer s. S. 43
S. 48: Illustrationen: Eva Bruchmann, aus: Wilfried Pioch, Die neue Kinderbibel. Mit Kindern von Gott reden, © Agentur des Rauhen Hauses Hamburg 1989, 7. Auflage 1998
S. 53: Wozu Gesetze? – Arbeitsmappe Jugendkriminalität – wir diskutieren, AJS; Arbeitsgemeinschaft Kinder und Jugendschutz, Hohenzollernring 85-87, Köln, hrsg. Ministerium f. Arbeit, Gesundheit und Soziales (MAGS) des Landes NRW
S. 54: „Wozu Gesetze?" siehe S. 53
S. 56: Ferd'nand-Streifen © PIB Copenhagen
S. 57: aus: Mittelalterliche Strafen, „Jugenkriminalität", Weißer Ring/Landesarbeitsstelle Aktion Jugendschutz NRW, Köln
S. 60: Slogan: Landesstelle gegen die Suchtgefahr BW, Augustenstr. 63, 70178 Stuttgart
S. 61: dpa
S. 65: aus: „Wege des Glaubens", von Werner Trutwin, Klaus Breuning, Roman Mensing, Patmos Verlag, Düsseldorf 1988, S. 168; Bild: „Bergpredigt" Alemayehu Bizuneh/Äthiopien
S. 66: o. l. Quelle unbekannt
o.r. Werner Pleil, Stuttgart
S. 67: Sachsens kleinster Dom, Wurzen; Foto: Wolfgang Kluge; © ZB Fotoagentur Zentralbild GmbH
S. 68: Bronze-Kruzifix aus dem Münster zu Essen in Westfalen; Foto: Demitri Kessel – aus: Die großen Religionen der Welt; Knaur Volksausgabe 1957/58
S. 69: u. © ZB; Foto: Wolfgang Thieme
S. 70: 500 Jahre Bergstadt Annaberg-Buchholz; © ZB; Foto: Thieme
S. 71: A. Glaser, Leverkusen
S. 75: „Gaukler" von Peter Schimmel, München – aus: „Tut dies zu meinem Gedächtnis", Kösel-Verlag
S. 76: Hans-Martin Lübking, Kursbuch Konfirmation. Ein Arbeitsbuch für Konfirmandinnen und Konfirmanden © Patmos Verlag, Düsseldorf, 1995
S. 77: Nordlicht Fotografie Bildarchiv, Henstedt-Ulzburg
S. 79: o: Franz Staudhammer, Burghausen
u: Gabriele Klöckner, Geldern
S. 80: KNA, Frankfurt
S. 81: alle Bilder: Pressefoto Hans Lachmann, Bildberichter DJV, Monheim
S. 82: o.l. Franz Staudhammer, Burghausen
u.: KNA, Frankfurt a. Main
S. 86: Vaclav Reischl, Stuttgart
S. 88: oben: Christine Mücklisch, Riesa; unten: Helmut und Thomas Neumann, Riesa
S. 90: aus: „Ich entdecke die Welt der Bibel, Neues Testament", © 1988 by Ravensburger Buchverlag Otto Maier GmbH,

Ravensburg © by 1985 Editions Gallimard
S. 91: Werner Braun, Jerusalem
S. 93: United Bible Societies, Fotos: Maurice Harvey und Christian Prüfer
S. 94: aus: Kursbuch Religion 2000 5/6, © 1997 Calwer Verlag Stuttgart und Verlag Moritz Diesterweg Frankfurt, S. 144 und145
S. 96: Werner Braun, Jerusalem
S. 97: aus: „Ich entdecke die Welt der Bibel" siehe S. 90
S. 98: aus: „Mit Gott unterwegs", Text von Regine Schindler; Illustrationen von Stepan Zavrel; © 1996 by bohem press, Zürich
S. 101: Illustration: Eva Bruchmann, aus: Wilfried Pioch, Die neue Kinderbibel. Mit Kindern von Gott reden, © Agentur des Rauhen Hauses Hamburg 1989, 7. Auflage 1998
S. 103: aus Eleonore Beck/ Paul König, „Meine Bilderbibel, Ein Buch von Gott und den Menschen", Friedrich Bahn Verlag; Neukirchen-Vluyn/ Verlag Butzon& Bercker, Kevelaer, 5. Auflage 1994
S. 104: Illustrationen: Stepan Zavrel aus: „Mit Gott unterwegs" siehe S. 98
S. 105: Illustrationen: Stepan Zavrel aus: „Mit Gott unterwegs", vgl. Quelle S. 98
S. 107: aus Eleonore Beck/Paul König, „Meine Bilderbibel", siehe S. 103
S. 109: Illustration: Eva Bruchmann, aus: W. Pioch, Die neue Kinderbibel. Mit Kindern von Gott reden, © Agentur des Rauhen Hauses Hamburg 1989, 7. Auflage 1998
S. 111: Illustration: Eva Bruchmann, aus: W. Pioch, Die neue Kinderbibel; Quelle wie S. 109
S. 113: aus: „Ich entdecke die Welt der Bibel, Altes Testament", © 1988 by Ravensburger Buchverlag Otto Maier GmbH, Ravensburg © 1985 by Editions Gallimard
S. 115: aus Eleonore Beck/Paul König, „Meine Bilderbibel", siehe S. 103
S. 118: Motiv IX aus dem Misereor- Hungertuch aus Äthiopien von Alemayehu Bizuneh: Mich erbarmt des Volkes" aus dem äthiopischen, © 1978, Misereor Medienproduktion, D-Aachen
S. 119: aus: „Ich entdecke die Welt der Bibel", Quelle siehe S. 113
S. 120: aus: „Ich entdecke die Welt der Bibel, Altes Testament", siehe S. 113
S. 121-124: Illustrationen: Stepan Zavrel aus: „Mit Gott unterwegs" siehe S. 98
S. 128: Zeichnungen: Juliane Lages
S. 130: „Werden und Vergehen einer Rose" von Juliane Lages
S. 136: Natur Kindergipfel, München c/o Kindergipfel Verein, München
S. 141: © Globus Infografik
S. 143: Collage von Saskia Jess
S. 151: „Muttertag" von Ernst Hürlimann; München
S. 176: © Globus Infografik
S. 178: Staumauer Klingenberg; ESAG Dresden; Foto: Jörg-R. Oesen, Moritzburg/Boxdorf
S. 179: aus: „Kurs Umwelt für Sachsen", hrsg. Freistaat Sachsen, Staatsministerium für Umwelt und Landesentwicklung
S. 180: © dpa
S. 181: © dpa
S. 183: © Globus Infografik
S. 186: © Globus Infografik
S. 187: Umweltbundesamt, Bismarckplatz 1, Berlin; Idee: Mareil Gottwich, Zentrale Berlin: Arno Sickert
S. 188: © dpa
S. 189: aus Privatbesitz
S. 194: © Globus Infografik
S. 197: © Erich Schmidt Verlag, Berlin
S. 207: © Globus Infografik
S. 208: Abfallentsorgung, Mittelbadische Entsorgungs- und Recyclingbetriebe GmbH
S. 209: © 42/2000 Deutscher Instituts-Verlag
S. 210: o. © Globus Infografik
u.: © Erich Schmidt Verlag, Berlin